“十四五”职业教育四川省规划教材

沙盘模拟企业经营实战

（第二版）

叶剑明　主　编

中国财经出版传媒集团
中国财政经济出版社

图书在版编目（CIP）数据

沙盘模拟企业经营实战／叶剑明主编．--2 版，--
北京：中国财政经济出版社，2023.8
“十四五”职业教育四川省规划教材
ISBN 978－7－5223－1024－4

Ⅰ.①沙…　Ⅱ.①叶…　Ⅲ.①企业管理－计算机管理系统－职业教育－教材　Ⅳ.①F272.7

中国版本图书馆 CIP 数据核字（2021）第 256029 号

责任编辑：张　军　马宇泽　　　责任校对：徐艳丽
封面设计：卜建辰　　　　　　　责任印制：张　健

沙盘模拟企业经营实战（第二版）
SHAPAN MONI QIYE JINGYING SHIZHAN（DI ER BAN）
中国财政经济出版社 出版
URL：http：//www.cfeph.cn
E－mail：cfeph@cfeph.cn

社址：北京市海淀区阜成路甲 28 号　邮政编码：100142
营销中心电话：010－88191522
天猫网店：中国财政经济出版社旗舰店
网址：https：//zgczjjcbs.tmall.com
北京密兴印刷有限公司印刷　各地新华书店经销
成品尺寸：185mm×260mm　16 开　14.5 印张　292 000 字
2023 年 8 月第 2 版　2023 年 8 月北京第 1 次印刷
定价：43.00 元
ISBN 978－7－5223－1024－4
（图书出现印装问题，本社负责调换，电话：010－88190548）
本社质量投诉电话：010－88190744
打击盗版举报热线：010－88191661　QQ：2242791300

编写说明

本书系“十四五”职业教育四川省规划教材，作为全国高职高专院校财经类教材使用。

企业是什么？是怎么决策的？是如何运行的？对于没有真正接触企业的学习者来说，有太多的困惑。

沙盘模拟企业经营是根据现代企业经营理念设计的一门角色体验课程，学习者组成若干模拟公司，按照规则进行企业经营推演，体验模拟实战的乐趣，体会市场竞争的残酷、战略计划的重要，领悟企业经营管理的真谛。它让参与者真实感知企业经营管理岗位的职责、了解胜任该岗位应具备的能力，从而确定自己的努力目标和方向。

本书是作者结合多年设计、组织、指导沙盘模拟经营大赛和一线教学的经验编写，是《沙盘模拟企业经营实战》的修订版。教材改变传统的章节结构为项目模块结构，按照学习认知规律，从认识沙盘模拟、创建团队、熟悉规则、学习企业经营，到借助物理沙盘推演企业经营、经营分析，再利用电子沙盘模拟经营企业，最后赏析一个经典的沙盘比赛实战案例，由浅入深，从学到战，从战到思，为经营企业提供循序渐进的学习路径和参考借鉴，开阔思路。教材以二维码形式加入了重要知识和技能操作的视频讲解、典型案例，直观生动，便于阅读和理解。

本书在每个项目中都加入了思政元素，课程思政中融入党的二十大精神，将专业知识点与课程思政有机融合，坚持教书与育人并行，用习近平新时代中国特色社会主义思想铸魂育人，引导学生做有理想、敢担当、肯奋斗的新时代好青年。

本书理论联系实际，过程与实践结合，教学与竞赛贯通，既可以作为各类院校沙盘模拟课程的教材、参考书，也可作为比赛的工具书、指导书，还可作为各类社会培训的辅导资料。

本书由四川财经职业学院叶剑明主编，马彩云、刘静、马红莉参编。项目一、二、五、六、七和附录由叶剑明编写，项目三由马彩云编写，项目四由刘静编写，项目八由马红莉编写，教材二维码的教学视频和案例由马彩云牵头设计制作，课程思政和课后练习由刘静设计编写，最后由叶剑明对全书进行总纂定稿。本书编写过程中，得到了新道科技股份有限公司和中国财政经济出版社的鼎力支持，在此深表谢意。

教师可以电子邮件形式向中国财政经济出版社索取本书的配套资源（请注明学校、全书名、版次），Email：caijingjiaocai@163. com。配套资源亦可登录以下网址下载：http：//jiaocai. cfeph. cn。

限于作者水平，书中难免有疏漏之处，敬请大家指正。

服务邮箱：11045584@ qq. com

作　者

2023 年 8 月

目　录

项目一

认识沙盘模拟

知识目标

1. 了解沙盘模拟企业经营的概念以及沙盘模拟的价值
2. 熟悉沙盘模拟企业经营的基本原理及运作方式
3. 掌握沙盘模拟企业职能中心的构成及其主要职能

能力目标

1. 能准确界定沙盘模拟企业各职能中心的职责
2. 能准确厘清沙盘模拟企业职能中心之间的关系
3. 能准确识别沙盘模拟企业经营推演涉及的教具

思政目标

1. 能用系统思维建立企业经营大局观
2. 能用创新思维理解企业经营的逻辑

项目描述

沙盘模拟企业经营是一门通过角色扮演方式，让参与者亲身参与和体验企业经营决策的课程，其教学方式和课堂组织与传统课程不同。在沙盘模拟企业经营之前，先要认识沙盘模拟，熟悉沙盘模拟过程中需要使用的教具，为后续参与沙盘模拟企业经营奠定基础。

模块一　认识沙盘模拟

习近平在中国共产党第二十次全国代表大会上的报告中指出：万事万物是相互联系、相互依存的。只有用普遍联系的、全面系统的、发展变化的观点观察事物，才能把握事物发展规律。我们要善于通过历史看现实、透过现象看本质，把握好全局和局部、当前和长远、宏观和微观、主要矛盾和次要矛盾、特殊和一般的关系，不断提高战略思维、历史思维、辩证思维、系统思维、创新思维、法治思维、底线思维能力，为前瞻性思考、全局性谋划、整体性推进党和国家各项事业提供科学思想方法。要做好沙盘模拟企业经营，必须要有大局观，建立全局观，学习系统性思考和谋划。

一、认识沙盘

（一）沙盘的概念

沙盘是根据地形图或实地地形，按一定的比例尺用泥沙、兵棋等各种材料堆制而成的模型。

沙盘最初的出现主要是应用在军事战争方面。利用沙盘模型，指挥作战的将领无须亲临现场，也能直观地了解整个战场的全貌，对战局了然于胸，从而迅速制订出有效的作战计划。在军事上，常供研究地形、敌情、作战方案、组织协调动作和实施训练时使用。

1-1 沙盘的起源与发展

（二）沙盘的应用

现代社会，沙盘已经广泛应用于社会经济生活的各个领域，尤其是城市规划、房地产销售、旅游景区，以及心理治疗和检测等方面。在众多房地产开发商的售楼中心，我们都可以看到用沙盘来模拟的小区规划图或样板房户型图等，这些沙盘模型可便于购房者对小区、住房的规划有更深入的了解。沙盘还可应用于心理治疗方面，在心理医生的指导下，被治疗者或被检测者随自己的意愿设置沙盘内的情景，由心理医生根据患者摆放的情节或形态来判断其心理方面是否存在问题。

随着科学技术的不断发展，沙盘模拟也在与时俱进，向着功能多样化、智能化、艺术化、人性化的方向发展，出现了能够实时、动态反映客观对象的电子沙盘。目前，沙盘已经被运用到企业运营中，通过沙盘这一工具能够将不同行业、不同规模企业的运作完全表现出来。

二、认识沙盘模拟企业经营课程

（一）沙盘模拟企业经营的概念

沙盘模拟的概念最初是来自“作战指挥”。在敌我双方开始战役之前，双方指挥员都模拟战场的地形、地貌，制作一个与之完全一样的沙盘模型。他们在这个模型上进行战略部署，包括兵力部署、火力部署、防御部署和进攻部署等。

把一个企业各个部门的运作，提炼成一个实物模型，让学习者在这个模型上进行实际演练，这就是沙盘模拟企业经营的由来。

沙盘模拟企业经营简称沙盘模拟，是运用形象直观的沙盘教具，融入不可预知的市场变数，参与者通过角色扮演，全真模拟企业运营过程。沙盘模拟是参与者在一个模拟的竞争性行业中，分组建立若干模拟公司，围绕形象直观的沙盘教具，实战演练模拟企业的经营管理与市场竞争，在经历模拟企业4—6年的经营中提高战略管理和经营决策能力，感悟经营决策真谛。

（二）沙盘模拟企业经营课程的价值

在沙盘模拟中，参与者通过角色扮演，模拟企业经营，得到的不再是空洞乏味的概念、理论，而是极其宝贵的实践经验和深层次的领会与感悟。沙盘模拟企业经营课程对于参与者在知识应用转化、企业经营体验、团队沟通合作、全局观等方面都有积极的作用。

1. 以沙盘模拟企业经营为载体，应用与验证以往形成的管理思想和方法，更新管理理念，暴露管理误区。

2. 直观体验企业运营。沙盘模拟课程将企业组织结构和运营管理的操作全部展示在模拟沙盘上，以最直观的方式让参与者体验、学习复杂、抽象的经营管理理论，能使参与者对所学内容理解更透、记忆更深。

3. 体验战略选择与经营业绩之间的关系，提高决策者洞察市场、理性决策的能力。

4. 体验团队沟通合作。沙盘模拟课程将学生分成若干组，每组代表一个虚拟公司，有4—5人，分别担任公司的重要职位：总裁（CEO）、生产总监、采购总监、财务总监、营销总监。学生在模拟企业实际运营过程中，要经常进行沟通、协商，可以体验交流式反馈的魅力，学习建设积极向上的组织文化。

5. 树立全局观念，突破部门分割，拓展管理视角，增进沟通交流，培养协作精神。

三、沙盘模拟企业经营的推广应用

（一）国外应用

企业经营管理模拟是一种理解和领悟企业经营管理过程的方法，从20世纪50年代开始，国外就有一种很受欢迎的教学方式，这种方式可以让学员在模拟的竞争环境中亲身实践、体验企业经营管理过程，极大地激发学员的兴趣。Motorola、IBM 等公司经常采用这种培训方式。每次培训首先由两位专家讲授理论，涉及企业管理的主要内容，如市场营销、财务管理、信息技术、人力资源管理、战略管理。培训后期，则把学员分成若干组，利用计算机进行企业竞争模拟。沙盘模拟演练逐渐发展为欧、美工商管理硕士的核心课程之一。发达国家的众多大中型企业也将其作为中高层的常设必修课程。

（二）国内应用

20 世纪 80 年代初，沙盘模拟演练在我国管理教学中开始采用。1996 年的国际企业管理挑战赛在中国大陆赛区的比赛吸引了 96 个队参加，包含了大多数提供 MBA 学位教育的国内著名管理学院。比赛从美国、加拿大、德国、日本等国引进一些模拟软件，然而，英文界面的企业竞争模拟软件在中国应用有很大的局限性。中文界面的企业竞争模拟软件最早是由北京大学于 1995 年开始研发，后来几经改进，在 2003 年全国 MBA 培养院校企业竞争模拟比赛中使用了此软件，有 112 个队报名参赛。但计算机模拟也有一些局限性，多数情况下是人机对话，软件按照输入的经营指标计算出各公司的经营业绩并进行排序，互动性不强，不便教师及时点评，仍有“机上谈兵”的味道。为弥补计算机模拟空洞、过于抽象的特点，国内随后开发了一系列使用道具的企业经营管理模拟工具，即物理沙盘，如用友 ERP 模拟沙盘、金蝶模拟沙盘、ITMC 模拟沙盘等，进一步完备了企业经营管理模拟，给企业经营管理模拟带来了真实的感受。

目前，沙盘模拟企业经营培训已风靡全球，成为世界 500 强企业中高层管理人员经营管理能力培训的首选课程。众多本科院校、高职院校也陆续引进沙盘模拟课程以供教学所用。各软件开发公司也为沙盘模拟的应用和推广做着自己的努力，从 2005 年以来，用友软件、中教畅享、金蝶软件等公司连续举办了多届沙盘模拟企业经营对抗赛。2015 年，沙盘模拟企业经营赛项纳入教育部主办的全国职业院校技能大赛中职组比赛项目，参与的学生越来越多，比赛的规模也越来越大，沙盘模拟企业经营赛项已经成为国内具有较大影响力的比赛项目。

模块二 认识沙盘模拟教具

沙盘作为企业经营管理的道具，需要形象、系统地体现企业经营管理的流程和组织体系。目前，国内包括新道科技、金蝶软件、畅捷通、中教畅享、中教景程等多家公司都推出了自己的沙盘模拟教学课程，并在全国多家院校中使用。本教材以用友公司开发的 ERP 企业经营管理沙盘为载体，介绍手工沙盘模拟教具。

一、沙盘模拟物理盘面

沙盘模拟课程的实践操作是在物理沙盘盘面推演进行的，各模拟企业的经营决策和经营过程及结果也将通过沙盘盘面体现。沙盘模拟的是制造企业，根据典型制造企业的运营规律，沙盘盘面按企业内部各机构的职能分为营销与规划中心、财务中心、生产中心、物流中心、信息中心五大部分，如图 1－1 所示。

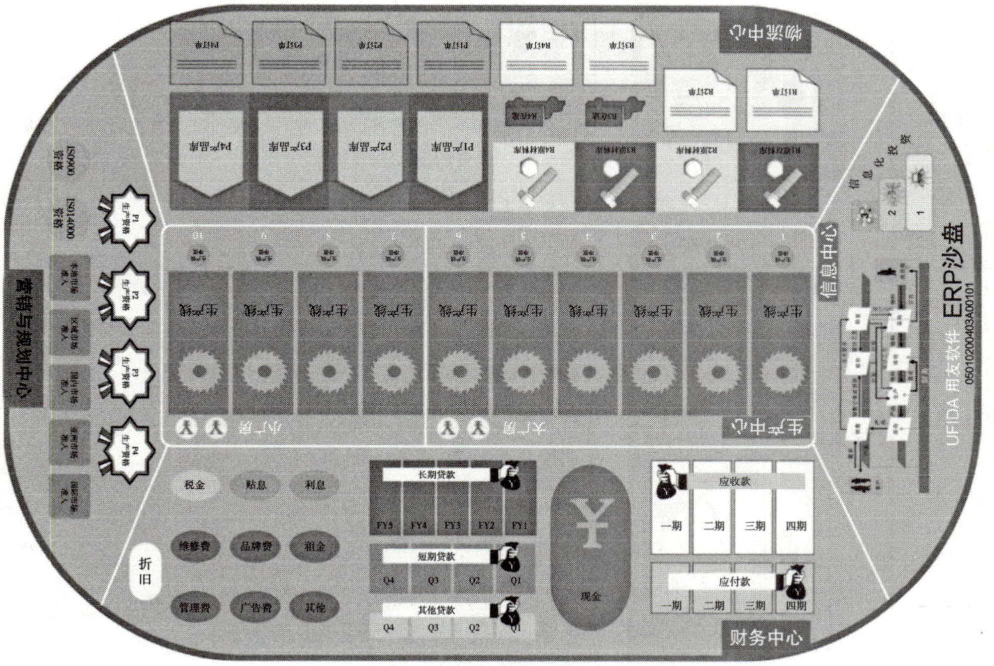

图 1－1　沙盘模拟教学盘面

各职能中心覆盖了企业运营的所有关键环节——生产组织、采购管理、库存管理、财务管理、战略规划和市场营销等，是一个制造企业的缩影。四大职能中心职能各不相同却又相互关联。各职能中心盘面标识及主要应用说明如表 1－1 所示。

表 1－1　　沙盘模拟盘面职能中心职能一览表

职能中心	企业运营关键环节	主要职能	简要说明	备注
生产中心	设备管理 生产组织	厂房购置	沙盘盘面上设计了大厂房和小厂房，大厂房内可以建 6 条生产线，小厂房内可以建 4 条生产线	已购置的厂房由厂房右上角摆放的价值表示
		生产线建设	共有手工生产线、半自动生产线、全自动生产线、柔性生产线 4 种生产线，不同生产线生产效率及灵活性不同	表示企业已购置的设备，设备净值在“生产线净值”处显示
		产品生产	建成的生产线可安排生产已研发完成的产品	生产线上的产品表示正在生产中

续表

职能中心	企业运营关键环节	主要职能	简要说明	备注
物流中心	采购管理 库存管理	采购提前期管理	R1、R2 原料的采购提前期为一个季度，R3、R4 原料的采购提前期为两个季度	
		原料订单管理	代表与供应商签订的订货合同，用放在原料订单处的空桶数量表示	
		原材料库存管理	分别用于存放 R1、R2、R3、R4 原料	
		成品库存管理	分别用于存放 P1、P2、P3、P4 产品	
财务中心	会计核算 财务管理	现金管理	设有现金库用来存放企业的现金	
		贷款管理	用放置在相应位置上的空桶表示贷款金额	
		应收/付账款	用放置在相应位置上的空桶表示分账期的应收款和应付款	
		综合费用管理	将发生的各项费用置于相应区域表示发生的费用	
营销与规划中心	战略规划 市场营销	市场开拓规划	确定企业需要开发哪些市场，可供选择的有区域市场、国内市场、亚洲市场和国际市场	市场开拓完成换取相应的市场准入证
		产品研发规划	确定企业需要研发哪些产品，可供选择的有 P2 产品、P3 产品和 P4 产品	产品研发完成换取相应的产品生产资格证
		ISO 认证规划	确定企业需要争取获得的国际认证，包括 ISO9000 质量认证和 ISO14000 环境认证	ISO 认证完成换取相应的 ISO 资格证

根据职能中心的不同功能，可以配备相应的角色——总裁（CEO）、生产总监、采购总监、财务总监和营销总监执行各部门职责。

1－2 沙盘模拟教具介绍

二、生产中心

沙盘盘面上，生产中心包括厂房区、生产线区、产品标识区和价值区四个区域，如图 1－2 所示。

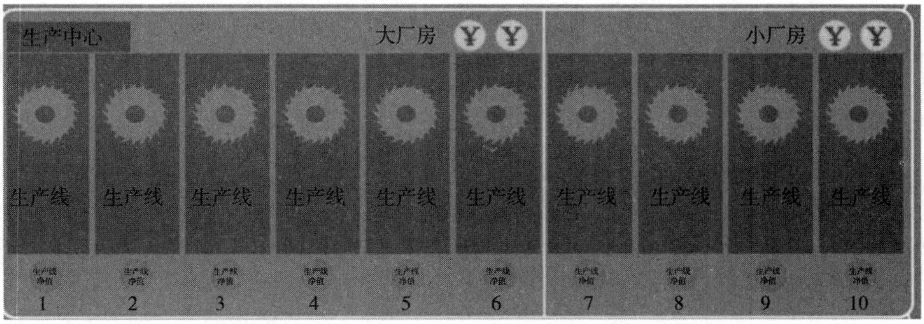

图 1－2　生产中心

1. 厂房区

厂房是制造企业的主要固定资产，是设置生产设备的场所，也是产品的唯一制造场地。沙盘盘面设置了大厂房、小厂房各一个，大厂房可以容纳 6 条生产线，小厂房可以容纳 4 条生产线。厂房的右上方为价值区，以“¥”表示。厂房可以购买或租赁，若厂房是企业购买的，则将相应金额的灰币放置在该厂房的价值区上。

2. 生产线区

生产线是制造具体产品的生产设备。沙盘设计者考虑到不同的生产设备投资、生产能力，以及规模经济性和生产线转产时间的不同，设计了四种类型的生产线——手工生产线、半自动生产线、全自动生产线和柔性生产线。企业拥有哪种生产线就将对应的生产线标识放在厂房的机位上，生产线标识如图 1－3 所示。生产线上的方格表示生产周期，生产周期的单位为季度（季度以大写字母 Q 表示，下同）。

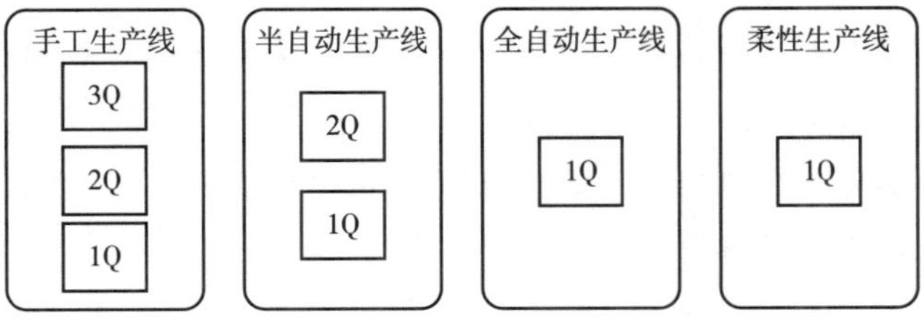

图 1－3　生产线标识

各种生产线的投资大小、建造时间、生产周期、产能、转产时间以及折旧、残值都是不同的。同时，生产线的建造需要在生产厂房的容量内，也就是厂房有空位置容纳生产线。

3. 产品标识区

可供企业选择生产或研发的产品有 P1、P2、P3、P4 四种，企业生产线生产哪种产品，就将对应产品的标识放置在生产线下方的产品标识处，产品标识如图 1－4 所示。

图 1－4　产品标识

4. 价值区

价值区在产品标识的下方，代表的是生产线的净值（原值 - 折旧），将企业拥有的生产线价值放在其对应的“生产线净值”位置上。

三、物流中心

物流中心主要模拟企业的物流采购储存过程。在盘面上，物流中心包括原材料订单区、在途原材料区、原材料库区、产品订单区和产品库区，如图 1-5 所示。

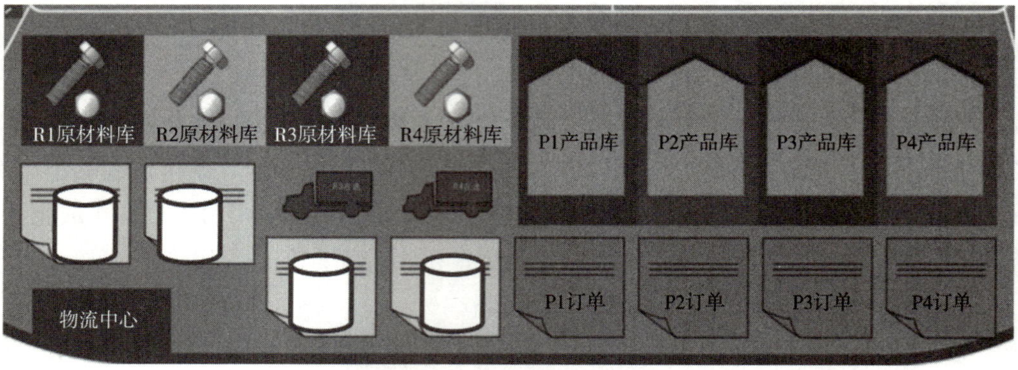

图 1-5 物流中心

【小知识】

物流最初的意思是“货物配送”，是指通过运输、储存、配送等手段，对原材料、半成品、成品及相关信息从商品原产地到商品消费地进行规划、实施和管理的全过程，以满足客户的需求。

物流活动的具体内容包括以下几个方面：用户服务、需求预测、订单处理、配送、库存控制、运输、仓库管理。

1. 原材料订单区

原材料订单表示与供应商签订的采购合同，订货数量用放在原材料订单处的空桶数量表示，如果原材料订单数量多，也可以在纸条上写明原材料品种和数量代替。原材料订单按 R1、R2、R3、R4 品种分别列示。

注意：空桶有多种含义，如贷款、原材料订单等。空桶如图 1-6 所示。

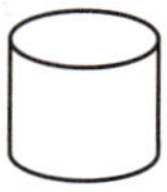

图 1-6 空桶

2. 在途材料区

R1、R2 原材料的采购提前期为一个季度，R3、R4 原材料的采购提前期为两个季度，这就导致 R3、R4 有一个季度为在途原材料，在盘面的“在途原材料”区域列示。

3. 原材料库区

原材料库分别按照原材料的品种列示，用于存放 R1、R2、R3、R4 原材料，原材料分别用红、黄、蓝、绿四种彩币表示，每个价值 100 万元。这里，我们用大写字母 M 表示模拟货币单位名称，代表百万元，即 1 个筹码 = 100 万元 = 1M，彩币如图 1－7 所示。

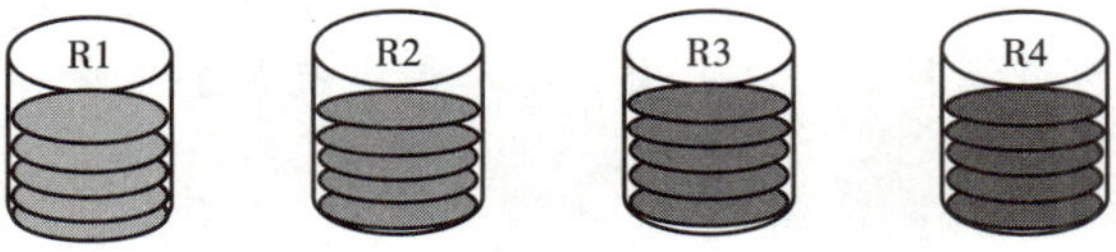

图 1－7　彩币（原材料）

4. 产品库区

产品库分别按照产品品种列示，用于存放完工入库的 P1、P2、P3、P4 产成品，如图 1－8 所示。

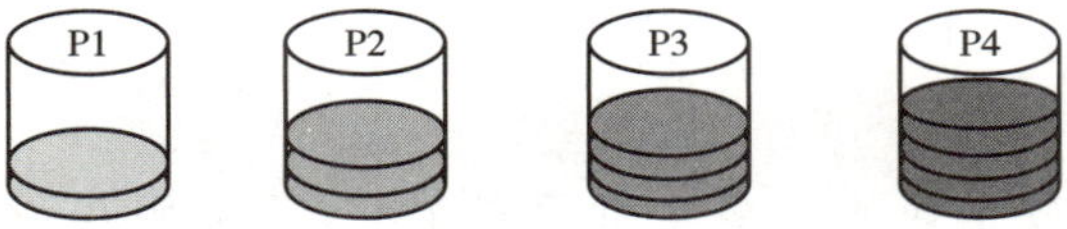

图 1－8　产品

5. 产品订单区

产品订单分别按照产品品种列示，模拟企业在订货会上取得的客户订单按产品品种摆放在该区域。

四、财务中心

沙盘盘面上，财务中心包括费用区、贷款区、现金库区、应收应付款项区四个区域，如图 1－9 所示。

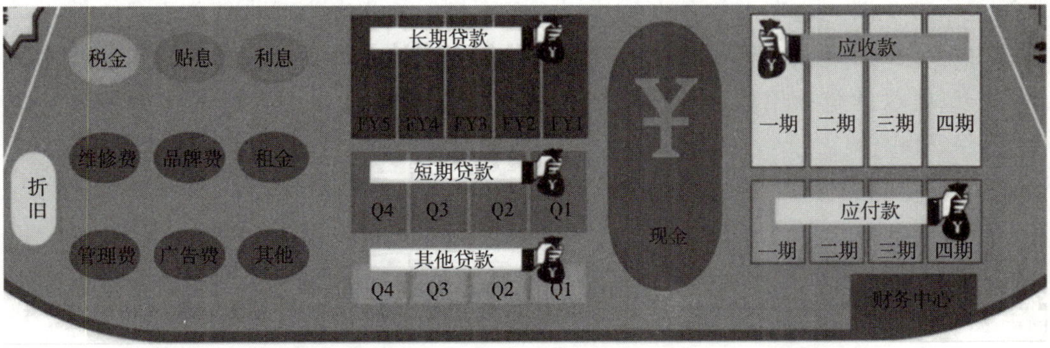

图 1－9　财务中心

1. 费用区

费用主要有折旧、税金、贴息、利息、维修费、转产费、租金、管理费、广告费及其他费用等。当企业发生以上费用时，财务总监将同等费用金额的灰币放置在盘面上对应的费用名称处。

【小知识】

在会计上，费用是企业在日常活动中发生的会导致所有者权益减少的、与向所有者分配利润无关的经济利益的总流出。简单说，就是企业在一定时间内发生的各种耗费。

2. 贷款区

贷款主要有长期贷款、短期贷款和其他贷款。长期贷款按年度分期，盘面上长贷区的每个方格代表一年，离现金库最近的为1年，以此类推，最长的为5年。短期贷款按季度分期，盘面上短贷区的每个方格代表一个季度，离现金库最近的为1季，最远的为4季。如企业向银行申请取得贷款时，灰币放入现金库，并将盛放灰币的空桶倒置于贷款区相应的位置上。

3. 现金库区

现金库区用于存放企业的现金（货币资金），现金用灰币表示，每个价值1M（100万元），灰币如图1－10所示。

图1－10 灰币（现金）

4. 应收应付款项区

应收应付款项区用于列示企业的应收、应付款项，按照季度分为4个账期，账期的单位为季度，盘面上每个方格代表一个季度。离现金库最近的为1个账期，最远的为4个账期。应收款是企业由于采用赊销方式销售商品而应向购货单位收取的款项，应收款的金额用放在相应账期位置上的灰币表示。本教材规则中不涉及应付款。

五、营销与规划中心

在盘面上，营销与规划中心包括市场开拓规划区、产品研发规划区和ISO认证规划区三个区域，如图1－11所示。

1. 市场开拓规划区

本教材模拟企业将市场划分为本地、区域、国内、亚洲和国际市场，产品在某个

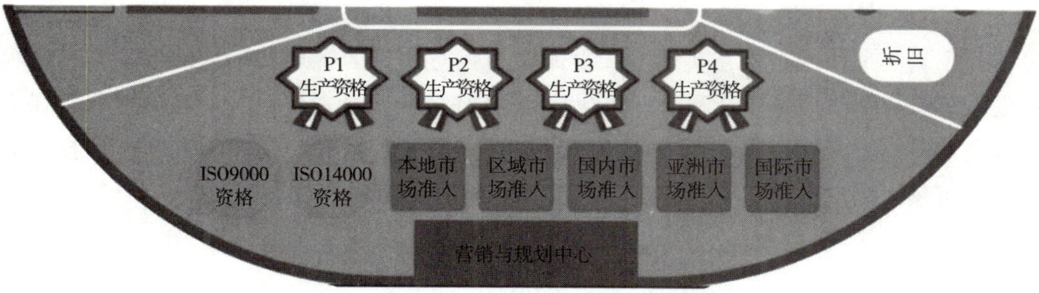

图 1－11　营销与规划中心

市场销售以前，都需要进行市场开拓，市场开拓投资完成后，可领取相应的市场准入证，如图 1－12 所示。各个市场是相互独立的，不存在包含关系。任何一个市场准入资格证的取得，都需要投入一定的时间和资金，两个条件缺一不可。在某个市场开拓完成之前，企业没有进入该市场销售的权利。

图 1－12　市场准入证

【小知识】

市场开拓通俗地说就是到没有市场的地方去进行业务的拓展。

市场开拓一般操作是：（1）在现有资源状况的基础上，明确市场目标定位；（2）针对目标客户的需求调整产品设计、价格设计；（3）向目标客户宣传推广（如学术研讨会，展览，专业杂志广告，人力推广如寄资料、发传真、打电话、上门约洽等）；（4）促销；（5）公关活动（如赞助、捐赠仪器给某公益机构）。

2. 产品研发规划区

产品研发规划区用于列示企业需要研发的产品。模拟企业已经取得了 P1 产品的生产资格，可供选择开发的还有 P2 产品、P3 产品和 P4 产品。产品研发投资完成后，可领取相应的产品生产资格证，如图 1－13 所示。企业只有取得生产资格证后，才允许进行相应产品的生产制造。

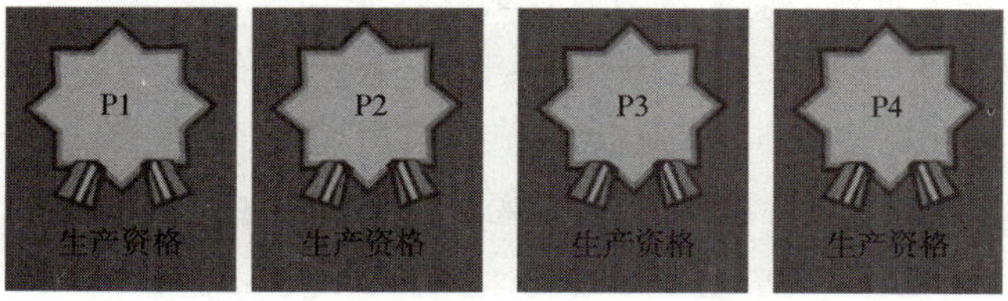

图 1－13　生产资格证

3. ISO 认证规划区

为了真实地体现企业在实际生产中需要加强对质量的管理和环境的保护，沙盘模拟设计了 ISO9000 质量认证和 ISO14000 环境认证资格，分别代表企业在质量和环保方面的资质、能力。要获得这两项认证，同样需要企业资金和时间的投入，认证投资完成后，可领取相应的 ISO 资格证，如图 1－14 所示。

图 1－14　ISO 资格证

市场开拓、产品研发和 ISO 认证简称“三项开发”。企业只有取得相应的资格证书，才能进入相应的市场、获得相应产品的生产资格。

【小知识】

ISO 是国际标准化组织的英语简称，是世界上最大的国际标准化组织，成立于 1947 年 2 月 23 日，前身是 1928 年成立的国际标准化协会国际联合会（简称 ISA）。ISO 负责除电工、电子领域之外的所有其他领域的标准化活动。

思政案例

小康股份与华为跨界融合　打造万物互联汽车生态

最近几年，新能源市场发展迅速，传统汽车制造企业纷纷走上转型之路，转型升级的成功案例不少，但失败案例也屡见不鲜。小康集团董事长、创始人张兴海认为车企未来的产品要按用户使用场景来思考，全场景生态是必经的过程。车企依靠“单打独斗”很难完成这种转型升级，一定要进行跨界合作，充分发挥各个行业的优势，尤其在智能化这一领域。

小康股份与华为的合作，开创了联合业务深度跨界合作新模式，双方的深度合作充分发挥了各自优势。小康股份旗下赛力斯汽车有 20 年的造车经验和整车实力，从 2016 年开始布局新能源汽车领域，尤其是高端车研发，特别是在增程和纯电双技术路线领域，还有整车技术与智能制造能力。而华为赋能的包括丰富销售渠道和华为智能化技术，可以说华为鸿蒙智能座舱是行业天花板级的。正是这种强强联手，双方联合推出的问界 M5、M7 两款车型，才会出现市场反响良好、客户购买意向强烈的局面。据公开数据显示，M5 自开始启动交付，当月就挺进了高端新能源 SUV 销量榜前五名，交付第一个月就完成了 3000 辆，而问界 M7 预售 2 小时订单突破 2 万台，预售 4 小时订单突破 4 万台。

张兴海表示：“双方合作才刚刚起步，我们不止于此，未来还会更加深入、更加长期和可持续，接下来，双方还将做三件事：一是助力国家双碳目标的实现，让更多开品牌燃油车的人，成为汽车环保人；二是为社会和市场打造一个万物互联的汽车生态；三是为用户提供智慧化、电动化的，不一样的出行体验。”

通过跨界融合，小康集团与华为实现了双赢的局面，并对未来更深入的合作充满信心，以实际行动践行了以创新推动发展的国家战略。在这个多元化的时代，在全面建设社会主义现代化国家的新征程中，我们要以马克思主义联系与发展的观点去发现和解决问题，协同创新，坚持科技是第一生产力，从而开辟发展新领域、新赛道，不断塑造发展新动能、新优势！

（资料来源：https：//new. qq. com/rain/a/20220706A05U9500，有改编。）

课后思考

1. 沙盘用于我们生活中的哪些方面？有什么作用？
2. 沙盘模拟企业经营为什么有助于更直观理解企业？
3. 现在有哪些沙盘模拟类课程？各自有什么特点？

寓教于练

一、单项选择题

1. 沙盘经营课程中的最小资金单位是 1M，也就是(　　)。

A. 1 亿元　　B. 100 万元　　C. 1000 万元　　D. 1 万元

2. 沙盘经营课程中代表负债的教具是(　　)。

A. 黄币　　B. 红币　　C. 绿币　　D. 灰币

3. 沙盘经营课程中代表原材料教具是(　　)。

A. 灰币　　B. 蓝币　　C. 黄币　　D. 红币

4. 沙盘经营课程中以下关于 Q 的解释错误的是(　　)。

A. 代表一个账期　　B. 代表交货期　　C. 代表一个季度　　D. 代表一年

5. 起始盘面的 P1 在制品，由一个 R1 原材料（红币）+100 万元现金（灰币）组成，一个 Pl 在制品价值为(　　)。

A. 1M　　B. 2M　　C. 3M　　D. 4M

二、多项选择题

1. 沙盘模拟盘面主要包括的职能中心有(　　)。

A. 营销与规划中心　　B. 财务中心

C. 生产中心　　D. 物流中心

2. 在沙盘模拟中，企业需要研发的产品包括(　　)。

A. P1 产品　　B. P2 产品　　C. P3 产品　　D. P4 产品

3. 在沙盘模拟中，采购提前期是一个季度的原材料有(　　)。

A. R1 原材料　　B. R2 原材料　　C. R3 原材料　　D. R4 原材料

三、判断题

1. 沙盘模拟中涉及的四种生产线，生产能力和生产周期都是有差异的。（ ）
2. 沙盘模拟中的长期贷款必须要贷 5 年。（ ）
3. 沙盘模拟中，企业在某个市场开拓完成之前，没有进入该市场销售的权利。（ ）
4. 在沙盘模拟中，不可以用空桶的数量表示订单的数量。（ ）

项目二

建立你的公司

知识目标

1. 熟悉沙盘模拟企业设置的岗位及其职责
2. 熟悉要经营的沙盘模拟企业的经营环境
3. 熟悉要经营的沙盘模拟企业的财务状况和经营成果
4. 熟悉沙盘模拟企业资产负债表和利润表的结构及数据来源

能力目标

1. 能根据沙盘模拟企业的组织结构组建团队
2. 能准确理解沙盘模拟企业报表数据与物理沙盘盘面数据的关系
3. 能根据沙盘模拟企业期初报表数据正确摆放物理沙盘盘面

思政目标

1. 分工协作，具备良好的团队合作精神
2. 实事求是，具备求真务实的职业精神
3. 志存高远，具备经世济民的远大抱负

项目描述

企业经营离不开高效的管理团队。在模拟经营前，先要建立管理团队、明确成员分工和工作职责。在此基础上，新的管理团队要熟悉即将接手公司的发展现状、股东期望，以及公司当前的财务和经营状况。

模块一　团队组建及分工

一、沙盘模拟企业组织结构

企业组织结构是一种决策权的划分体系以及各部门的分工协作体系，是进行企业流程运转、部门设置及职能规划等最基本的结构依据。组织结构需要根据企业总目标，把企业管理要素配置在一定的方位上，确定其活动条件，规定其活动范围，形成相对稳定、科学的管理体系。

任何一家企业都要建立与其企业类型相适应的组织结构。沙盘模拟企业经营是对真实企业经营过程进行模拟，采用的是简化的企业组织架构，设置了制造企业最典型的总经办、采购部、生产部、营销部和财务部等部门，如图 2－1 所示。

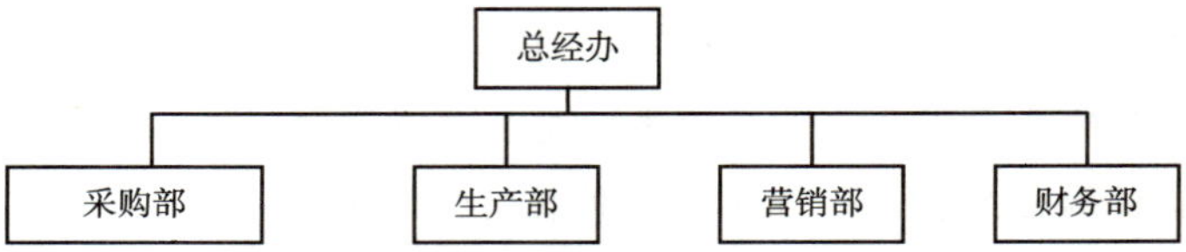

图 2－1　沙盘模拟企业组织结构

围绕组织结构，沙盘模拟企业设置了五个角色，分别是 CEO、采购总监、生产总监、财务总监和营销总监。在模拟经营中，角色与角色之间虽有分工，各自有职责，却是相互合作、相互支持的关系，体现了团队合作意识（见表 2－1）。

表 2－1　　沙盘模拟企业主要部门及其职能

职能部门	主要岗位	主要工作	工作说明	备注
总经办	CEO	公司战略	制定企业发展战略和长期规划，并组织实施	
		获取信息	获取竞争对手和企业内部各部门的信息，为公司高层决策提供依据	
营销部	营销总监	市场分析 营销战略	根据市场预测图表分析市场需求和价格情况，制定未来 2—3 年的营销战略	
		市场开拓 资格认证	按照公司战略和经营规则确定开发哪些市场，确定需要获得哪些认证	包括区域、国内、亚洲、国际市场，ISO9000 和 ISO14000 认证
		投放广告	在已经开拓完成的市场上确定广告的投放量	要与生产能力相匹配

续表

职能部门	主要岗位	主要工作	工作说明	备注
生产部	生产总监	产品研发	确定企业需要开发哪些产品	可选择 P2、P3、P4
		厂房管理	确定是否要购买、租赁和出售厂房	
		生产线管理	确定是否要购买、租赁生产线，生产线是否要转产	包括手工生产线、半自动生产线、全自动生产线、柔性生产线四种
		组织生产	制订生产计划。根据销售要求调整计划并组织生产，满足市场需求	开发完成后方可生产，包括 P1、P2、P3、P4
采购部	采购总监	订购原材料	根据生产计划制订采购计划，提前采购原材料以满足生产需要	R1、R2 提前一个季度，R3、R4 提前两个季度
		管理原材料库	四种原材料分别存放在各自的原材料库	
		管理成品库	四种产成品分别存放在对应的成品库	
财务部	财务总监 财务助理	预算管理	根据经营规划制定年度财务预算	
		筹资管理	资金不足时，争取各种贷款	长期贷款、短期贷款和民间融资
		应收应付款管理	管理应收款和应付款	
		资金管理	填制现金流量表	
		财务报告	编制费用表、利润表和资产负债表	

二、团队组建

（一）分组

2－1 团队组建

进入沙盘模拟企业经营课程的学习，首先要对教学班学生分组。结合企业业务职能部门的划分，可以把学生按 5—7 人组成一个团队，构建一家企业，根据教学条件与学生人数，将教学班全部学生分成了 6－12 家相互竞争的模拟企业。

为便于教学中录入数据，每个小组可以分别以大写英文字母 A、B、C、D、E、F……命名。在电子沙盘模拟对抗中，则以 U01、U02、U03、U04、U05、U06……命名。

（二）角色分工

在模拟企业中，团队成员通过推举或者协商，分别担任 CEO、采购总监、生产总监、财务总监、营销总监等不同的角色。在学习小组人数较少时，可以一人多职，比如 CEO 兼营销总监，采购总监兼生产总监等；在人数较多时，也可以增加相应的助理职务，如财务助理、营销助理等。每个角色分工确定后，填写人员分工表，如表 2－2 所示。

表 2-2　　______公司人员分工表

序号	角色	姓名	班级	联系方式
1	CEO			
2	采购总监			
3	生产总监			
4	财务总监			
5	营销总监			

三、团队建设

为激发学生的参与热情，在模拟经营中达到良好的沟通，可以组织“破冰活动”来增进团队成员的相互了解和信任，每个团队可以为本企业命名，确定企业的经营宗旨、经营理念，设定企业目标、口号，设计公司的 Logo 等。在这个过程中，CEO 一方面要调动团队成员的积极性、确定共同的奋斗目标；另一方面，要对团队成员的专长做出准确判断和定位，掌握团队成员的思想动态和情绪变化，加速团队成员间的彼此熟悉，以增强团队凝聚力，保持竞争斗志。

在公司开始正式经营之前，课程教师可以组织每家企业的 CEO 进行现场不少于 3 分钟的个人陈述，以调动参与者的积极性。

2-2 人力资源管理案例

模块二　了解公司发展现状与股东期望

一、公司发展现状

（一）基本情况

沙盘模拟的是一家制造企业，创建已有三年。公司长期专注于某行业 P 系列产品的生产与经营，P 系列产品包括：P1、P2、P3 和 P4。目前，公司拥有 P1 产品生产资格，生产的 P1 产品在本地市场知名度很高，客户也很满意。同时，公司拥有自己的大厂房，拥有三条手工生产线和一条半自动生产线，生产设备齐备，状态良好。所有生产线全部生产 P1 产品，并且一直在本地市场销售。

（二）企业财务状况

所谓财务状况，是指企业的资产、负债和所有者权益构成情况及其相互关系。企业财务状况由企业对外提供的主要财务报告——资产负债表来表述。

资产负债表是根据资产、负债和所有者之间的相互关系，即“资产 = 负债 + 所有者权益”的恒等关系，按照一定的分类标准和一定的次序，把企业特定日期的资产、负债、所有者权益三项会计要素所属项目予以适当排列，并对日常会计工作中形成的会计数据进行加工、整理后编制而成的，其主要目的是反映企业在某一特定日期的财务状况。通过资产负债表，可以了解企业所掌握的经济资源及其分布情况，了解企业的资本结构，分析、评价、预测企业的短期、长期偿债能力，正确评估企业的经营业绩。

在沙盘模拟企业经营中，根据所涉及的经济业务，本书对资产负债表中的项目进行了适当的简化操作，第 0 年（即初始年）的资产负债表如表 2－3 所示。

表 2－3　　简易资产负债表　　单位：百万元

资产	期末数	负债和所有者权益	期末数
流动资产：		负债：	
库存现金	20	长期负债	40
应收账款	15	短期负债	
在制品	8	应付账款	
成品	6	应交税费	1
原料	3	其中：一年内到期的长期负债	
流动资产合计	52	负债合计	41
固定资产：		所有者权益：	
土地和建筑	40	股东资本	50
机器和设备	13	利润留存	11
在建工程		年度净利	3
固定资产合计	53	所有者权益合计	64
资产总计	105	负债和所有者权益合计	105

（三）公司经营成果

企业在一定期间的经营成果是通过利润表来体现的，利润表是企业经营效益的综合体现，是反映收入与费用相抵后确定的企业经营成果的会计报表。因此，利润表主要反映的是收入和费用。

在沙盘模拟企业经营中，根据企业涉及的经济业务，对利润表进行了适当的简化，形成如表 2－4 所示的第 0 年（即初始年）的简易利润表。

表 2－4　　简易利润表　　单位：百万元

项目	本年数	对应利润表的项目
销售收入	35	主营业务收入
直接成本	12	主营业务成本
毛利	23	主营业务利润

续表

项目	本年数	对应利润表的项目
综合费用	11	管理费用、销售费用
折旧前利润	12	
折旧	4	设备折旧单独列示
支付利息前利润	8	营业利润
财务收入/支出	4	财务费用
其他收入/支出		营业外收入/支出
税前利润	4	利润总额
所得税	1	所得税
净利润	3	净利润

二、股东期望

随着生产的运行，企业的缺点也暴露出来：生产设备陈旧；产品、市场单一；企业管理层长期以来墨守成规的经营，导致企业已缺乏发展的活力，目前虽然尚未衰退，但也已经裹足不前，发展处于停滞状态。

同时，不久前，一家权威机构对该行业的发展前景进行了预测，认为 P 产品将会从目前的相对低技术水平发展为一个高技术产品。

正是由于上述的各种原因，为了适应公司发展和技术发展的需要，公司董事会及全体股东决定将企业交给一批优秀的、新的管理者进行发展经营（即模拟实战经营者），股东希望新的管理层能够把握时机、抓住机遇，做到以下的发展：

1. 投资新产品的开发，使公司的市场地位得到进一步提升。
2. 开发本地市场以外的其他新市场，进一步拓展市场领域。
3. 扩大生产规模，采用现代化生产手段，努力提高生产效率。
4. 研究在信息时代如何借助先进的管理工具提高企业管理水平。
5. 增强企业凝聚力，形成鲜明的企业文化。
6. 加强团队建设，提高组织效率。

股东希望新的管理层能够带领企业进入一个快速发展的阶段，给企业注入新的活力，获得更好的发展前景。

模块三　设置沙盘初始盘面

沙盘模拟企业经营不是从创建企业开始，而是接手一个已经运营了三年的企业。

虽然已经从基本情况和资产负债表、利润表中获得了企业运营的基本信息，但还需要把这些枯燥的数字活生生地再现到沙盘盘面上，为下一步的企业运营做好铺垫。根据表 2－3 简易资产负债表和表 2－4 简易利润表提供的信息，我们用模拟货币（筹码）作为其价值标记，目前初始盘面如图 2－2 所示。

2－3 摆放沙盘初始盘面

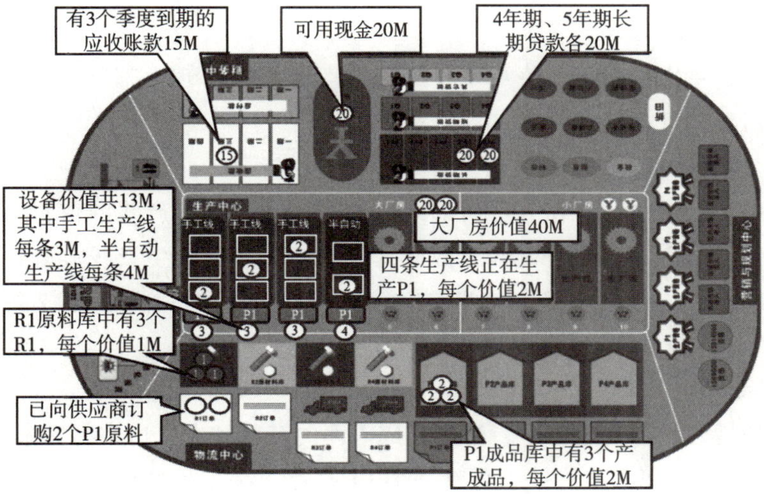

图 2－2　沙盘期初盘面状态图

模拟企业的初始状态：各模拟企业取 3 条手工生产线，1 条半自动生产线，4 个 P1 标志，80 个灰币、10 个红币，空桶若干。

一、财务中心的初始状态设置

1. 现金 20M

由财务经理拿出 1 满桶灰币（共计 20M）置于现金库位置。

2. 应收账款 15M

为了获得更多的客户，企业一般采用赊销策略，允许客户在一定期限内缴清货款。应收账款是分账期的，1 账期到 4 账期，账期的单位为季度，离现金库最近的为 1 账期，最远的为 4 账期。

初始状态的沙盘上有应收账款 15M，账期为 3 账期（3 个季度，3Q）。由财务总监拿一个空桶，将一张写有“15M，3Q”的纸条放进空桶，并将空桶放置于应收账款 3 期的位置。

3. 长期贷款 40M

企业有 40M 长期贷款，分别于长期贷款第 4 年和第 5 年到期。约定每个空桶代表 20M，财务总监将两个空桶分别置于第 4 年和第 5 年位置。

注意：对长期贷款来说，企业经营沙盘上的纵列代表年度，离现金库最近的为第 1 年，以此类推。

4. 短期贷款、民间融资和应付账款暂时不用设置

如果以短期贷款、民间融资方式融资，可用空桶表示，于短期贷款或民间融资列表处放置。对短期贷款来说，企业经营沙盘上的纵列代表季度，离现金库最近的为第一季度，以此类推。

二、厂区设置

1. 大厂房 40M

企业拥有自主大厂房，价值40M。由财务经理将40个现金筹码（灰币）用桶装好放置在大厂房价值处。

2. 4 条生产线和产品标志

取3条手工生产线放置在大厂房的第一、第二、第三生产线的位置，注意统一把印有“手工生产线”字样的一端靠近成品库。取1条半自动生产线放置在大厂房的第4条生产线的位置，注意把印有“半自动生产线”字样的一端靠近成品库。把4个“P1”的生产标志放置在大厂房第一至第四生产线的产品标识上。

3. 在制品 8M

在制品是指处于加工过程中，尚未完成入库的产品。大厂房中有3条手工生产线、1条半自动生产线，每条生产线上各有一个P1产品。手工生产线有三个生产周期，靠近原材料库的为第一周期，3条手工生产线上的三个P1分别位于1、2、3周期。半自动生产线有两个生产周期，P1在制品位于第1周期。如图2－3所示。

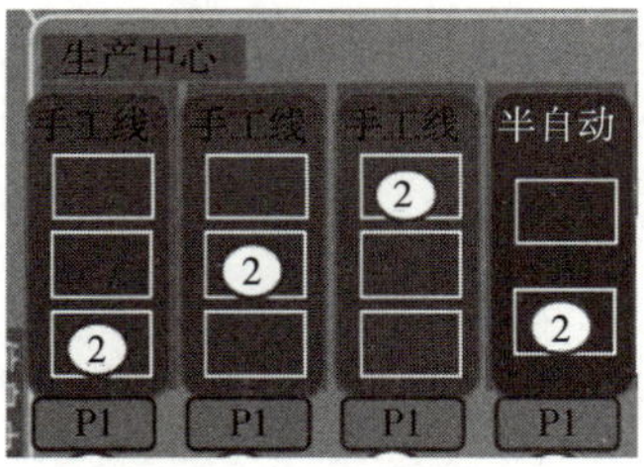

图2－3　第0年初在制品位置

每个P1产品成本由两个部分构成：1个R1原材料和人工费1M。取一个空桶放入一个R1原材料（红色彩币）和一个人工费（灰币）构成一个P1产品，每个产品价值2M，共8M。

由生产总监、采购总监与财务总监配合取4个灰币和4个红币，分别组合制作4个P1在制品并摆放到生产的相应位置。

4. 成品 6M

P1成品库中已有3个成品，每个成品的构成与在制品相同，都由1个R1原材料1M和人工费1M构成。每个产品价值2M，共6M。

由生产总监、采购总监与财务总监配合取3个灰币和3个红币，分别组合制作3

个 Pl 成品并摆放到 P1 的成品库中。

5. 原料 3M

R1 原材料库中已有 3 个原材料（红色彩币），每个价值 1M，共计 3M。由采购总监取 3 个红币，每个代表 1 个 R1 原材料，并摆放到 R1 原料库。

除以上需要明确表示的价值之外，还有已向供应商发出的采购订单，预定 R1 原料 2 个，由采购总监将 2 个空桶放置到 R1 原料订单处。

具体设置如图 2－4 所示。

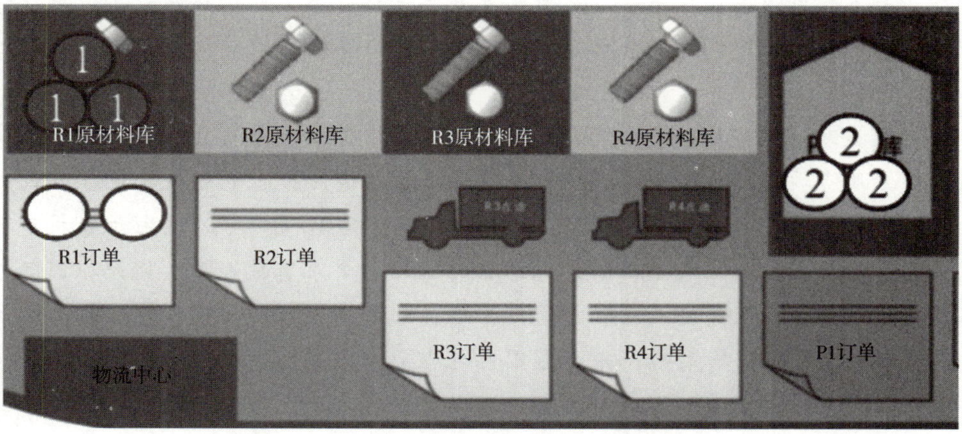

图 2－4　物流中心初始状态设置图

6. 生产线价值 13M

模拟企业拥有 3 条手工生产线、1 条半自动生产线，扣除折旧，目前手工生产线每条原值 5M，净值 3M；半自动生产线每条原值 8M，净值 4M，因此机器与设备价值共计 13M。由财务经理取 4 个空桶，分别放入 3M、3M、3M、4M，并放置于沙盘盘面中间的设备价值区对应生产线编号 1—4 的位置。

三、注意事项

（1）初始状态中，除了按照资产负债表上的价值定位，还有两个 R1 原材料订单。

（2）应收账款：三季度 15M、四季度 9M。

（3）长期贷款：四年期 20M、五年期 20M，共计 40M。

至此，企业初始状态设定完成。

思政案例

华为创立初期的故事

1987 年 9 月 15 日，华为诞生于深圳市的一户单元房内，创业者任正非具备那个时代企业家都有的爱国热情和家国情怀。这从华为的取名就可以看得出：“心系中华，有所作为。”

华为成立之初，任正非对企业发展没有什么方向，什么生意能赚钱就做什么。一次偶然的机会，华为成为香港鸿年公司用户交换机（PBX）的销售代理，误打误撞进入通信行业。20 世纪 80 年代，是中国通信产业被国外公司垄断的“七国八制”[①] 时代，当时通信产业关键的核心技术都掌控于发达国家之手，国内所用的所有通信设备都是依赖进口，虽然国家在大力发展民族通信产业，但国内在程控交换机技术上基本是空白。任正非敏感地意识到了这项技术的重要性，认为只是代理不行，他将华为的所有资金投入研制自有技术中，采用自主开发集中化战略。此次孤注一掷没有让任正非失望，数十年后，事实证明任正非走向自主研发的战略决策是如此正确，富有远见卓识。

华为通过对通信市场进行分析，发现由于电信设备制造是对售后服务要求很高的行业，售后服务要花费大量人力、物力，因此国际电信巨头的分支机构最多只设立到省会城市以及沿海的重点城市，对于广大农村市场无暇顾及。另外，由于农村市场购买力有限，即使国外产品大幅降价，也与农村市场的要求有段距离，因此，国际电信巨头基本上放弃了农村市场，而这正是华为这样的本土企业的优势所在。华为采取了“农村包围城市”的销售策略：先占领国际电信巨头没有能力深入的广大农村市场，步步为营，最后占领城市。因此，在当年与华为一样代理他人产品的数千家公司，以及随后也研制出了类似的程控交换机的中国籍新兴通信设备厂商纷纷倒闭的时候，华为在广大的农村市场“桃花依旧笑春风”。

华为的创业成功充分展示了老一辈企业家既有志存高远，实业兴邦的家国情怀，同时又有立足实际、实事求是的务实精神。作为当代大学生，应学习这种精神，谨记习近平总书记在中国共产党第二十次全国人民代表大会上作的报告中对青年的教诲：“青年强，则国强，广大青年要坚定不移听党话、跟党走，怀抱梦想又脚踏实地，敢想敢为又善作善成，立志做有理想、敢担当、能吃苦、肯奋斗的新时代好青年，让青春在全面建设社会主义现代化国家的火热实践中绽放绚丽之花！”

课后思考

1. 每个公司的组织结构都是一样的吗？

2. 你所在的团队给模拟企业取怎样的名字呢？如何设计模拟企业的 Logo 及口号呢？

① “七国八制”是说当时中国通信市场上总共有来自七个国家八种制式的机型或网络，分别是：日本的 NEC 和富士通、美国的朗讯、加拿大的北电、瑞典的爱立信、德国的西门子、比利时的 BTM 以及法国的阿尔卡特。

寓教于练

一、单项选择题

1. P1 成品库中已有 3 个成品，如下摆放正确的是(　　)。

A. 3 个红币　　B. 3 个灰币

C. 3 个红币 +3 个灰币　　D. 6 个红币

2. 起始盘面，企业拥有的长期贷款情况是(　　)。

A. 四年期 40M　　B. 四年期 20M，五年期 40M

C. 五年期 40M　　D. 无长期贷款

3. 起始盘面的厂房价值为 40M，如下正确的摆放方式为(　　)。

A. 40 个灰币用桶装好放置大厂房价值处

B. 用纸条写 40M 装入空桶，并放置在大厂房价值处

C. 40 个黄币用桶装好放置大厂房价值处

D. 40 个红币用桶装好放置大厂房价值处

4. 起始盘面，厂房拥有的生产线情况是(　　)。

A. 4 条手工线　　B. 2 条手工线，2 条半自动线

C. 4 条半自动线　　D. 3 条手工线，1 条半自动线

二、多项选择题

1. 沙盘模拟企业设置的角色主要包括(　　)。

A. CEO　　B. 采购总监

C. 生产总监　　D. 财务总监

E. 市场总监

2. 下列属于沙盘模拟中，营销总监职责的是(　　)。

A. 市场分析　　B. 产品研发

C. 广告投放　　D. 市场开拓

3. 有关模拟企业目前状况，下列说法正确的是(　　)。

A. 公司拥有 P1 产品生产资格

B. 公司 P1 产品在本地市场知名度很高

C. 公司拥有自己的大厂房，拥有 3 条手工生产线和 1 条全自动生产线

D. 公司目前的所有者权益为 64M

三、判断题

1. 沙盘模拟中所涉及的各角色既有分工，也有合作。　(　　)

2. 在盘面上离现金库最近的为 4 账期，最远的为 1 账期。　(　　)

3. 企业在一定期间的经营成果是通过资产负债表来体现的。　(　　)

4. “资产 = 负债 + 所有者权益”是检查资产负债表是否编制准确的重要标志之一。　(　　)

项目三
领会经营规则

知识目标

1. 了解企业经营规则的重要性
2. 熟悉企业各项经营规则
3. 掌握经营规则在经营活动中的应用

能力目标

1. 能准确解读企业各项经营规则
2. 能应用经营规则开展企业经营活动

思政目标

1. 遵规守纪，培养学生规则意识
2. 依法纳税，做诚信守法好公民

项目描述

企业经营是在一定市场环境和约定规则下进行的，经营管理者必须遵守这些规则。新管理层进行沙盘模拟企业经营之前，每个岗位人员必须先熟悉并领会这些规则，然后才能灵活运用这些规则开展经营活动。

模块一　营销总监应领会的规则

市场是企业进行产品营销的场所，标志着企业的销售潜力。企业的生存和发展离不开市场这个大环境，谁赢得市场，谁就赢得了竞争。市场是瞬息万变的，变化增加了竞争的对抗性和复杂性。

目前企业仅拥有本地市场，除本地市场之外，还有区域市场、国内市场、亚洲市场、国际市场有待开发。

3－1 营销总监应领会的规则

一、市场开发

在进入某个市场之前，企业一般需要进行市场调研、选址办公、招聘人员，做好公共关系、策划市场活动等一系列工作。而这些工作均需要消耗资金和时间。由于各个市场地理位置及地理区域不同，开发不同市场所需的时间和资金投入也不同，在市场开发完成之前，企业没有进入该市场销售的权利。

开发不同市场所需的时间和资金投入如表 3－1 所示。

表 3－1　　开发不同市场所需的时间和资金投入

市场	开发费用	投资周期	年投资额	说明
区域	1M	1 年	1M	◆各市场开发可同时进行 ◆资金短缺时可随时中断或终止投入 ◆开发费用按开发时间平均支付，不允许加速投资 ◆各市场开拓完成后，领取相应的市场准入证
国内	2M	2 年	1M	
亚洲	3M	3 年	1M	
国际	4M	4 年	1M	

规则说明：

1. 每个市场开发每年最多投入 1M，不允许超前投资

例如，开发国内市场的投资周期是 2 年，投资费用 2M，不能在一年内一次性投入 2M 以获得国内市场准入资格，只能在一年内投入 1M，累积达到 2M 时，方可获得国内市场的准入资格。

2. 各市场独立存在，需在不同市场上投入开发费用，以获得相应的准入资格

例如，要进入区域市场和国内市场，需要在投资周期内每年分别在区域和国内市场上投入 1M。

3. 各个市场的开发可同时进行

例如，可以在开发区域市场的同时开发国内市场、亚洲市场，甚至国际市场。

4. 市场开发可随时中断或停止

例如，假设在第 3 年企业出现资金短缺，于是停止开发亚洲市场（之前已开发 2

年），即在当年不投入。在第 4 年，企业资金状况好转，遂决定继续开发亚洲市场，继续投入亚洲市场开发费 1M，至此，开发周期累计达到 3 年，投资费用累计达到 3M，获得亚洲市场准入资格。在第 5 年，即可在亚洲市场上投入广告费，争抢产品订单。

又如，第 1 年在国内市场上投入 1M 进行开发，后发现之前市场预测分析失误，于是停止对国内市场的开发，即最终放弃国内市场。

5. 拿到市场准入证才能参加相应市场的订货会

例如，第 1 年同时开发了区域和国内市场，在第 2 年的产品订货会上，只能在区域市场上竞单，不能在国内市场上竞单，因为区域市场的投资周期为 1 年，经过 1 年的开发已经取得市场准入资格，而国内市场的投资周期为 2 年，还不具备市场准入资格，即不能参加国内市场的订货会。

二、市场准入

当某个市场开发完成后，该企业就取得了在该市场上经营的资格（取得相应的市场准入证），此后就可以在该市场上进行广告宣传，争取客户订单了。

三、市场预测

在沙盘模拟课程中，市场预测是各企业能够得到关于各细分市场产品需求的唯一可以参考的、有价值的信息，对市场预测的分析与企业的营销方案策划息息相关。市场预测中包括了未来几年各市场、各产品的总需求数量及价格情况，还有客户关于技术先进性及产品质量的要求等，如图 3－1 所示。市场预测对所有企业而言是公开透明的。

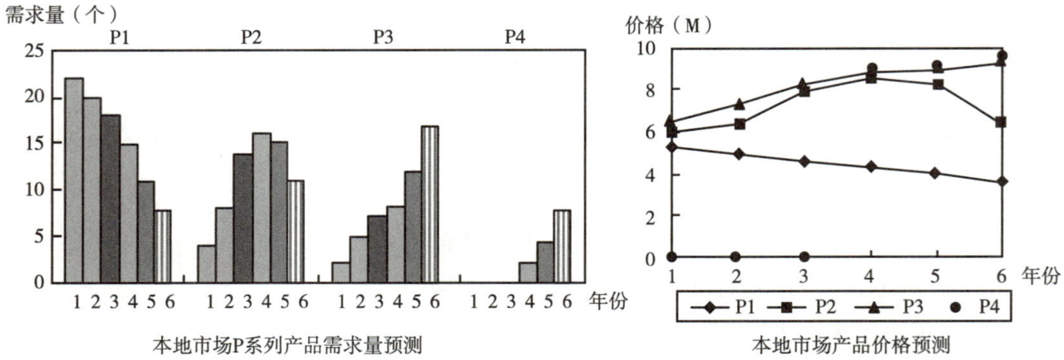

图 3－1 市场预测

图 3－1 是第 1—6 年本地市场 P 系列产品的预测资料，由左边的柱形图和右边的折线图构成。柱形图中的横坐标代表年，纵坐标上标注的数字代表产品需求量，各产品下方柱形的高度代表该产品某年的市场预测需求总量。折线图标识了第 1—6 年 P 系列产品的价格趋向，横坐标表示年，纵坐标表示价格。

在市场预测中，除了直观的图形描述外，还可用文字形式加以说明，其中尤其需要注意客户关于技术先进性及产品质量的要求等细节。

营销总监也会通过实地调查或其他途径了解同行业竞争对手的情况。竞争对手分析有利于企业合理利用资源，开展竞争与合作。

四、参加客户订货会

市场预测和客户订单是企业制订生产计划的依据。客户订单的获得对企业的影响是至关重要的，每年年初举办的客户订货会，各企业派营销总监参加。订货会分市场召开，依次为本地市场、区域市场、国内市场、亚洲市场和国际市场。每个市场又是按照 P1、P2、P3、P4 的顺序逐一进行。

五、营销方案与订单争取

为了让客户了解企业、了解企业的产品和服务，企业会投入大量的资金和人力用于品牌和产品宣传，以争取到尽可能多的客户订货。为此，企业要策划营销方式、广告展览、公共关系、客户访问等一系列活动。在沙盘模拟企业经营课程中，企业在营销环节所做的种种努力体现在“广告费”项目上，并以投入金额为具体表现形式。

（1）订货会年初召开，一年只召开一次。例如：如果在该年年初的订货会上只拿到 2 张订单，那么在当年的经营过程中，再也没有获得其他订单的机会。

（2）广告费分市场、分产品投放，订单按市场、按产品发放。例如：企业拥有 P1、P2 的生产资格，在年初国内市场的订货会上，只在 P1 上投入了广告费用，那么在竞单时，不能在国内市场上获得 P2 的订单。

又如，订单发放时，先发放本地市场的订单，按 P1、P2、P3、P4 产品次序发放；再发放区域市场的订单，再按 P1、P2、P3、P4 产品次序发放，以此类推。

（3）广告费每投入 1M，可获得一次拿单的机会，另外要获得下一张订单的机会还需要再投入 2M，以此类推，每多投入 2M 就拥有多拿一张订单的机会。广告费用计算组合为（1 +2n）M（其中，n 为整数）。

例如，在本地市场上投入 7M 广告费表示：在本地市场上有 4 次拿单的机会，最多可以拿 4 张订单。但是，最终能拿到几张订单要取决于当年的市场需求和竞争状况。

（4）在“分组竞单表”中按市场、产品登记广告费用。“分组竞单表”如表 3 - 2 所示。

表 3 - 2　　分组竞单表　　单位：M

产品	P1	P2	P3	P4
本地				
区域				
国内				
亚洲				
国际				

（5）销售排名及市场老大规则。每年竞单完成后，根据某个市场的总订单销售额排出销售排名，排名第一的为市场老大，下年可以不参加该市场的选单排名而优先选单，其余的公司，仍按选单排名方式确定选单顺序。

例如，第四年 A、B、C、D 四家公司在亚洲市场竞单 P3，其广告投放和上年排名如表 3－3 所示。

表 3－3　　产品广告投放单（亚洲市场）　　单位：M

公司	P1	P2	P3	广告总和	上年排名
A			1	1	1
B	1	1	2	4	2
C	1		2	3	4
D			5	5	3

亚洲市场 P3 选单的顺序为：

第一，由 A 公司选单：虽然 A 公司投入 P3 产品的广告费低于其余 3 家公司，但其上年在亚洲市场上的销售额排名第一，因此不以其投入广告费的多少来选单，而直接优先选单。

第二，由 D 公司选单：投入 P3 的广告费最高，为 5M。

第三，由 B 公司选单：虽然在 P3 的产品广告费上与 C 公司相同，但投入在亚洲市场上的总广告费用为 4M，而 C 公司投入亚洲市场上的总广告费用为 3M，因此，B 公司先于 C 公司选单。

第四，由 C 公司选单：由于投入的 P3 产品的广告费用与 B 公司相同，但在亚洲市场上的总广告费投入低于 B 公司，因此后于 B 公司选单。

（6）选单排名顺序和流程。先以投入某个产品广告费用的多少产生该产品的选单顺序；如果该产品投入一样，按本次市场的广告总投入量（包括 ISO 的投入）进行排名；如果市场广告总投入量一样，按上年的该市场排名顺序排名；如果上年排名相同，采用竞标方式选单，即把某一订单的销售价、账期去掉，按竞标公司所出的销售价和账期决定谁获得该订单（按出价低，账期长的顺序发单）。

按选单顺序先选第一轮，每公司一轮只能一次机会，选择 1 张订单。第二轮按顺序再选，选单机会用完的公司则退出选单。

六、客户订单

（一）认识订单要素

市场需求用客户订单卡片的形式表示，如图 3－2 所示。卡片上标注了市场、产品、产品数量、单价、订单价值总额、账期、特殊要求等要素。订单上的账期还表示客户收货时货款的交付方式，指交货时从客户处获得的是应收账款还是现金。例如，0 账期，表示采用现金付款；4 账期，表示客户付给企业的是 4 个季度的应收账款。

第3年　本地市场　IP2 2/4	
产品数量：2P2 产品单价：8.5M/个 总金额：17M 账期：3Q	
ISO9000	加急

图 3－2　客户订单

订单分为三类：

第一类，普通订单：可以在一年之内任何交货期交货。

第二类，加急订单：第一季度必须交货，若不按期交货，会受到相应的处罚。如图 3－2 所示。

第三类，ISO9000 或 ISO14000 订单：要求具有 ISO9000 或 ISO14000 资格才可以拿 ISO9000 或 ISO14000 订单。

（二）营销总监选单时要考虑的因素

营销总监在参加订货会之前，要对企业可接单量、企业目前的经营状况做到心中有数。年初某产品可接单量计算公式：

某产品可接单量＝期初库存＋本年产能＋委外量

本年产能年初由生产总监提供给营销总监。

企业处在不同的发展阶段，其面临的困难各不相同。有时市场低迷，营销总监就要选择销售金额高的订单才能维持正常运营；有时资金紧缺，营销总监就要选择账期相对短的订单以尽快回笼资金；企业运营平稳时，营销总监就要选择单价较高的订单以获取更多的利润空间。

企业选单时一方面要考虑如何阻遏竞争对手，另一方面也要考虑如何通过合作达到共赢。

（三）订单交货及违规处罚

如果由于产能不够或其他原因，导致本年不能交货，或“加急”订单不能在第一季度交货，企业会受到以下处罚：

1. 因不守信用，市场地位下降一级；

2. 下一年该订单必须最先交货；

3. 交货时扣除该张订单总额的 25%（取整）作为违约金。

例如，A 公司在第 2 年时，为本地市场的老大，且在本地市场上有一张订单，总额为 20M，但由于产能计算失误，在第 2 年不能交货，则在参加第 3 年本地市场的订货会时丧失市场老大的订单选择优先权，并且在第 3 年该订单必须首先交货，交货时需要扣除 5M（20M×25%）的违约金，只能获得 15M 的货款。

【要点提示】

1. 如果上年市场老大没有按期交货，市场地位下降，则本年该市场没有老大。

2. 如果订单上标注了“ISO9000”或“ISO14000”，那么要求生产单位必须取得了相应认证并投放了认证的广告费，两个条件均具备，才能得到这张订单。

3. 客户订货会结束后，销售总监需要将客户订单登记在订单登记表中，以便按订单记录市场、产品、数量、收入、成本、毛利等基本信息，为今后的销售分析提供基础数据。

模块二　生产总监应领会的规则

3－2 生产总监应领会的规则

一、厂房购买、出售与租赁

企业目前拥有自主大厂房，价值40M，另有小厂房可供选择使用。有关厂房购买、出售与租赁的有关信息如表3－4所示。

表3－4　厂房购买、出售与租赁

厂房	买价	租金	售价	生产线容量	是否计提折旧
大厂房	40M	5M/年	40M（4Q）	6条	否
小厂房	30M	3M/年	30M（4Q）	4条	否

规则说明：

1. 购买厂房

购买厂房只能在每年规定的时间（参见附录2企业经营记录表）进行，购买时需要将等值现金放到厂房价值位置。如果厂房中有生产线，购买厂房后不再支付当年的厂房租金。

2. 租赁厂房

当运作记录表运行到“租金”时，如果厂房中有生产线，则不管什么时间投资的，也不管厂房是否是当年出售的，都需要支付租金。

如果当年使用过厂房（其中有过生产线），但到当年最后一个季度将生产线出售了，即当运作记录表运行到“租金”时，厂房中已没有生产线，则不需要支付租金。已购买的厂房也不需要支付租金。

3. 出售厂房

厂房可以在运行的每个季度规定的时间进行变卖。变卖时，需要财务总监携带运行记录本、“应收账款登记表”和厂房价值（大厂房：40M，小厂房：30M），到交易处进行交易。经核准运作时间后，由交易处收回厂房价值，发放4Q的应收账款欠条，同时，财务总监在应收账款登记表中登记。

二、生产线购买、转产与维修、出售

企业目前有三条手工生产线和一条半自动生产线，另外可供选择的生产线还有全自动生产线和柔性生产线。不同类型生产线的主要区别在于生产效率和灵活性不同。生产效率是指单位时间生产产品的数量；灵活性是指转产生产新产品时设备调整的难易性。有关生产线购买、转产与维修、出售的相关信息如表3－5所示。

表3－5　生产线购买、转产与维修、出售

生产线	购买价格	安装周期	生产周期	转产周期	转产费	维修费	残值
手工线	5M	无	3Q	无	无	1M/年	1M
半自动	8M	2Q	2Q	1Q	1M	1M/年	2M
自动线	16M	4Q	1Q	1Q	4M	1M/年	4M
柔性线	24M	4Q	1Q	无	无	1M/年	6M

规则说明：

1. 每条生产线同时只能有一个产品在线

产品上线时需要支付加工费，不同生产线的生产效率不同，但需要支付的加工费是相同的，均为1M。

2. 购买新生产线

投资新生产线时按安装周期平均支付投资，全部投资到位的下一个季度领取产品标识，开始生产。其中，手工线因为安装周期为0，购买后可以立即投入使用。资金短缺时，可以随时中断投资。

例如，A公司在第1年的第2季度开始投资全自动生产线，需要分4个安装周期，按4M/Q投资，在第2年的第1季度投资完毕，在第2季度才能上线生产产品。安装进程如表3－6所示。

表3－6　安装进程

运行期间	投资额	进度
第1年第2季度	4M	启动1期安装
第1年第3季度	4M	完成1期安装，启动2期安装
第1年第4季度	4M	完成2期安装，启动3期安装
第2年第1季度	4M	完成3期安装，启动4期安装
第2年第2季度		完成4期安装，生产线建成，可以生产产品

【要点提示】

生产线安装完成后，需将所有投资额放在设备价值处；各队之间不允许相互购买生产线，只允许向设备供应商（交易处）购买；生产线一经开始投资，不允许搬迁移动（包括在同一厂房内的生产线）。

3. 转产生产线

生产线转产指生产线转向生产其他产品。转产时可能需要一定的转产周期，并支付一定的转产费用，支付完转产费的下一个季度方可更换产品标识。转产时，生产线上不能有正在生产的产品。

例如，A 公司的半自动生产线原来生产 P1 产品，在第 3 年第 1 季度决定转产 P2 产品，转产周期为 1Q，并支付转产费用 1M。其转产进程如表 3－7 所示。

表 3－7 转产进程

运行期间	转产费用	进度
第 3 年第 1 季度	1M	停止生产 P1 产品，准备转产
第 3 年第 2 季度		完成转产，开始生产 P2 产品

【要点提示】

转产停工时，需将生产线翻转在盘面上，待达到转产周期时，可翻转，并向裁判领取相应的产品生产标识。

4. 维护生产线

（1）每种生产线的维护费均为 1M/年，在每年年末交纳，当年在建的和当年出售的生产线均不用交维护费。

例如，A 公司在第 1 年第 1 季度开始投资建设全自动生产线，这条生产线于第 4 季度完成投资，但没有完成安装，则在第 1 年年末不需要交纳维护费。

又如，A 公司在第 1 年第 4 季度将 1 条全自动生产线出售，则出售的该条生产线不用交纳维护费。

（2）生产线安装完成的当年，不论是否开工生产，都必须交纳维护费；正在进行转产的生产线也必须交纳维护费。

例如，A 公司在第 1 年第 2 季度开始投资建设全自动生产线，则在第 1 年年末，该条生产线还没建成，不需要交纳维护费。而在第 2 年第 2 季度完成建设，属于在第 2 年建成的生产线，因此，在第 2 年年末需要交纳维护费。

又如，A 公司的半自动生产线原来生产 P1 产品，在第 3 年第 1 季度决定转产 P2 产品，在第 3 年年末需要支付维护费。

5. 出售生产线

生产线只能按残值出售。出售生产线时，如果生产线净值等于残值，将净值转化为现金；如果生产线净值大于残值，相当于残值的部分转化为现金，将差额部分作为费用处理（综合费用－其他）。

例如，在第2年第3季度出售第1年第4季度建成的一条半自动生产线，此时，该半自动生产线的原值为8M（生产线建成当年不提折旧），净值为6M（原值－残值），大于半自动生产线的残值2M，则2M转化为现金，4M转化为费用。

【要点提示】

将变卖的生产线的残值放入现金区，如果还有剩余的价值（即没有提完的折旧），将剩余价值放入“其他”费用，计入当年“综合费用”，并将生产线交还给供应商即完成变卖。

6. 计提折旧

固定资产在长期使用过程中，实物形态保持不变，但因使用、磨损及陈旧等原因会发生各种有形或无形的损耗；固定资产的服务能力随着时间的推移逐步消逝，其价值也随之发生损耗。企业应采取合理的方法，将其损耗分摊到各经营期，记作每期的费用，并与当期营业收入相配比。

固定资产的成本随着逐期分摊，转移到它所生产的产品中去，这个过程称为计提折旧。

生产线从建成的当年起开始计提折旧，折旧方法采用平均年限法。计算公式为：

每年折旧额＝（原值－残值）÷使用年限

因为折旧额的计算结果可能出现小数，所以本着均衡计提折旧的原则，将四种类型的生产线在可使用年限内每年应计提的折旧列示于表3－8中。折旧按每条生产线单独计提。

表3－8　生产线每年折旧额计算表

生产线	购买价格	残值	折旧额				
			第1年	第2年	第3年	第4年	第5年
手工线	5M	1M	0M	1M	1M	1M	1M
半自动	8M	2M	0M	2M	2M	1M	1M
自动线	16M	4M	0M	3M	3M	3M	3M
柔性线	24M	6M	0M	5M	5M	4M	4M

【要点提示】

（1）所有设备的折旧年限均为4年。

（2）4年折旧计提完成后，设备若继续使用，不再计提折旧，待出售时按残值出售；当年建成的生产线不计提折旧。

（3）当年年未使用、不需要的固定资产，照样计提折旧。

（4）生产线剩余的残值可以保留，直到该生产线变卖为止。

（5）折旧不影响资金流情况，折旧时从生产线价值中取出相应的折旧额，放在“折旧”项目。为简化，折旧直接作为费用计算，冲减当期利润。

三、产品研发

企业目前可以生产并销售 P1 产品，根据预测，另有技术含量依次递增的 P2、P3、P4 三种产品有待开发。不同技术含量的产品，需要投入的研发时间和研发费用是有区别的，如表 3 – 9 所示。

表 3 – 9　　　　产品研发需要投入的研发时间和研发费用

<table>
<tr><th>产品</th><th>研发投入</th><th>研发周期</th><th>每季度研发投入</th><th>说明</th></tr>
<tr><td>P2</td><td>4M</td><td>4Q</td><td>1M</td><td rowspan="3">1. 各个产品的研发可同时进行，按研发周期平均支付研发费用，资金不足时可随时中断或者停止。全部完成的下一周期方可开始生产。
2. 每季度按照投资额将现金放在生产资格位置。
3. 研发投资完成后持全部投资换取产品生产资格证。
4. 研发投资计入综合费用。</td></tr>
<tr><td>P3</td><td>12M</td><td>6Q</td><td>2M</td></tr>
<tr><td>P4</td><td>18M</td><td>6Q</td><td>3M</td></tr>
</table>

四、产品生产

产品研发完成后，企业可以接单生产。生产不同的产品需要用到的原料不同，各种产品所用到的原料及数量如图 3 – 3 所示。

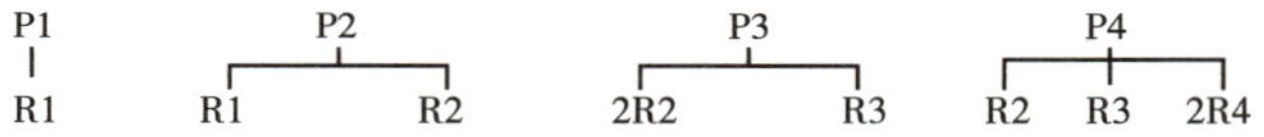

图 3 – 3　P 系列产品的 BOM 结构

【小知识】

BOM（Bill of Material）即物料清单，它是产品结构文件。它不仅罗列出了某一产品的所有构成项目，同时也指出了这些项目之间的结构关系，即从原材料到零件、组件，直到最终产品的层次隶属关系。每个制造企业都有物料清单。在化工、制药和食品行业可能称为配方、公式或包装说明，但说的都是同样的事情，即如何利用各种物料来生产产品。

每条生产线同时只能有一个产品在线。产品上线时需要支付加工费，为简化，不同生产线加工不同产品需要支付的加工费均为 1M。

模块三　采购总监应领会的规则

3 – 3 采购总监应领会的规则

原料采购涉及两个环节：签订采购合同和按合同收货付款。签订采购合同时，企业要注意采购提前期。R1、R2 原料需要一个季度的采购提前期；R3、R4 原料需要两个季度的采购提前期。货物到达企业时，企业必须照单全收，并按规定支付原料费或计入应付账款。原材料基本信息如表 3－10 所示。

表 3－10　原材料基本信息表

原材料名称	购买单价（M/个）	采购提前期（Q）
R1	1	1
R2	1	1
R3	1	2
R4	1	2

规则说明：

（1）根据上季度所下采购订单接受相应原料入库，并按规定付款或计入应付款。用空桶表示原材料订货，将其放在相应的订单上，R1、R2 订购必须提前一个季度；R3、R4 订购必须提前两个季度。没有下订单的原材料不能采购入库。

（2）原料采购订单时必须填写采购订单登记表，然后携带采购总监的运行记录和采购订单登记表到交易处登记，没有登记视同没有订购。所有下订单的原材料到期必须采购入库。

（3）每种原料的价格均为 1M，原料到货后必须根据采购订单如数接受相应原料入库，并按规定支付原料款，不得拖延。

模块四　财务总监应领会的规则

3－4 财务总监应领会的规则

一、现金收入和支出

企业各项业务活动涉及现金收支的，要由业务部门按程序办理申请手续，符合规范的收入和支出由财务总监进行现金实际交割处理。

企业每一项经营活动涉及现金收支的要在企业经营记录表中做好记录。现金收入记“＋”号，也可省略“＋”号；现金支出记“－”号。

二、融资贷款与贴现

在沙盘模拟课程中，企业尚未上市，融资受限，因此其融资渠道只能是银行长期贷款、短期贷款、高息贷款和资金贴现等几种形式。长期贷款资金主要满足固定资产、无形生产、长期占用的流动资产需要，短期贷款资金主要满足临时波动的流动资金需要。高息贷款是在企业无法通过其他筹资方式筹集资金时而采用的非常方式，一般情况下不建议采用。资金贴现是将应收账款贴现，相当于提前使用资金。在选择筹资渠道时，应将资金来源与资金运用结合起来，合理进行期限搭配，寻求最佳资本结构。

几种融资方式的对比情况如表3－11所示。

表3－11 企业融资方式及财务费用

贷款类型	贷款时间	贷款额度	年息	还款方式
长期贷款	每年年末	所有者权益的2倍	10%	每年年末付息，到期还本
短期贷款	每季度初	所有者权益的2倍	5%	每季度初申请新贷款，利随本清
高息贷款	任何时间	与银行协商	20%	利随本清
资金贴现	任何时间	视应收款额	1/7	变现时贴息

规则说明：

1. 长期贷款

长期贷款每年可贷一次，即在每年年末（详见附录2 企业经营记录表）。

长期贷款的额度为上年所有者权益总计的2倍，申请时必须为20的倍数；新申请贷款的额度需减去已贷款数。

例如，如果上年所有者权益为59M，长期贷款额度即为100M（59M×2－18M）。如果已有80M的长期贷款，则只能再获得20M的长期贷款（100M－80M）。

长期贷款每年必须支付利息，到期还本；当年的新长期贷款当年不支付利息，从下年开始支付利息；当年偿还本金的长期贷款当年仍要支付利息。

长期贷款最多可贷5年，不允许提前还款，每年结束时，不要求归还没有到期的长期贷款。

2. 短期贷款

短期贷款每年可贷四次，分别为每季度初（详见附录2 企业经营记录表）。

短期贷款的额度为上年所有者权益总计的2倍，申请时必须为20的倍数；新申请贷款的额度需减去已贷款数。

例如，如果上年所有者权益为19M，短期贷款额度即为20M（19M×2－18M）。如果已有20M的短期贷款或低于10M的权益，将不能获得短期贷款。

短期贷款借款周期为4Q，到期时还本并支付利息。

短期贷款不允许提前还款，每年结束时，不要求归还没有到期的短期贷款。

3. 高息贷款

高息贷款使用期限为一年（同短期贷款），利息为20%/年，以10M为基本贷款单位，到期还本付息。发放额度应与银行协商。

高息贷款可以随时申请，即在运行过程的任何时间，都可以申请，但高息贷款计息时间为运行当季的短期贷款申请时间，并随短期贷款的更新时间更新。高息贷款必须按照短贷归还时间进行还本付息。高息贷款不允许提前还款。

4. 资金贴现

若提前使用应收款，必须按6：1提取贴现费用，只要有足够的应收账款，可以随时贴现（包括次年支付广告费时，使用应收账款贴现）。

贴现时，从任意账期的应收账款中取7n（其中，n为整数）的应收账款，6n为现金，放入现金区，其余为贴现费用，放在贴息处，计入财务支出。例如：将35M的4Q应收账款贴现，可获得30M的现金（35M/7×6），5M作为贴息（35M/7×1）。

三、固定资产投资管理

企业的固定资产主要包括厂房和设备。关于厂房购买、出售与租赁及生产线购买、转产与维修、出售的相关规定参见表3-4和表3-5。

四、支付广告费、企业所得税和管理费用

广告费和企业所得税在每年年初支付。

管理费用相当于人员薪酬及办公费用，每季度支付1M。

五、计算企业应交所得税

如果企业经营盈利，则需要按国家的规定上缴税金。每年所得税计入应付税金，在下一年年初缴纳。所得税按照弥补以前年度亏损后的余额为基数计算。

当上年权益≤66时，税金=(上年权益+本年税前利润-66)×25%(取整)；

当上年权益>66时，税金=本年税前利润×25%(取整)

六、产品核算统计

根据订单登记表和组间交易明细表进行产品核算统计，提供分产品销售数据。产品核算统计表如表3-12所示。

表3-12　产品核算统计表

项目	P1	P2	P3	P4	合计
数量（个）					
销售额（M）					
成本（M）					
毛利（M）					

七、编制报表

每年企业经营结束后，财务总监应填写综合费用表、利润表和资产负债表。

（一）综合费用表

综合费用表反映企业期间费用的情况，由多项细化的费用构成，包括广告费、管理费、维修费、转产费、租金、市场开拓费、ISO资格认证费、产品研发费、其他费用等项目，对费用的细分有助于了解企业的成本构成，为寻求降低成本的空间提供依据。沙盘模拟综合管理费用表格式如表3-13所示。

表 3－13 综合管理费用明细表 单位：百万元

项　目	数据来源
管理费	每季交纳的管理费用总和
广告费	年初投放的广告费用
保养费	已经完工的生产线，年末需交纳设备维护费
租　金	租用的厂房需要交纳租金
转产费	部分生产线转产需要交纳转产费
市场准入开拓	年末开拓市场交纳的费用
ISO 资格认证	获得产品质量及环保资格认证所产生的费用
产品研发	研发产品获取生产资格产生的研发费
其　他	包括紧急采购的多余费用、生产线出售净损失、订单违约产生的违约金等
合　计	以上所有费用相加

（二）利润表

利润表反映企业当期的盈利情况，具体包括销售收入、直接成本、综合费用、折旧、财务费用、所得税等项目。沙盘模拟利润表见表 3－14 所示。

表 3－14 利润表 单位：百万元

项目	数据来源
销售收入	当期按订单交货后取得的收入总额
直接成本	当期销售产品的总成本
毛　利	销售收入－直接成本
综合费用	综合费用表的费用合计数
折旧前利润	毛利－综合费用
折　旧	当期生产线折旧总额
支付利息前利润	折旧前利润－折旧
财务收入/支出	本年的长期贷款利息＋短期贷款利息＋贴现利息
税前利润	支付利息前利润－财务费用
所得税	当税前利润为正，且以前年度没有亏损则正常计税；有亏损则先弥补亏损，弥补后的数值为正则按数值继续计税，弥补后的数值为负则不计税，往后年度继续弥补；税前利润为负或为零则不计税
净利润	税前利润－所得税

（三）资产负债表

资产负债表反映企业当期财务状况，具体包括现金、应收款、在制品、成品、原料等流动资产，土地建筑、机器与设备和在建工程等固定资产，长期贷款、短期贷款、应交税费等负债，以及股东资本、利润留存、年度净利等所有者权益项目。沙盘模拟资产负债表格式如表 3－15 所示。

表 3-15　资产负债表　单位：百万元

资产	数据来源	负债和所有者权益	数据来源
流动资产：		负债：	
现金	年末盘点的剩余现金	长期负债	长期贷款合计
应收款	未收到的款项合计	短期负债	本年短期贷款合计
在制品	还在生产线上生产的产品成本	应付账款	应支付但未支付的货款
成品	库存中的产品成本合计	应交税费	利润表中的所得税
原料	库存中的原料成本合计		
流动资产合计	上述五项合计	负债合计	上述四项合计
固定资产：		所有者权益：	
土地和建筑	厂房买价合计	股东资本	初始资金
机器与设备	设备价值（沙盘上生产线的净值之和）	利润留存	上年利润留存 + 上年年度净利
在建工程	正在建设的生产线价值之和	年度净利	利润表中的净利润
固定资产合计	上述三项之和	所有者权益合计	上述三项之和
资产总计	流动资产合计 + 固定资产合计	负债和所有者权益总计	负债合计 + 所有者权益合计

八、编制现金预算表

现金预算是反映预期内企业现金流转状况的预算，这里所说的现金，包括企业库存现金、银行存款等货币资金。编制现金预算的目的是合理地处理现金收支业务，调度资金，保证企业财务处于良好状态。它包括以下内容：

（1）现金收入。包括期初现金结存数和预算期内预计现金收入数，如现金销售收入、回收应收账款、票据贴现等。

（2）现金支出。指预算期内预计现金支出数，如支付材料采购款，支付工资，支付加工费用、管理费用和广告费用，偿还贷款，交纳税金，购买设备等支出。

（3）现金的多余或不足。现金收支相抵后的余额，若收大于支，表示现金有多余；若收小于支，表示现金不足，需设法筹资、融资。

沙盘模拟现金预算表格式如表 3-16 所示。

表 3-16　现金预算表　单位：百万元

项目	第一季度	第二季度	第三季度	第四季度
期初库存现金				
支付上年应交税				
市场广告投入				
支付短期贷款利息				
支付到期短期贷款本金				
支付到期的应付款				
支付原料采购现金				

续表

项目	第一季度	第二季度	第三季度	第四季度
支付生产线投资				
支付转产费用				
支付产品加工费				
收到现金前的所有支出				
应收款到期收到现金				
支付产品研发投资				
支付管理费用				
支付长期贷款利息				
支付到期长期贷款				
支付设备维修费用				
支付租金				
支付购买厂房款				
支付市场开拓投资				
支付 ISO 认证投资				
其他				
现金收入合计				
现金支出合计				
现金多余或不足（—）				
向银行借款				
贴现收到现金				
期末现金余额				

模块五 CEO 应领会的规则

一个管理团队内部如果意见相左，观点对立，则必然会导致企业效率低下，互相推诿。CEO 领导其管理团队，树立共同的愿景和目标，做出所有企业级的重要决策。

一、目标制定与达成

CEO 要负责带领团队成员确定经营目标，并努力达成目标。

二、企业各职能岗位考核标准

为了奖优罚劣，CEO 必须明确每个岗位的考核要求，最好细化和量化考核要求，可参考的各职能岗位考核标准如表 3－17 所示。

表 3-17　企业各职能岗位考核标准

岗位	考评项目	考评标准
营销总监	运行记录	台账正确、及时、完整
	市场分析与销售预测	分析报告、销售计划与执行
	广告投放	广告投放合理
	按时交货给客户	按时交货
	应收款管理	及时催收应收款
生产总监	运行记录	台账正确、及时、完整
	生产计划的制订与执行	开工计划及执行，保证供货
	产能计算	及时提供正确的产能数据
	产品研发与设备投资	投资时机把握，投资过程管理
	生产成本控制	正确核算生产成本
采购总监	运行记录	台账正确、及时、完整
	采购计划的制订	制订与生产计划适配的采购计划
	采购计划执行管理	及时下订单、收料付款
	保证物料供应	保证生产所需物料供应
	原料库存管理	每季度零库存
财务总监	运行记录	台账正确、及时、完整
	现金预算与计划执行	制订与业务匹配的资金计划，不出现资金缺口
	财务报告	及时、正确
	融资管理	融资方式合理、低成本
	费用/折旧管理	正确计算并支付各项费用
总经理	运行记录	台账正确、及时、完整
	目标的制定与达成	经营目标制定及业绩达成相一致
	流程控制	保证企业经营流程顺畅
	管理授权与考评	授权合理，分配合理
	能力建设与团队管理	注重人员能力提升，团队协作高效

各职能岗位考核依据如表 3-18 所示。

表 3-18　企业各职能岗位考核依据

建议考核依据	第 1 年	第 2 年	第 3 年	第 4 年	第 5 年	第 6 年
营销部台账记录						
销售计划与执行的吻合度						
广告投入产出比						
订单是否违约						
应收款回收及时						

续表

建议考核依据	第1年	第2年	第3年	第4年	第5年	第6年
生产部台账记录						
开工计划表						
因产能计算造成违约订单						
与产品研发是否适配，建设是否延期						
成本计算正确						
采购部台账记录						
采购计划						
采购运行记录						
由于计划失误导致的紧急采购（或停工待料）						
原料是否有库存						
财务部台账记录						
现金预算表						
报表超时、错误						
是否以最低成本获得可用资金						
正确支付各项费用						
CEO 台账记录						
年终业绩与经营目标的偏差率						
流程合理，在规定时间内是否完成企业运营						
各司其职，员工满意度						
各岗位到岗率、企业文化						

三、ISO 认证

目前，ISO9000 系列标准已被全世界 80 多个国家和地区的组织所采用，为广大组织提供了质量管理和质量保证体系方面的要求。ISO14000 系列标准是对组织的活动、产品和服务从原材料的选择、设计、加工、销售、运输、使用到最终废弃物的处置进行全过程的管理方面的要求。

随着中国加入世界贸易组织（World Trade Organization，WTO），客户的质量意识及环境意识越来越强。质量意识和环境意识经过一定时间的市场孕育，最终会反映在客户订单中。企业进行 ISO 认证一般是由企业管理部门牵头组织的，各部门积极配合。ISO 认证过程常要经过一段时间并花费一定费用，如表 3－19 所示。

表 3－19 ISO 认证需要投入的时间及认证费用

ISO 类型	总投资费用	投资周期	说明
ISO9000（质量管理体系）	2M	2 年	1. 两项认证可同时进行。 2. 每项认证每年最多投入 1M，不允许超前投资。 3. 资金短缺投资可随时中断或者停止。 4. 认证完成后可以领取相应的 ISO 资格证。
ISO14000（环境管理体系）	3M	3 年	

【小知识】

ISO9000是指质量管理体系标准，是国际标准化组织（ISO）颁布的，在全世界范围内通用的关于质量管理和质量保证方面的标准，它不是指一个标准，而是一种标准的统称。该标准使质量管理的方法实现了程序化、标准化和科学化。ISO9000系列管理标准已经为提供产品和服务的各行各业所接纳和认可，拥有一个由世界各国及社会广泛承认的质量管理体系。

14000环境管理系列标准是国际标准化组织（ISO）编制的环境管理体系标准，其标准号为14001到14100共100个号，统称为ISO14000系列标准。该系列标准融合了世界上许多发达国家在环境管理方面的经验，是一套完整的、操作性很强的体系标准，包括为制定、实施、实现、评审和保持环境方针所需的组织结构、策划活动、职责、惯例、程序过程和资源。ISO14000系列标准的用户是全球商业、工业、政府、非营利性组织和其他用户，其目的是用来约束组织的环境行为，达到持续改善环境的目的，对消除非关税贸易壁垒即“绿色壁垒”，促进世界贸易具有重大作用。

思政案例

遵纪守法是华为全球化合规运营的基石

商场如战场，这些年华为的国际化进展迅速，开疆拓土，市场到达全球90多个国家和地区的同时也遭遇了不少的内斗与纷扰。

2018年，华为前员工告发华为要求其窃取商业机密，华为回应称：这完全是在造谣，不是事实。前员工相关指控没有事实依据，华为将积极应诉，维护公司权益。华为还表示无论在哪个国家，华为都要求员工遵守适用的法律法规以及商业道德，这一要求被明确写在了华为的《员工商业行为准则》中，华为公司一直遵守业务所在国的所有适用法律法规，合规经营，并要求所有员工遵守所在国法律法规。

2022年2月15日，印度税务部门对中国电信公司华为在该国的多个场所进行了突击搜查，华为公司的回应表示：“我们在印度的业务严格遵守所有法律法规。我们将与相关政府部门联系以获取更多信息，按照规章制度全力配合，并遵循正确的程序。”

华为董事、高级副总裁陈黎芳也曾表示：“华为在全球开展业务的一个基本原则就是遵纪守法，以法律遵从的确定性，应对国际政治的不确定性。”

正是心中始终记住“遵守当地法律法规”，华为才能够在全球化进程的惊涛骇浪中越走越远，变得越来越强！所以作为当代大学生，必须做到在任何时候、干任何事情都以法律法规为判断标尺和行为准绳，时刻铭记“法律红线不可逾越、法律底线不可触碰”。

课后思考

1. 工作中，为什么企业大量招聘营销人员？
2. 理想状态下，怎样组织材料采购才更合理？
3. 怎样计算完工产品的产量？
4. 怎样预计企业每个月需要支出多少资金？

寓教于练

一、单项选择题

1. 在沙盘模拟中，有关区域市场开拓，说法正确的是(　　)。

A. 投入 1M，下一年即可参加区域市场订货会

B. 每年投入 1M，累计投入 2M 后，下一年才能参加区域市场订货会

C. 投入 1M，等待一年才可参加区域市场订货会

D. 每年投入 1M，累计投入 2M 后，等待一年才能参加区域市场订货会

2. 下面有关沙盘模拟中，采购规则说法错误的有(　　)。

A. 若第一季度 R1 的订单量是 3，则在第二季度必须入库 3 个 R1 原材料，并支付 3M 现金

B. 如公司在第三季度需要 2 个 R3 原材料，则最迟在第二季度需要下 2 个 R2 的订单

C. 没有下订单的原材料是不能采购入库的

D. 所有原材料的购买单价都是 1M，货款在入库时支付

3. 在沙盘模拟中，通过市场预测图可以获得的信息是(　　)。

A. P1 产品的需求量随着时间推移呈下降趋势

B. P1 产品的价格随着时间推移呈上升趋势

C. P3 产品的需求量随着时间推移呈逐渐下降趋势

D. P3 产品的价格随时间推移呈下降趋势

4. 沙盘模拟中，某企业有 40M 的 4Q 应收账款，欲进行贴现，下列说法错误的是(　　)。

A. 若将 35M 的 4Q 应收账款贴现，获得 30M 的现金

B. 若将 35M 的 4Q 应收账款贴现，需支付 5M 的贴息

C. 若将 30M 的 4Q 应收账款贴现，获得 25M 的现金

D. 企业不能对 30M 应收账款进行贴现

二、多项选择题

1. 下面有关沙盘模拟中，生产规则说法正确的有(　　)。

A. 每条生产线都可以生产所有研发成功的产品，但是只能有一个产品在线

B. 半自动生产线转产时，需要一个季度的转产周期，同时支付转产费用 1M

C. 购买全自动生产线，需要每季度投入 4M，累计投 4 季度之后，下季度才能开始生产

D. 不同生产线的生产效率不同，但都需要支付1M的加工费

2. 下面有关沙盘模拟中，融资规则说法正确的有(　　)。

A. 长期贷款每年进行一次，在年初进行

B. 短期贷款每季度进行一次，在季初进行

C. 长期贷款的还款规则是到期一次性还本付息

D. 短期贷款的还款规则是到期一次性还本付息

3. 沙盘模拟中，某企业在本地市场支付广告费5M，则该企业有可能拿单的数量是(　　)。

A. 1　　B. 2　　C. 3　　D. 4

三、判断题

1. 在沙盘模拟中，每个市场每年最多投入1M开发，允许超前投资。　(　　)

2. 沙盘模拟中，加急订单第一季度必须交货，否则会受到相应的处罚。　(　　)

3. 每年企业经营结束后，财务总监要填写综合费用表、利润表和资产负债表。　(　　)

4. 两项ISO认证可以同时进行。　(　　)

项目四
学习企业经营

知识目标

1. 熟悉企业经营的任务列表
2. 理解本岗位应完成的工作任务
3. 掌握在规则范围内完成岗位工作的方法

能力目标

1. 能与团队成员协作配合
2. 能按规则完成企业经营任务
3. 能分角色科学记录各项业务

思政目标

1. 知行合一，能将理论与实践相结合
2. 分工协作，具备良好的团队合作能力

项目描述

在初次接触沙盘时，往往不知道该怎样在沙盘上操作，这需要一个适应过程。在沙盘模拟课程中，设计了起始年（又称教学年）。在起始年，老师扮演原有管理层，学生扮演新任管理层，老师带领并指导学生运行沙盘。本项目主要内容是新任管理层与原有管理层交接工作，熟悉企业经营任务及内部运营流程，企业的经营决策由原有管理层作出，新的管理层只能执行，主要目的是促进新管理层团队磨合、进一步熟悉经营规则、明晰企业运营流程、掌握企业运营记录方法。企业经营记录表如表 4－1 所示。

表 4-1　**企业经营记录表**

企业经营流程 请按顺序执行下列各项操作		每执行完一项工作，CEO 在相应格子内打勾。 财务总监填写现金收支金额，采购总监填写原料增减数量，生产总监填写在产品增减数量，营销总监填写产品增减数量			
		第一季度	第二季度	第三季度	第四季度
年初	新年度规划会议				
	参加订货会/支付广告费				
	登记销售订单				
	制订新年度计划				
	支付应付税				
1	季初盘点				
2	更新短期贷款/还本付息/申请短期贷款				
3	更新应付款/归还应付款				
4	原材料入库/更新原料订单				
5	下原料订单				
6	更新生产/完工入库				
7	投资新生产线/变卖生产线/生产线转产				
8	向其他企业购买原材料/出售原材料				
9	开始下一批生产				
10	更新应收款/应收款收现				
11	出售厂房				
12	向其他企业购买成品/出售成品				
13	按订单交货				
14	产品研发投资				
15	支付行政管理费				
16	其他现金收支情况登记				
17	现金收入合计				
18	现金支出合计				
19	期末对账（请填余额）				
年末	支付利息/更新长期贷款/申请长期贷款				
	支付设备维护费				
	支付租金/购买厂房				
	计提折旧				(　　)
	新市场开拓/ISO 资格认证投资				
	结账				

企业的实际运营过程是相当复杂的，在沙盘模拟课程中，我们用“企业运营流程”简化了企业的实际运营过程。企业运营流程中反映了两个内容：一是企业经营过程中必须做的各项工作；二是开展各项工作时需要遵循的先后顺序，企业运营流程是进行企业经营活动的指南。

企业运营流程中，按照时间顺序分为年初 5 项工作、按季度执行的 19 项工作和年末需要做的 6 项工作。执行企业运营流程时由 CEO 主持，团队成员各司其职，每执行完一项任务，CEO 在方格中打勾作为完成标志，财务总监填写现金收支金额，采购总监填写原料增减数量，生产总监填写在产品增减数量，营销总监填写产品增减数量。

【要点提示】

执行企业运营流程时，必须按照自上而下、自左至右的顺序严格执行。

每个角色都要关注自己需要负责什么工作，和其他部门的工作关系是怎样的。最好对自己负责的几项工作标注特殊标记。

模块一　年初 5 项任务

4－1 企业规划案例

4－2 企业全面预算案例

一、新年度规划会议

召开新年度规划会议，是沙盘模拟经营的第一步。新的一年开始之际，企业管理团队要制定（调整）企业战略，做出经营规划、设备投资规划、营销策划方案等。具体来讲，企业管理团队需要进行销售预算和可承诺量的计算。

常言道：“万事预则立，不预则废。”预算是企业经营决策和长期投资决策目标的一种数量表现，即通过有关的数据将企业全部经济活动的各项目标具体地、系统地反映出来。销售预算是编制预算的关键和起点，主要是对本年度要达成的销售目标的预测，销售预算的内容是销售数量、单价和销售收入等。

参加订货会之前，需要计算企业的可接单量。企业可接单量主要取决于现有库存和生产能力，因此产能计算的准确性直接影响到销售交付。

起始年的规划会议由原有管理层（老师）带领完成，计划当年不做任何新的投资，不对外借款，生产线按进度生产，每个季度订购一个 R1 原材料。

二、参加订货会/支付广告费

（一）参加订货会

一般情况下，营销总监代表企业参加订货会，争取销售订单。但为了从容应对竞单过程中可能出现的各种复杂情况，企业也可由营销总监与 CEO 或采购总监一起参加订货会，按照市场地位、广告投放、竞争态势、市场需求等条件获得客户订单。

竞单时，应当根据企业的可接订单数量选择订单，尽可能按企业的产能争取订单，使企业生产的产品在当年全部销售。应当注意的是，营销总监应以企业的产能、设备投资计划等为依据，避免接单不足、设备闲置，或盲目接单、无法按时交货，造成企业信誉降低。

（二）支付广告费

实际工作中，广告费一般是在广告呈现给观众或听众之前支付的；沙盘企业中，广告费则是在参加订货会前一次性支付。所以，企业在投放广告时，应当充分考虑企业的支付能力。也就是说，投放的广告费一般不能突破企业年初未经营前现金库中的现金余额。

在参加订货会之前，企业需要支付广告费，并且分市场、分产品在“竞单表”上登记投放的广告费金额。“竞单表”是企业争取订单的唯一依据，也是企业当期支付广告费的依据，应当采取科学的态度，认真对待。广告费竞单表格式如项目三表 3 – 2 所示。

支付广告费时，由财务总监从现金库中取“竞单表”中登记的广告费数额放在综合费用的“广告费”中，并在企业经营记录表对应的方格内记录支付的现金数（用“—”表示现金支出，下同）。

三、登记销售订单

客户订单相当于与企业签订的订货合同，需要进行登记管理。营销总监领取订单后（订货会结束）负责将订单登记在“订单登记表”中，记录每张订单的订单号、所属市场、所订产品、产品数量及账期，订单登记表如表 4 – 2 所示。订单销售额、成本及毛利待该订单交货时填写，因为可能存在如下几种情况：

（1）如果该订单本年未能交货，当年就未能实现销售收入；

（2）如果本企业产成品不足而向同行采购了成品，那么该订单的成本就包括自制产品的生产成本和外购产品的购买全价；

（3）如果本年交货的订单是上一年的延期订单，那么需要填写罚款。

表 4 – 2　　订单登记表

订单号								合计
市场								
产品								
数量（个）								
账期（Q）								
销售额（M）								
成本（M）	交货时填写							
毛利（M）								
罚款（M）								

四、制订新年度计划

在明确今年的销售任务后，企业需要以销售为主要依据，结合企业对未来的预期，编制生产计划、采购计划、设备投资计划并进行相应的资金预算。企业参加订货会取得销售订单后，已经明确了当年的销售任务。企业应当根据销售订单，对前期制订的新年度规划进行调整，制订新年度工作计划。

新年度工作计划一般包括投资计划、生产计划、销售计划、采购计划、资金筹集计划等。沙盘企业中，当企业取得销售订单后，企业的销售任务基本明确，已经不需要制订销售计划了。这样，企业的新年度计划主要围绕设备投资计划、生产计划、采购计划和资金筹集计划来进行。财务总监汇总各业务部门上报的预算后，与企业可支配的资金进行匹配，资金允许就全力支持企业业务开展，不允许则与各个业务总监协商调整业务计划。制订的新年度计划将企业的供产销活动有机结合起来，使企业各部门的工作形成一个有机的整体。

五、支付应付税

依法纳税是每个企业及公民的义务。企业在年初应支付上年应交税费。企业按照上年资产负债表中“应交税费”项目的数值缴纳税金。缴纳税金时，财务总监从现金库中拿出相应现金放在沙盘“综合费用”的“税金”处，并记录现金的减少数。

模块二　季度 19 项任务

企业制订新年度计划后，就可以按照运营规则和工作计划进行经营了。沙盘企业日常运营，应当按照一定的流程来进行，这个流程就是企业经营记录表。企业经营记录表反映了企业在运行过程中的先后顺序，必须按照这个顺序进行。

一、季初盘点（请填余额）

为了保证账实相符，团队应当定期对企业的资产进行盘点。沙盘模拟企业中，企业的资产主要包括现金、应收账款、原材料、在产品、产成品等流动资产，以及在建工程、生产线、厂房等固定资产。盘点采用实地盘点法。

【小知识】

实地盘点法

实地盘点法是指对材料物资用逐一清点或用计量器具来确定其实有数量的方法。实地盘点法的适用范围较广，大多数材料物资都可以采用这种方法进行盘点。

盘点时，CEO 指挥、监督团队成员各司其职，认真进行。如果盘点的余额与账面数一致，各成员就将结果准确无误填写在企业经营记录表的对应位置。季初余额等于上一季度末余额，由于上一季度末刚盘点完毕，所以可以直接根据上季度的季末余额填列。

◆财务总监：根据上季度末的现金余额填写本季度初现金余额。第一季度现金账面余额的计算公式：

年初现金余额 = 上年年末库存现金 - 支付的本年广告费 - 支付的上年应交税费 + 其他收到的现金。

◆采购总监：根据上季度末库存原材料数填写本季度初库存原材料。

◆生产总监：根据上季度末库存在产品数量填写本季度初在产品数量。

◆营销总监：根据上季度末产成品数量填写本季度初产成品数量。

◆CEO：在监督各成员正确完成以上操作后，在企业经营记录表对应的方格内打“√”。

沙盘模拟课程中，根据职责分工，财务总监负责盘点和记录现金，采购总监负责盘点和记录原材料，生产总监负责盘点和记录在产品，营销总监负责盘点和记录产成品。

二、更新短期贷款/还本付息/申请短期贷款

企业要发展，资金是保证。在经营过程中，如果缺乏资金，正常的经营可能都无法进行，更谈不上扩大生产和进行无形资产投资了；如果企业的经营活动正常，从长远发展的角度来看，应适度举债，“借鸡生蛋”。

沙盘企业中，企业筹集资金的方式主要是长期贷款和短期贷款。长期贷款主要是用于长期资产投资，如购买生产线、产品研发等；短期贷款主要解决流动资金不足的问题，短期贷款的借入、利息的支付和本金的归还都是在每个季度初进行的。其余时间要筹集资金，只能采取其他的方式，不能贷入短期贷款。所以这两种方式应结合起来使用。

（一）更新短期贷款

如果企业有短期贷款，请财务总监将空桶向现金库方向移动一格。空桶移至现金库时，表示短期贷款到期，应还本付息。

（二）还本付息

短期贷款的还款规则是利随本清。短期贷款到期时，每桶需要支付 20M × 5% = 1M 的利息，因此，本金与利息共计 21M。财务总监从现金库中提取现金，其中 20M 还给银行，1M 放置于沙盘上“综合费用”的“利息”处，并做好现金支付记录。

（三）申请短期贷款

短期贷款只有在这一时点上可以申请，短期贷款可以申请的最高额度为“上一年所有者权益 ×2 - 已贷短期贷款”。

如果企业需要短期贷款，则财务总监填写“公司贷款申请表”到交易处借款。短

期贷款后，放置一个空桶在短期贷款的第四账期处，在空桶内放置一张借入该短期贷款信息的纸条，并将现金放在现金库中。

三、更新应付款/归还应付款

财务总监将应付款向现金库方向推进一格，到达现金库时，从现金库中取现金付清应付款，并做好现金收支记录。

在监督财务总监正确完成以上操作后，在企业经营记录表对应的方格内打“√”。本教材的规则中不涉及应付款，不进行操作。直接在企业经营记录表对应的方格内打“×”。

四、原材料入库/更新原料订单

企业只有在前期订购了原材料，在交易处登记了原材料采购数量，才能购买原材料。供应商发出的原料运抵企业时，企业必须无条件接受货物并支付原料款。

每个季度，企业应将沙盘中的“原材料订单”向原材料仓库推进一格，表示更新原料订单。如果原材料订单本期已经推到原材料库，表示原材料已经到达企业，企业应验收入库材料，并支付相应的材料款。

1. 采购总监

（1）购买原材料：持现金和“采购登记表”在交易处买回原材料后，放在沙盘对应的原材料库中。

（2）记录：在“采购登记表”中登记购买的原材料数量，同时在企业经营记录表对应的方格内登记入库的原材料数量。

如果企业订购的原材料尚未到期，则采购总监在企业经营记录表对应的方格内打“√”。

2. 财务总监

（1）付材料款：从现金库中拿出购买原材料需要的现金交给采购总监；

（2）记录：在企业经营记录表对应的方格内填上现金的减少数。

3. CEO

在监督采购总监和财务总监正确完成以上操作后，在企业经营记录表对应的方格内打“√”。

原材料采购入库程序如图 4－1 所示。

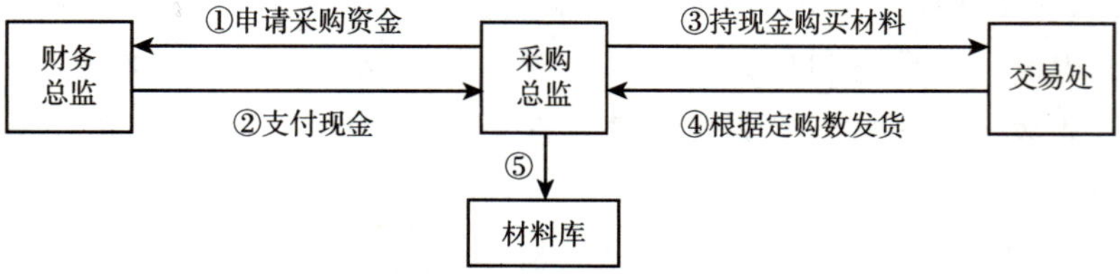

图 4－1　原材料采购入库程序

五、下原料订单

企业购买原材料必须提前在交易处下原料订单，没有下订单不能购买。下原料订单不需要支付现金。

4-3 采购管理案例

1. 采购总监

（1）下原料订单：采购总监根据年初制订的采购计划，决定采购的原料的品种及数量，在“采购登记表”上登记订购的原材料品种和数量，在交易处办理订货的手续，将从交易处取得的原材料采购订单放在沙盘的“原材料订单”处。

（2）记录：在企业经营记录表对应的方格内记录订购的原材料数量。

2. CEO

在监督采购总监正确完成以上操作后，在企业经营记录表对应的方格内打“√”。

六、更新生产/完工入库

一般情况下，产品加工时间越长，完工程度越高。企业应在每个季度更新生产。当产品完工后，应及时下线入库。

1. 生产总监

（1）更新生产：将生产线上的在制品向前推一格。如果产品已经推到生产线以外，表示产品完工下线，将该产品放在产成品库对应的位置。

（2）记录：在企业经营记录表对应的方格内记录完工产品的数量。如果产品没有完工，则在企业经营记录表对应的方格内打“√”。

2. CEO

在监督生产总监正确完成以上操作后，在企业经营记录表对应的方格内打“√”。

七、投资新生产线/变卖生产线/生产线转产

企业要提高产能，必须对生产线进行改造，包括新购、变卖和转产等。新购的生产线安置在厂房空置的生产线位置；如果没有空置的位置，必须先变卖生产线。变卖生产线的目的主要是出于战略的考虑，比如将手工生产线换成全自动生产线等。如果生产线要转产，应当考虑转产周期和转产费。

（一）投资新生产线

1. 生产总监

（1）领取标识：在交易处申请新生产线标识，将标识翻转放置在某厂房空置的生产线位置，并在标识上面放置与该生产线安装周期期数相同的空桶，代表安装周期。

（2）支付安装费：每个季度向财务总监申请建设资金并将建设资金放置在其中的一个空桶内。每个空桶内都放置了建设资金，表明费用全部支付完毕，生产线在下一季度建设完成。在全部投资完成后的下一季度，将生产线标识翻转过来，领取产品标

识，产品可以投入使用（手工线可在支付安装费当期使用）。

投资新生产线程序如图 4－2 所示。

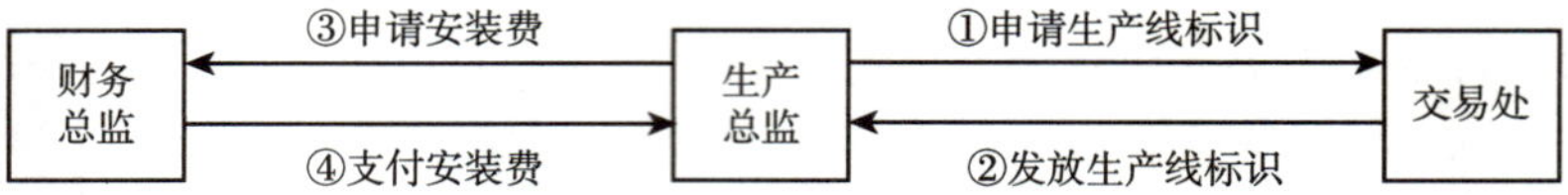

图 4－2　投资新生产线程序

2. 财务总监

（1）支付生产线建设费：从现金库取出现金交给生产总监用于生产线的投资。

（2）记录：在企业经营记录表对应的方格内填上现金的减少数。

3. CEO

在监督生产总监和财务总监正确完成以上的操作后，在企业经营记录表对应的方格内打“√”。

（二）变卖生产线

1. 生产总监

（1）变卖：当生产线上的在制品完工后，生产总监可以决定是否变卖生产线。生产线只能按残值变卖。变卖时，将生产线及其产品生产标识交还给交易处，并将生产线的净值从“价值”处取出，将等同于变卖的生产线的残值部分交给财务总监，相当于变卖收到的现金。

（2）净值与残值差额的处理：如果生产线净值大于残值，则将净值大于残值的差额部分，放在沙盘盘面“综合费用”的“其他”处，表示出售生产线的净损失。

2. 财务总监

（1）收现金：将变卖生产线收到的现金，放在现金库。

（2）记录：在企业经营记录表对应的方格内记录现金的增加数。

3. CEO

在监督生产总监和财务总监正确完成以上的操作后，在企业经营记录表对应的方格内打“√”。

（三）生产线转产

生产线转产是指某生产线原本生产一种产品，现在要转为生产另一种不同的产品。不同生产线类型转产所需的调整时间及资金投入是不同的。

1. 生产总监

（1）更换标识：如果生产线需要转产且该生产线需要一定的转产周期及转产费用，生产总监应持原产品标识在交易处更换新的产品生产标识，并将新的产品生产标识反扣在生产线的“产品标识”处，待该生产线转产期满可以生产产品时，再将该产品标识正面放置在“标识”处。

（2）支付转产费：如果转产需要支付转产费，生产总监还应向财务总监申请转产费，将转产费放在“综合费用”的“转产费”处。

（3）记录：正确完成以上全部操作后，在企业经营记录表对应的方格内打“√”；如果不做上面的操作，则在企业经营记录表对应的方格内打“×”。

2. 财务总监

（1）支付转产费：如果转产需要转产费，则将现金交给生产总监。

（2）记录：在企业经营记录表对应的方格内登记支付转产费而导致的现金减少数。

3. CEO

在监督生产总监和财务总监正确完成以上操作后，在企业经营记录表对应的方格内打“√”。如果不做上面的操作，则在企业经营记录表对应的方格内打“×”。

【要点提示】

生产线一旦建设完成，不得在各厂房间随意移动。

八、向其他企业购买原材料/出售原材料

企业如果没有下原料订单，就不能购买原材料。如果企业生产急需原材料，又不能从交易处购买，就只能从其他企业购买。当然，如果企业有暂时多余的原材料，也可以向其他企业出售，收回现金。

如果按原料的原值购入，购买方视同“原材料入库”处理，采购总监从财务总监处申请取得购买材料需要的现金，买进材料后，将材料放进原材料库；出售方的采购总监从原料库中取出原料，向购买方收取同值现金，由财务总监放入现金库并做好现金收支记录。

如果高于原料价值购入，购买方需按购买价计入产品成本，出售方将差额记入利润表中的其他收入，双方财务总监做好现金收支记录。双方采购总监登记出入库的材料数量。

九、开始下一批生产

当更新生产/完工入库后，某些生产线的在制品已经完工，生产总监可以按计划生产新产品。

4-4 生产管理案例

1. 生产总监

（1）领用原材料：从采购总监处申请领取生产产品需要的原材料。

（2）加工费：从财务总监处申请领取生产产品需要的加工费。

（3）上线生产：将生产产品所需要的原材料和加工费放置在空桶中（一个空桶代表一个产品），然后将这些空桶放置在空置的生产线上，表示开始投入产品生产。

（4）记录：在企业经营记录表对应的方格内登记投产产品的数量。

2. 财务总监

（1）支付现金：审核通过生产总监提出的产品加工费申请后，将现金交给生产总监。

（2）记录：在企业经营记录表对应的方格内登记现金的减少数。

3. 采购总监

（1）发放原材料：根据生产总监的申请，发放生产产品所需要的原材料。

（2）记录：在企业经营记录表对应的方格内登记生产领用原材料导致原材料的减少数。

4. CEO

在监督生产总监、财务总监和采购总监正确完成以上操作后，在企业经营记录表对应的方格内打“√”。

十、更新应收款/应收款收现

沙盘模拟企业中，企业销售产品一般收到的是“欠条”——应收款。每个季度，企业应将应收款向现金库方向推进一格，表示应收款账期的减少。当应收款被推进现金库时，表示应收款到期，企业应持应收款凭条到交易处领取现金。

1. 财务总监

（1）更新应收款：将应收款往现金库方向推进一格。当应收款推进现金库时，表示应收款到期。

（2）应收款收现：如果应收款到期，持“应收账款登记表”、企业经营记录表和应收款凭条到交易处领取相应现金，

（3）记录：在企业经营记录表对应的方格内登记应收款到期收到的现金数。

2. CEO

在监督财务总监正确完成以上操作后，在企业经营记录表对应的方格内打“√”。

【要点提示】

在资金出现缺口且不具备银行贷款资格的情况下，企业可以考虑应收款贴现。应收款贴现随时可以进行，财务总监按 7 的倍数取应收账款，其中 1/7 作为贴现费用置于沙盘上的“贴息”处，6/7 放入现金库，财务总监做好现金收支记录。应收账款贴现时不考虑账期因素。

十一、出售厂房

企业资金不足时可以出售厂房，厂房按购买价值出售，出售厂房当期不能收到现金，只能收到一张 4 账期的应收款凭条。年末时，如果没有购买使用中的厂房，必须支付租金。

1. 生产总监

（1）出售厂房：企业出售厂房时，将厂房价值拿到交易处，领回 40M 的应收款凭

条，交给财务总监。

（2）记录：在企业经营记录表对应的方格内打“√”。

2. 财务总监

（1）收到应收款凭条：将收到的应收款凭条放置在沙盘应收款的4Q处。

（2）记录：在“应收账款登记表”上登记收到的应收款的金额和账期，在企业经营记录表对应的方格内打“√”。

3. CEO

在监督生产总监和财务总监正确完成以上操作后，在企业经营记录表对应的方格内打“√”。

十二、向其他企业购买成品/出售成品

企业参加产品订货会时，如果取得的销售订单超过了企业最大生产能力，当年不能按订单交货，则构成违约，按规则将受到严厉的惩罚。为此，企业可以从其他企业购买产品来交单。当然，如果企业有库存积压的产品，也可以向其他企业出售。

（一）向其他企业购买产品

1. 营销总监

（1）谈判：在进行组间的产品买卖时，首先双方要谈妥产品的交易价格，并采取“一手交钱，一手交货”的交易方式进行交易。

（2）购买：从财务总监处申请取得购买产品所需要的现金，买进产品后，将产品放置在对应的产品库。注意：购进产品的成本应当是购进时支付的价款，在计算产品销售成本时应当按该成本计算。

（3）记录：在企业经营记录表对应的方格内记录购入的产品数量。

2. 财务总监

（1）付款：根据营销总监的申请，审核后，支付购买材料需要的现金。

（2）记录：将购买产品支付的现金金额记录在企业经营记录表对应的方格内。

3. CEO

在监督营销总监和财务总监正确完成以上操作后，在企业经营记录表对应的方格内打“√”。

（二）向其他企业出售产品

1. 营销总监

（1）出售：从产品库取出产品，从购买方取得现金后将产品交给对方，并将现金交给财务总监。

（2）记录：由于出售导致产品的减少，所以，营销总监应在企业经营记录表对应的方格内填上因出售而减少的产品数量。

2. 财务总监

（1）收到现金：将出售产品收到的现金放进现金库。

（2）出售收益的处理：如果出售产品多收了现金，即组间交易出售产品价格高于购进产品的成本，表示企业取得了交易收益，应当在编制利润表时将该收益记录在利润表的“其他收入/支出”栏（为正数）。

（3）记录：将出售产品收到的现金金额记录在企业经营记录表对应的方格内。

3. CEO

在监督营销总监和财务总监正确完成以上操作后，在企业经营记录表对应的方格内打“√”。如果不做上面的操作，则在企业经营记录表对应的方格内打“×”。

十三、按订单交货

企业只有将产品销售出去才能实现收入，同时收回垫支的成本。产品生产出来后，企业应按销售订单交货。

1. 营销总监

（1）销售：销售产品前，首先在“订单登记表”中登记销售订单的销售额，计算出销售成本和毛利，之后，将销售订单和相应数量的产品拿到交易处销售。销售后，将收到的应收款凭条或现金交给财务总监。

（2）记录：在完成上述操作后，在企业经营记录表对应的方格内打“√”。如果不做上面的操作，则在企业经营记录表对应的方格内打“×”。

2. 财务总监

（1）收到销货款：如果销售取得的是应收款凭条，则将凭条放在应收款相应的账期处；如果取得的是现金，则将现金放进现金库。

（2）记录：如果销售产品收到的是应收款凭条，在“应收账款登记表”上登记应收款的金额；如果收到的是现金，在企业经营记录表对应的方格内登记现金的增加数。

3. CEO

在监督营销总监和财务总监正确完成以上操作后，在企业经营记录表对应的方格内打“√”。如果不做上面的操作，则在企业经营记录表对应的方格内打“×”。

十四、产品研发投资

企业要研发新产品，必须投入研发费用。每季度的研发费用在季末一次性支付。当新产品研发完成，企业在下一季度可以投入生产。

1. 生产总监

（1）研发投资：企业如果需要研发新产品，则从财务总监处申请取得研发所需要的现金，放置在产品研发对应位置的空桶内；如果产品研发投资完成，则从交易处领取相应产品的生产资格证放置在“生产资格”处。企业取得生产资格证后，从下一季度开始，可以生产该产品。

（2）记录：在企业经营记录表对应的方格内打“√”。

2. 财务总监

（1）支付研发费：根据营销总监提出的申请，审核后，用现金支付。

（2）记录：如果支付了研发费，则在企业经营记录表对应的方格内登记现金的减少数。

3. CEO

在监督生产总监和财务总监正确完成以上操作后，在企业经营记录表对应的方格内打“√”。如果不做上面的操作，则在企业经营记录表对应的方格内打“×”。

十五、支付行政管理费

企业在生产经营过程中，会发生诸如办公费、人员工资等管理费用。沙盘企业中，行政管理费在每季度末一次性支付1M，无论企业经营情况好坏、业务量多少，金额都是固定不变的，这是与实际工作的差异之处。

1. 财务总监

（1）支付管理费：每季度从现金库中取出1M现金放置在综合费用的“管理费”处。

（2）记录：在企业经营记录表对应的方格内登记现金的减少数。

2. CEO

在监督财务总监正确完成以上操作后，在企业经营记录表对应的方格内打“√”。

十六、其他现金收支情况登记

企业在经营过程中，可能会发生除上述情况外的其他现金收入或支出，企业应将这些现金收入或支出进行记录。

1. 财务总监

企业如果有其他现金增加或减少情况，则在企业经营记录表对应的方格内登记现金的增加或减少数。

2. CEO

在监督财务总监正确完成以上操作后，在企业经营记录表对应的方格内打“√”。如果不做上面的操作，则在企业经营记录表对应的方格内打“×”。

十七、现金收入合计

财务总监统计本季度现金收入总额。其他业务总监登记本季度入库的原料/产品/在制品的数量。

十八、现金支出合计

财务总监统计本季度现金支出总额。第四季度的统计数字中包括第四季度本身的和年末发生的。其他业务总监登记本季度出库的原料/产品/在制品的数量。

十九、期末对账（请填余额）

每季度末，企业应对现金、原材料、在产品和产成品进行盘点，并将盘点的数额与账面结存数进行核对，如果账实相符，则将该数额填写在企业经营记录表对应的方格内。如果账实不符，则找出原因后再按照实际数填写。

余额的计算公式为：

现金余额 = 季初余额 + 现金增加额 - 现金减少额

原材料库存余额 = 季初原材料库存数量 + 本期原材料增加数量 - 本期原材料减少数量

在产品余额 = 季初在产品数量 + 本期在产品投产数量 - 本期完工产品数量

产成品余额 = 季初产成品数量 + 本期产成品完工数量 - 本期产成品销售数量

以上 19 项任务每个季度都要执行。

模块三　年末 6 项任务

一、支付利息/更新长期贷款/申请长期贷款

企业为了发展需要，可能需要借入长期贷款。长期贷款主要是用于长期资产投资，比如购买生产线、产品研发等。沙盘企业中，长期贷款只能在每年年末进行，贷款期限在一年以上，每年年末付息一次，到期还本。本年借入的长期贷款下年末支付利息。

4－5 资金管理案例

（一）支付利息和本金

长期贷款的还款规则是每年付息，到期还本。如果当年未到期，每桶长期贷款（20M）需要支付 $20M \times 10\% = 2M$ 的利息，财务总监从现金库中取出长期贷款利息置于沙盘上的“利息”处，并做好现金支付记录；长期贷款到期时，财务总监从现金库中取出现金归还本金及当年的利息，并做好现金支付记录。

（二）更新长期贷款

如果企业有长期贷款，更新长期贷款时请财务总监将空桶向现金库方向移动一格；当移至现金库时，表示长期贷款到期，应持相应的现金和“贷款登记表”到交易处归还该借款。

（三）申请长期贷款

长期贷款只有在年末可以申请。长期贷款可以申请的额度为“上一年所有者权益 ×2 - 已有长期贷款”。财务总监持上年报表和“贷款申请表”到交易处，交易处经审核后发放贷款。收到贷款后，财务总监将现金放进现金库中；同时，放一个空桶在长期贷款对应的账期处，空桶内写一张注明贷款金额、账期和贷款时间的长期贷款凭条。

申请长期贷款程序如图 4-3 所示。

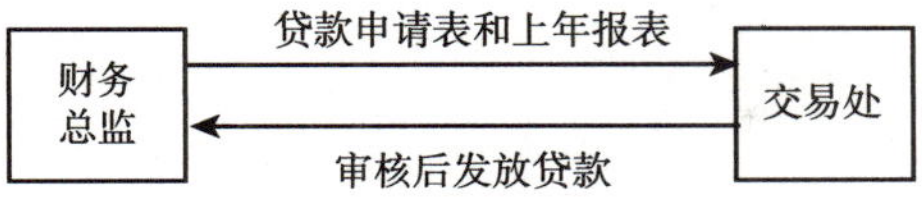

图 4-3　申请长期贷款程序

二、支付设备维修费

设备使用过程中会发生磨损，要保证设备正常运转，需要进行维护。设备维护会发生诸如材料费、人工费等维护费用。沙盘模拟企业中，在用的每条生产线需支付 1M 的维修费。年末，只要有生产线，无论是否生产，都需支付维修费。尚未安装完工的生产线不支付维修费。设备维修费每年年末用现金一次性集中支付。

支付设备维修费时，生产总监向财务总监提出设备维修申请，财务总监取相应现金置于沙盘上"综合费用"的"维修费"处，并做好现金支付记录。

三、支付租金/购买厂房

大厂房为自主厂房，如果企业当年出售了大厂房且大厂房中仍有生产线，此时需要支付大厂房租金。如果企业本年在小厂房中安装了生产线，此时要决定该厂房是购买还是租用。如果购买厂房，则财务总监取出与厂房价值相等的现金置于沙盘上的"厂房价值"处；如果租赁厂房，则财务总监取出与厂房租金相等的现金置于沙盘上的"租金"处。无论购买还是租赁，财务总监都应做好现金支付记录。

四、计提折旧

固定资产在使用过程中会发生损耗，导致价值降低，应对固定资产计提折旧。沙盘企业中，固定资产计提折旧的时间、范围和方法可以与实际工作一致，也可以采用简化的方法。本教材沙盘规则采用了简化的处理方法，与实际工作有一些差异。这些差异主要表现在：折旧在每年年末计提一次，计提折旧的范围仅限于生产线，折旧的方法采用直线法取整计算；在财务处理上，折旧费全部作为当期的期间费用，没有计入产品成本。

计提折旧时，财务总监从生产线净值中取折旧费放置于沙盘上的"折旧"处。在使用年限的最后一年，企业将剩余折旧全部提足。

计提折旧时只可能涉及生产线净值和其他费用两个项目，与现金流无关，因此在企业运营流程中标注了（），以示区别，计算现金收/支合计时不应考虑该项目。

五、新市场开拓/ISO 资格认证投资

企业要扩大产品的销路必须开发新市场。不同的市场，开拓所需要的时间和费用

是不相同的。同时，有的市场对产品有 ISO 资格认证要求，企业需要进行 ISO 资格认证投资。沙盘企业中，每年开拓市场和 ISO 资格认证的费用在年末一次性支付，计入当期的综合费用。

（一）新市场开拓

营销总监从财务总监处申请开拓市场所需要的现金，放置在沙盘所开拓市场对应的位置。当市场开拓完成，年末持开拓市场的费用到交易处领取“市场准入”的标识，放置在对应市场的位置上。财务总监在企业经营记录表对应的方格内记录现金的减少数。

（二）ISO 资格认证投资

营销总监从财务总监处申请 ISO 资格认证所需要的现金，放置在 ISO 资格认证对应的位置。当认证完成，年末持认证投资的费用到交易处领取“ISO 资格认证”标识，放置在沙盘对应的位置。财务总监在企业经营记录表对应的方格内记录现金的减少数。

六、结账

一年经营结束，年终要进行一次“盘点”，财务总监编制“综合管理费用明细表”，“资产负债表”和“利润表”。一经结账后，本年度的经营也就结束了，本年度所有的经营数据不能随意更改。结账后，在企业经营记录表对应的方格内打“√”。

4－6 综合费用表的编制方法　　4－7 利润表的编制方法　　4－8 资产负债表的编制方法

年度结束之后，沙盘上企业已支出的各项费用可以清除，为第二年的经营做好准备。

思政案例

华为倡导的“全营一杆枪”

华为公司有一句话，叫“全营一杆枪”，这出自国产电视剧《绝密 543》，讲一个地空导弹营，有 50 多辆车、100 多个岗位、数百名官兵凝聚为一个整体，聚焦一个目标，把雷达“开机—发射”的时间从 8 分钟压缩到 6 秒，首创世界防空史上地对空导弹打下高空侦察机的纪录，体现了“胜则举杯相庆，败则拼死相救”的荣辱与共、团结奋斗的团队精神。华为倡导的“全营一杆枪”，就是每个岗位、每个角色，围绕“一切为了客户”这个目标，不断追求把自己的工作做得更好，同时还要看自己对他人的贡献，体现了集体智慧。

如华为的一线销售团队被形象地称为“重装旅”和“陆战队”的配合。在地区部设置“重装旅”，一个地区部管十几个国家，因此，它是各种专业力量共享、协调的中心，给在代表处和系统部设置的“陆战队”提供资源和补给。在地区部“重装旅”的建设过程中，华为重视各种平台和共享中心的建设、经验的总结和人员的培训。同时，代表处组织配置中缺少的能力要在地区部补上，包括解决方案、用户服务、投标、技术等。各种业务集中一批尖子，随时准备一窝蜂地对重要项目实施支持；“陆战队”规模小、装备轻，属于轻型组织，具有综合作战能力，爆发力强，是华为设置在市场一线的作战单元。

这种团队配合，让国外的一些知名通信大公司望而生畏，他们这样形容华为的团队精神和配合：“他们的营销能力很难超越。因为与他们过招的，远不只前沿阵地上的几个冲锋队员，这些人的背后有一个强大的后援团队：他们有的负责技术方案设计，有的负责外围关系拓展，有的甚至已经打入了竞争对手内部……一旦前方需要，马上就会有人来增援。华为通过这种看似不是很高明的团队作战方法，将竞争对手苦心经营的领地冲得七零八落。”

习近平在中国共产党第二十次全国人民代表大会上作的报告中指出：“团结就是力量，团结才能胜利。全面建设社会主义现代化国家，必须充分发挥亿万人民的创造伟力。团结奋斗是中国人民创造历史伟业的必由之路！”在团队合作中，我们要学习“全营一杆枪”精神，落实习近平总书记倡导的团结奋斗的精神，既要分工明确，履行各自的工作职责，更要注重团队的配合，时刻铭记也许一个人可以走得更快，但一群人可以走得更远！

课后思考

1. 你是怎样理解规划的？个人需要成长规划吗？
2. 企业为什么要打广告？可以从哪些渠道打广告？
3. 企业为什么要制订计划？怎样合理制订计划？
4. 企业怎样才能提高产能？是否产能越高越好？
5. 如何进行资产盘点？
6. 如何实现企业利润最大化？

寓教于练

一、单项选择题

1. 沙盘模拟的初始盘面有 3 条手工线 1 条半自动线，请问需要支付的维修费是(　　)。

A. 0　　B. 1M　　C. 3M　　D. 4M

2. 在沙盘模拟中，某公司在第一年 1 季度借了 20M 的短贷，下列说法错误的是(　　)。

A. 该短贷利息为 1M

B. 该贷款需放在短贷 4 期位置

C. 该贷款在第一年 4 季度还款 21M

D. 该贷款不能提前还

3. 在沙盘模拟中，为了做到账实相符，各岗位盘点分工正确的是(　　)。

A. 财务总监负责盘点和记录现金

B. 采购总监负责盘点和记录原材料

C. 生产总监负责盘点和记录在产品

D. 营销总监负责盘点和记录产成品

4. 实训的初始盘面如下图所示，请问该企业本年可入库的 P1 产品数是(　　)。

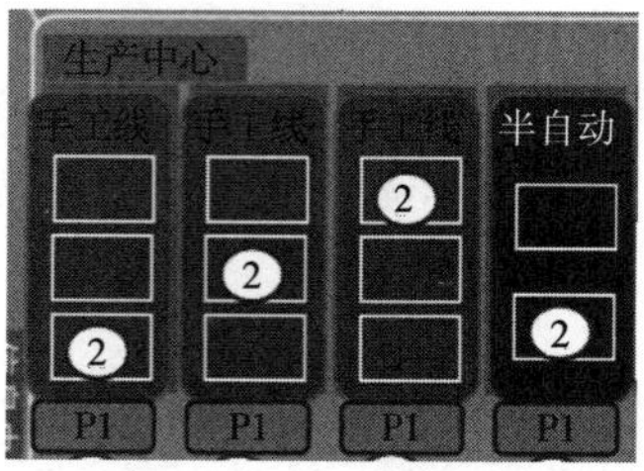

A. 4 个　　B. 5 个　　C. 6 个　　D. 7 个

二、多项选择题

1. 在沙盘模拟中，新年度规划会议主要包括的内容有(　　)。

A. 营销策划　　B. 市场开拓计划　　C. 设备投资计划　　D. 产品研发计划

2. 在沙盘模拟中，营销总监拿单的依据主要包括(　　)。

A. 企业的产能　　B. 产成品库存　　C. 生产线投资计划　　D. 市场开拓状况

3. 沙盘模拟中，有关折旧计提说法正确的是(　　)。

A. 初始盘面的手工线计提折旧 1M

B. 初始盘面的半自动线计提折旧 1M

C. 初始盘面的半自动线计提折旧 2M

D. 计提折旧应从现金中提取

三、判断题

1. 在沙盘模拟中，每个企业应该按照企业运营流程一步步开展工作。(　　)

2. 在沙盘模拟中，广告投放只需要分市场将金额填入广告投放登记表即可。(　　)

3. 企业购买原材料，需要提前在交易处登记采购的数量及种类。(　　)

4. 在沙盘模拟中，变卖大厂房即可得到 40M 的现金。(　　)

项目五
经营你的企业

知识目标

1. 了解企业战略的重要性
2. 理解经营计划在企业经营中的作用
3. 掌握经营计划的制订方法

能力目标

1. 能根据规则制定企业战略
2. 能制订企业年度经营计划
3. 能根据计划完成企业经营

思政目标

1. 立足整体，具备大局意识和全局观念
2. 持之以恒，具备积极进取的奋斗精神
3. 自信乐观，具备乐观向上的职业精神

项目描述

经过起始年（教学年）原有管理层工作交接，新的管理层已经接过了继续推动企业向前发展的重任。作为新的管理层，你们将按照自己的经营理念经营企业，经营期6年。通过模拟企业六年的经营，你们将在分析市场、制定战略、营销策划、生产组织、财务管理等一系列活动中，参悟科学的企业经营规律，全面提升管理能力。

5－1 采购工具表的制作

5－2 生产工具表的制作

5－3 营销工具表的制作

5－4 财务工具表的制作

模块一　制定/调整企业战略

每年第一项工作就是新年度规划会议，这也是全年最重要的、决定企业未来发展的关键性工作。在开始新的一年经营之前，CEO 应当召集各位业务总监召开新年度规划会议，根据各位总监掌握的信息和企业的实际情况，提出企业的各项规划。

规划是指长远的发展计划，是实施总体目标的行动计划。在沙盘模拟课程中，规划主要包括企业经营目标、市场和 ISO 认证开发规划、生产线购买或出售规划、产品开发规划、产品生产规划等几个方面。为了提高规划直观性，可以借助企业战略规划表（见表 5－1）来进行。

表 5－1　企业战略规划表

年份 / 项目	第一年				第二年				第三年				第四年			
	1	2	3	4	1	2	3	4	1	2	3	4	1	2	3	4
产品开发																
市场开发																
ISO 认证																
生产线投资																
厂　　房																
贷　　款																

一、企业经营目标

企业经营目标，是在一定时期企业生产经营活动预期要达到的成果。企业经营目标是在充分分析市场、竞争态势和自身优势的基础上确定的。企业经营目标还可以按照产品或市场进行细分。

为达成企业总的经营目标，可以从市场、营销、生产等方面做出具体规划。

二、市场开拓规划

习近平在中国共产党第二十次全国人民代表大会上的报告中指出，我们实行更加积极主动的开放战略，构建面向全球的高标准自由贸易区网络，加快推进自由贸易试验区、海南自由贸易港建设，共建“一带一路”成为深受欢迎的国际公共产品和国际合作平台。我国成为一百四十多个国家和地区的主要贸易伙伴，货物贸易总额居世界第一，吸引外资和对外投资居世界前列，形成更大范围、更宽领域、更深层次对外开放格局。沙盘模拟中，企业必须以开放的姿态，开拓市场，扩大销售。

5－5 市场开拓案例

（一）明确市场开拓规划重点考虑的问题

1. 企业的销售策略是什么？企业可能会考虑哪个市场产品价格高就进入哪个市场，也可能是哪个市场需求大就进入哪个市场，也可能两个因素都会考虑。企业应当根据销售策略明确需要开拓什么市场、开拓几个市场。

2. 企业的目标市场是什么？企业应当根据销售策略和各个市场产品的需求状况、价格水平、竞争对手的情况等明确企业的目标市场。

3. 什么时候开拓目标市场？在明确了企业的目标市场后，还涉及什么时候进入目标市场的问题，企业应当结合资金状况和产品生产情况明确企业目标市场的开拓时间。

（二）如何制定市场开拓规划

企业在制定市场规划时应当从以下几方面着手：

第一，研究每个市场的销售特点及发展趋势。不同的市场，在不同的阶段其产品需求量和价格是不一样的。为此，应当研究每一个市场不同产品的需求量和价格水平，比较在相同年份相同产品在不同市场的情况。确定出企业在不同年份应当进入的市场，从而确定出本企业要进入的重点市场以及市场开发的时间。

第二，要考虑竞争对手可能进入的市场，避强趋弱。在市场上，随时都面临着激烈的竞争。为此，企业应当从对手的产品开发、市场开发情况上分析对手可能重点开发的市场。在市场开发上尽可能占先机，如果可能，避开竞争激烈的市场。当然，对手竞争的激烈程度也是相对而言的，比如，如果本企业的产品丰富，企业可以通过丰富的产品占领市场，争得市场老大，抢得先机。

第三，考虑本企业的产品策略，确定企业的目标市场。对于不同的产品，在不同的阶段、不同的市场其价格和市场需求量是不同的。为此，在制定本企业的市场开发战略时，应当结合企业的产品战略进行考虑。比如，企业重点生产的产品是 P4，如果 P4 产品的需求量主要集中在区域、国内和亚洲市场，国际市场需求量很小，那么，企业就应当回避国际市场，重点占领区域、国内和亚洲市场。

第四，考虑本企业的资金情况，量力而行。对于一个企业来说，总是希望市场越多越好。但是，开发市场是需要投资的，如果开发了市场，而该市场又没有发挥应有的作用，则开发是失败的。市场开发，要考虑企业的资金情况，不仅是本年的资金情况，还应当考虑投入了市场开发可能对本年的资金影响，对本年净利润的影响，而净利润又影响所有者权益，所有者权益最终要影响下年的贷款额度。所以，市场开发支出，不仅是开发市场的问题，还包含了可能影响的各个方面。

三、ISO 认证开发规划

企业在进行开发规划时，应当重点考虑以下几个方面的问题：

1. 开发何种认证？ISO 认证包括 ISO9000 认证和 ISO14000 认证。企业可以只开发其中的一种或者两者都开发。到底开发哪种，取决于企业的目标市场对 ISO 认证的要求，以及企业的资金状况。

2. 什么时候开发？认证开发可以配合市场对认证要求的时间来进行。企业可以从有关市场预测的资料中了解市场对认证的要求情况。一般而言，时间越靠后，市场对认证的要求会越高。企业如果决定进行认证开发，在资金和所有者权益许可的情况下，可以适当提前开发。

3. 企业的资金状况怎样？企业是否开发 ISO 认证，需要结合企业的市场开发情况来定。比如，企业主要进入的市场对于 ISO 认证条件要求不高，在资金偏紧张的情况下就可以暂时不开发；如果企业主要占领的市场虽然对 ISO 认证有要求，但时间比较靠后，则可以推迟开发，这样，既不影响产品的销售，同时又没有过早占用资金，提高了资金的使用效率。

四、产品研发投资规划

习近平在中国共产党第二十次全国人民代表大会上作的报告中指出："我们加快推进科技自立自强，全社会研发经费支出从一万亿元增加到二万八千亿元，居世界第二位，研发人员总量居世界首位。基础研究和原始创新不断加强，一些关键核心技术实现突破，战略性新兴产业发展壮大，载人航天、探月探火、深海深地探测、超级计算机、卫星导航、量子信息、核电技术、新能源技术、大飞机制造、生物医药等取得重大成果，进入创新型国家行列。"沙盘模拟中，企业必须重视产品研发，才能提高企业的综合竞争力。

5-6 研发投资案例

（一）制定产品研发规划重点考虑的问题

1. 企业的产品策略是什么？由于企业可以研发的产品品种多样，企业需要作出研发哪几种产品的决策。由于资金、产能的原因，企业一般不同时研发所有的产品，而是根据市场的需求和竞争对手的情况，选择其中的一种或两种进行研发。

2. 企业从什么时候开始研发产品？研发哪些产品？企业决定要研发产品的品种后，需要考虑的就是什么时候开始研发以及研发什么产品的问题。不同的产品可以同时研发，也可以分别研发。企业可以根据市场、资金、产能、竞争对手的情况等方面来确定。

（二）如何制定产品开发规划

企业在制定产品开发规划时应当从以下几方面着手：

第一，企业目标市场中产品的预计销量和预计利润水平。企业开发的产品只有能大量生产并能及时销售出去才能真正产生效益，否则，一般情况下，我们认为就是开发失败。而企业要将生产出来的产品销售出去，首先要考虑的就是市场的需求量，只有市场有需要，我们才能开发并生产，同时，如果市场的需求量不是很大，而所有企业都开发并生产的话，势必增加竞争，对企业也是不利的；其次要考虑目标市场产品的预计利润水平。企业应根据各个市场产品的利润水平，综合作出企业产品的开发决策。

第二，竞争对手的产品开发策略。企业在进行产品开发时，应当预计竞争对手的产品开发策略，尽可能在产品上形成错位竞争。在进行决策时，可以从对手的市场开发情况、生产线状况、资金情况等方面进行入手，分析竞争对手的产品开发策略。

第三，企业自身的生产能力。一般情况下，企业的产品品种越丰富，企业产品生产的灵活性越强。但是，企业开发产品，应当结合自己的生产能力，否则，产品开发出来以后，由于生产能力不足，会导致开发出来的产品不能生产而形成资源的浪费。一般情况下，企业每种产品每年的产量至少应在 5 件，否则就没有竞争力，也不能形成规模效益。

第四，企业的资金状况。开发产品需要投入资金，为此，企业应当考虑自身的资金状况。最基本的原则就是投入了产品开发，不会导致当期和后期出现资金的断流。为此，企业应当认真做好现金预算。

五、设备投资规划

（一）制定设备投资规划重点考虑的问题

1. 新的一年，企业是否要进行设备投资？每个企业都希望扩大产能，扩充新生产线、改造落后的生产线，但是，扩充或更新生产线涉及时机的问题。一般而言，企业如果资金充裕，未来市场容量大，企业就应当考虑进行设备投资，扩大产能。反之，就应当暂缓或不进行设备投资。

2. 扩建或更新什么生产线？生产线有手工、半自动、全自动和柔性四种，这就涉及该选择什么生产线的问题。一般情况下，企业应当根据资金状况和生产线是否需要转产等作出决策。

3. 扩建或更新几条生产线？如果企业决定扩建或更新生产线，还涉及具体的数量问题。扩建或更新生产线的数量，一般根据企业的资金状况、厂房内生产线位置的空置数量等来确定。

4. 什么时候扩建或更新生产线？如果不考虑其他因素，应该说生产线可以在流程规定的每个季度进行扩建或更新，但是，实际运作时，企业不得不考虑当时的资金状况、生产线完工后上线的产品品种、新产品研发完工的时间等因素。一般而言，如果企业有新产品研发，生产线建成的时间最好与其一致（柔性和手工线除外），这样可以减少转产和空置的时间。从折旧的角度看，生产线的完工时间最好在某年的第一季度，这样可以相对减少折旧费用。

（二）如何制定生产线投资规划

企业在制定生产线投资规划时应当从以下几方面着手：

第一，企业的资金情况。企业在进行购买生产线的决策时，首先应当考虑的就是企业的资金情况。这里的资金情况不仅是当期的资金情况，还包括后期资金的投入情况。因为购买安装生产线是分期投入的，而且生产线完工投入产品生产时，还涉及购买原材料和支付加工费等支出，所以，企业在购买生产线时应当考虑购买了生产线对当期及以后各期的影响，防止由于资金紧张而中途停止安装和由于资金紧张导致完工后出现停工的情况。

第二，产品开发完工的时间。企业在购买生产线时，应当测算生产线的完工时间。当生产线安装完工的当期，企业就能投入产品的生产，这样的情况是最佳方案。如果新建生产线是用于生产新开发的产品，则要做到生产线安装完工的时间与新产品开发完成的时间相一致，否则就会出现生产线空置，造成浪费。这就要求企业在购买生产线时，首先要明确该生产线完工后生产什么产品，然后确定出生产线的购买时间。当然，为了使生产线完工后当期能投入产品的生产，还应当做好原材料的采购准备工作。

第三，是否转产。企业的生产线包括四种，每种生产线的转产期和转产费是不相同的。如果企业不准备转产，则应尽可能考虑全自动生产线；如果企业预计生产线需要转产或者为了竞争的需要而要转产，假设资金许可，则应考虑一条柔性生产线；当然，如果已经到了经营的后期，企业就应尽可能事先做好生产线产品生产的规划，尽可能不考虑生产线转产的问题。

第四，折旧对当期利润的影响，剩余经营时间所能生产产品的产量等问题。

六、产品生产规划

企业的产品开发出来以后，必须投入生产才能产生效益。这就涉及产品什么时候生产、生产多少的问题。一般情况下，只要企业的资金许可，就不应当停止产品的生产，即使当期产生库存，可以在后期通过扩大市场需求销售出去。

企业在进行产品生产规划时，首先应考虑生产单位产品毛利润高的产品，如果各种产品单位毛利润比较接近，应当选择生产占用资金少的产品。其次，还应当考虑资金面的状况，在企业经营的前期，往往资金面紧张，一般不宜生产占用资金多的产品；在经营后期，如果资金宽裕，应尽可能生产单件产品毛利润高的产品，这样才能保证利润的快速增长。

模块二　制订计划

计划是工作或行动以前预先拟订的方案，是执行各项工作的依据。在客户订货会之后，企业已经获得了明确的客户订单，结合销售预测，可以制订详尽的销售计划、设备投资计划、生产计划、采购计划、资金计划、市场开发计划及产品研发计划等。

一、销售计划

销售的任务是取得合适的订单、按时交货给客户并取得货款，保持良好的客户关系。年初订货会之后，企业需要完成的订单包括两类：一类是来自客户的普通订单，订单上标注了不同的数量、金额和账期，销售计划中要结合生产计划对这些订单的交货顺序做出安排，保证按时交货，尽早回笼资金；另一类是通过主动营销或同行委托生产获得的订单，此类订单一方面注意签订协议保护双方利益，另一方面按协议严格执行信守承诺。

营销总监需向财务总监提供市场开发预算、应收账款到账预计时间等。

二、设备投资与改造计划

设备投资与改造计划是提高产能、保障企业持续发展的策略之一。企业进行设备投资时需要考虑以下因素：

（1）市场上对各种产品的需求状况。

（2）企业目前的产能。

（3）新产品的研发进程。

（4）设备投资分析。

（5）新设备用于生产何种产品、所需资金、设备安装地点。

（6）设备上线的具体时间及所需物料储备。

设备投资与改造计划确定后，生产总监需向财务总监提供设备购置预算。

三、生产计划

沙盘模拟企业中，编制生产计划的主要目的是确定产品投产的时间、投产的品种、产品完工时间和数量，从而预计产品投产需要的加工费和原材料。生产计划主要包括产品生产及材料需求计划、开工计划、原材料需求计划等。

（一）编制产品生产及材料需求计划

在沙盘企业中，生产总监根据企业现有生产线的生产能力，结合企业当期的资金状况确定产品上线时间，再根据产品的生产周期推算产品的下线时间，从而确定出每个季度、每条生产线产品的完工情况。为了准确测算产品的完工时间和数量，企业可以通过编制“产品生产计划表”来进行，也可以根据产品上线情况同时确定原材料的需求数量，这样两者结合，既可确定产品的完工时间和完工数量，同时又可以确定每个季度原材料的需求量。

【小知识】

产品生产及材料需求计划表的编制

［例 5-1］企业某年年初有手工生产线、半自动生产线和全自动生产线各一条（全部空置），预计从第一季度开始在手工生产线上投产 P1 产品，在半自动和全自动生产线上投产 P2 产品（假设产品均已开发完成，可以上线生产；原材料能满足生产需要）。我们可以根据各生产线的生产周期编制“产品生产及材料需求计划表”，如表 5-2 所示。

表 5-2 产品生产及材料需求计划表 单位：个

生产线			第三年				第四年			
			第一季度	第二季度	第三季度	第四季度	第一季度	第二季度	第三季度	第四季度
手工线	产品		→	→	→	→ P1	→	→	→ P1	
	材料		1R1			1R1				
半自动	产品		→	→	→ P2	→	→ P2	→	→ P2	
	材料		1R1 + 1R2		1R1 + 1R2		1R1 + 1R2			
全自动	产品		→	→ P2	→ P2	→ P2	→ P2	→ P2		
	材料		1R1 + 1R2	1R1 + 1R2	1R1 + 1R2	1R1 + 1R2	1R1 + 1R2			
合计	完工产品	P1				1			1	
		P2		1	2	1	2	1	1	
		P3								
		P4								
	投入材料	R1	3	1	2	2	2			
		R2	2	1	2	1	2			
		R3								
		R4								

从表 5-2 可以看出，企业从第一季度开始连续投产加工产品，第三年第一季度没有完工产品，第二季度完工 1 个 P2 产品，在第三季度完工 2 个 P2 产品，第四季度完工 1 个 P1 产品和 1 个 P2 产品。同时，我们还可以看出企业在每个季度原材料的需求数量。根据该表提供的信息，营销总监可以据此确定可接订单数量，采购总监可以据此作为企业材料采购的依据。

需要注意的是，在编制“产品生产及材料需求计划表”时，企业首先应明确产品在各条生产线上的投产时间，然后根据各生产线的生产周期推算每条生产线投产产品的完工时间，最后，将各条生产线完工产品的数量加总，得出企业在某一时期每种产品的完工数量。同样地，在该表中，企业根据产品的投产数量，可以推算出各种产品投产时需要投入的原材料数量，然后，将各条生产线上需要的原材料数量加总，可以得到企业在每个季度所需要的原材料数量。采购总监可以根据该信息确定企业需要采购什么、什么时间采购、采购多少等问题。

（二）编制开工计划

沙盘模拟经营中，“开工计划表”由生产总监根据“产品生产及材料需求计划表”编制，它将各条生产线产品投产数量按产品加总，将分散的信息集中在一起，可以直观看出企业在每个季度投产了哪些产品，分别有多少，同时，根据产品的投产数量，能准确确定出每个季度投产产品所需要的加工费。财务总监根据该计划提供的加工费信息，作为编制现金预算的依据之一。

5－7 产品生产及材料需求计划的编制

【小知识】

开工计划表的编制

［例 5－2］接例 5－1，根据“产品生产及材料需求计划表”，编制该企业的“开工计划表”。

从“产品生产及材料需求计划表”可以看出，企业在第一季度投产 1 个 P1，2 个 P2，共计投产 3 个产品，根据规则，每个产品上线需投入加工费 1M，第一季度投产 3 个产品，需要 3M 的加工费。同样地，企业根据产品投产数量可以推算出第二、第三、第四季度需要的加工费。该企业编制的“开工计划表”如表 5－3 所示。

表 5－3　开工计划表　单位：个

产品	第一季度	第二季度	第三季度	第四季度
P1	1			1
P2	2	1	2	1
P3				
P4				
人工费（M）	3	1	2	2

（三）编制材料需求计划

生产产品必须要有原材料，没有原材料，企业就无法进行产品生产。企业要保证材料的供应，就必须事先知道企业在什么时候需要什么材料、需要多少。沙盘模拟经营中，企业可以根据“产品生产及材料需求计划表”编制“材料需求计划表”，确定企业在每个季度所需要的材料。“材料需求计划表”可以直观反映企业在某一季度所需要的原材料数量，采购总监可以据此订购所需要的原材料，保证原材料的供应。

【小知识】

材料需求计划表的编制

［例5－3］接例5－1，根据“产品生产及材料需求计划表”，生产总监编制该企业的“材料需求计划表”（如表5－4所示）。

表5－4　材料需求计划表　单位：个

产品	第一季度	第二季度	第三季度	第四季度	合计
R1	3	1	2	2	8
R2	2	1	2	1	6
R3					
R4					

（四）编制材料采购计划

沙盘模拟经营中，材料采购计划类似实际工作中企业编制的“直接材料预算表”，它是以生产需求计划为基础编制的。在编制材料采购计划时，主要应当注意三个问题。

第一，订购的数量。订购材料的目的是保证生产的需要，如果订购过多，占用了资金，就会造成资金使用效率的下降；订购过少，则不能满足生产的需要。所以，材料的订购数量应当以既能满足生产需要，又不造成资金的积压为原则，尽可能做到材料零库存。为此，应当根据原材料的需要量和原材料的库存数量，来确定企业材料的订购数量。

第二，订购的时间。一般情况下，企业订购的材料当季度不能入库，要在下一季度或下两季度才能到达企业，为此，企业在订购材料时，应当考虑材料运输途中的时间，即材料提前订货期。

第三，采购材料付款的时间和金额。采购的材料一般在入库时付款，付款的金额就是材料入库应支付的金额，如果订购了材料，就必须按期购买。当期订购的材料不需要支付现金。

企业编制材料采购计划，可以明确企业订购材料的时间，采购总监可以根据该计划订购材料，防止多订、少订、漏订材料，保证生产的需要。同时，财务总监根据该计划可以了解企业采购材料的资金需求情况，及时纳入现金预算，保证资金的供应。

【小知识】

材料采购计划表的编制

[例5-4] 接例5-3，根据“材料需求计划表”，采购总监编制该企业的“材料采购计划表”。

从“材料需求计划表”可以看出，企业在每个季度都需要一定数量的R1和R2原材料，根据规则，R1和R2材料的提前订货期均为一个季度，也就是说，企业需要提前一个季度订购原材料。比如，企业在本年第一季度需要3个R1和2个R2，则必须在上年的第四季度订购。当上年第四季度订购的材料在本年第一季度入库时，需要支付材料款5M。同样地，企业可以推算在每个季度需要订购的原材料以及付款的金额。据此，采购总监编制“材料采购计划表”如表5-5所示。

表5-5　材料采购计划表　单位：个

材料	上年第四季度		第一季度		第二季度		第三季度		第四季度	
	订购	入库	订购	入库	订购	入库	订购	入库	订购	入库
R1	3		1	3	2	1	2	2		2
R2	2		1	2	2	1	1	2		1
R3										
R4										
材料款（M）	—	—	—	5	—	2	—	4	—	3

四、资金计划

沙盘模拟企业中，资金计划主要是通过编制现金预算来实现的。

现金预算，包括预计现金收入和现金支出预算。沙盘模拟经营中，现金收入主要是当期销售产品收到的现金和应收款到期收到的现金，可以根据企业的销售订单和预计交单时间准确地估算。现金支出主要包括投资支出、生产支出、采购材料支出、综合费用支出和日常管理费用支出等。这些支出可以进一步分为固定支出和变动支出两部分。固定支出主要是投资支出、综合费用支出、管理费用支出等，企业可以根据规则和企业的规划准确计算。变动支出是随产品生产数量的变化而变化的支出，主要是生产支出和材料采购支出。

编制现金预算，应当做好以下基础性工作。

第一，预计各季度的现金流入。企业的现金收入来源主要是销售产品收到的现金，除此以外还包括出售厂房、生产线收到的现金等。沙盘企业中，销售产品一般收到的是应收款，应在以后的某个季度收到现金。企业可以根据产品下线情况，结合订单情况，明确每个季度的产品销售收入以及对应的账期，从而明确每个季度有多少应收款到期，收到多少现金。同时，企业在事先规划时，可以明确出售生产线的时间，从而确定现金流入情况。

第二，明确各期应支付的固定费用。沙盘企业的固定费用包括管理费、广告费、设备维护费、厂房租金等。这些费用基本上在年初就能明确地确定下来。

第三，编制“生产计划及采购计划”，确定企业在各期应投入的产品加工费。在每年年末，企业已经基本明确了第二年产品的生产情况，包括投产的产品品种、投产数量和投产时间，企业可以根据这些资料明确各期发生的加工费支出。当然，为了防止差错的发生，企业在经营时，应当借助于“生产计划及采购计划表”来进行排产，确定出各期产品的投入和产出情况。“生产计划及采购计划表”的具体编制方法详见本项目的“三、生产计划”相关内容。

第四，编制“采购及材料付款计划”，确定出各期应当支付的材料采购费。材料采购对于企业是很重要的一个环节，要采购材料必然涉及采购费用的问题，企业应当根据“生产计划及采购计划表”编制“采购及材料付款计划表”，从而确定出各期应当支付的材料采购费用。

第五，根据开发或投资规划，确定出各期开发或投资的现金流出。企业的开发或投资规划草案可以在编制现金预算之前作出，也可以结合编制现金预算同时作出。如果事先已经编制了开发或投资预案，则应当测算出该开发或投资所需要的现金，并通过编制现金预算表来测算是否能在资金许可的范围内。

企业的各种开发和投资规划应当在现金允许的范围内进行，否则，就可能导致出现现金断流的危险。所以，从这个角度来说，企业在进行开发和投资规划时，应当充分考虑现金预算，当某种开发或投资发生现金支出后，如果出现了现金危机，而且这种危机不能通过其他融资途径来解决，或者虽然能通过其他途径来解决，但带来的风险很大，这种情况下，就应当暂时停止该项开发或投资。

第六，确定现金短缺和不足，及时筹集资金。在明确了每个季度的现金流入和现金流出情况以后，就可以确定每个季度的现金短缺或盈余。如果现金短缺，就应当考虑如何筹集资金，解决资金缺口的问题。

沙盘模拟企业中，预算编制的程序可以采用简化的程序，即根据销售订单，先编制产品生产计划，再编制材料采购计划，最后编制现金预算。

【小知识】

现金预算表的编制

[例 5 - 5] 承前例，根据例 5 - 1—例 5 - 4 和下面的资料，编制该企业该年的现金预算表。

假设该企业有关现金预算资料如下：

年初现金 18M，上年应交税费 0，支付广告费 8M，应收款到期：第一季度 15M、第二季度 8M、第三季度 8M、第四季度 18M，年末偿还长期贷款利息 4M，年末支付设备维护费 2M。

投资规划：从第一季度开始连续研发 P2 和 P3 产品，开发国内和亚洲市场，同时进行 ISO9000 和 ISO14000 认证；从第三季度开始购买安装两条全自动生产线。

产品生产及材料采购需要的资金见前面的“开工计划表”和“材料采购计划表”。

我们可以根据该规划，并结合生产和材料采购计划，编制该企业的现金预算表如表 5－6 所示。

表 5－6　　**现金预算表**　　单位：M

项目	第一季度	第二季度	第三季度	第四季度
期初库存现金	18	13	14	4
支付上年应交税				
市场广告投入	8			
支付短期贷款利息				
支付到期短期贷款本金				
支付到期的应付款				
支付原料采购现金	5	2	4	3
支付生产线投资			8	8
支付转产费用				
支付产品加工费	3	1	2	2
收到现金前的所有支出	16	3	14	13
应收款到期收到现金	15	8	8	18
支付产品研发投资	3	3	3	3
支付管理费用	1	1	1	1
支付长期贷款利息				4
偿还到期的长期贷款				
支付设备维护费用				2
支付租金				
支付购买厂房款				
支付市场开拓投资				2
支付 ISO 认证投资				2
其他				
现金收入合计	15	8	8	18
现金支出合计	20	7	18	27
现金多余或不足（—）	13	14		－5
向银行借款				20
贴现收到现金				
期末现金余额	13	14	4	15

从上面编制的现金预算表我们可以看出，企业在第一、第二、第三季度收到现金前的支付都小于或等于期初的现金，而且期末现金都大于零，说明现金能满足需要。第三季度末，企业现金余额为4M，也就是说，第四季度期初库存现金为4M，但是，第四季度在收到现金前的现金支出为13M，小于可使用的资金，这样，企业必须在第三或第四季度初筹集资金。因为企业可以在每季度初借入短期借款，所以，企业应当在第四季度初贷入20M的短期贷款。

综上所述，企业为了合理组织和安排生产，在年初首先应当编制“产品生产及材料需求计划表”，明确企业在计划期内根据产能所能生产的产品数量，营销总监可以根据年初库存的产品数量和计划年度的完工产品数量确定可接订单数量，并根据确定的可接订单数量参加产品订货会。订货会结束后，企业根据确定的计划年度产品销售数量安排生产。为了保证材料的供应，生产总监根据确定的生产计划编制“材料需求计划表”，采购总监根据生产总监编制的“材料需求计划表”编制“材料采购计划表”。财务总监根据企业规划确定的费用预算、生产预算和材料需求预算编制现金预算表，明确企业在计划期内资金的使用和筹集。企业年初计划的制定程序如图5－1所示。

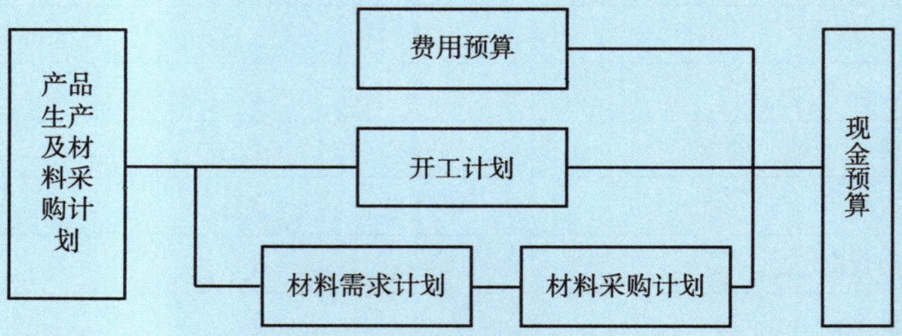

图5－1 新年度计划制定流程图

模块三 执行与控制

一、企业运营流程

计划制订之后，企业的日常运营将在CEO的领导下，按照企业运营流程所指示的程序及顺序进行。企业应该对各年每个季度的企业运营要点进行记录，以便于核查和分析。

企业运营流程中包括了各模拟企业进行日常运营时必须执行的工作任务及必须遵守的工作流程。由CEO主持，按照企业运营流程所列工作内容及先后顺序开展工作，每执行完一项操作，CEO在相应的方格内打勾确认，以示完成；如果涉及现金收支业务，财务总监负责现金收支并在相应方格内填写现金收支情况；如果涉及原材料、产成品等存货变动，采购总监、生产总监负责在相应方格内填写要素对象的变化情况。企业运营流程见表4－1。

二、资金筹集

沙盘模拟企业中，当企业资金断流或短缺时，可以通过不同的途径筹集资金，使企业度过暂时的资金危机；同时，企业也可以在不同的阶段，利用不同的资金筹集渠道筹集资金，为企业的快速发展提供物资上的保证。企业筹集资金的途径很多，包括贷款、出售厂房、贴现、借高息贷款、出售生产线等，但由于每种方式各有特点，所以在使用时应区别对待。

（一）贷款

贷款是企业筹资的主要方式。贷款包括长期贷款和短期贷款，长期贷款贷款期限长，短期内没有还款的压力，但利率较高，筹资成本高，一般适用于固定资产等长期资产的投资。短期贷款利率相对较低，但期限短，还款压力大，特别是在企业的所有者权益逐年降低而规则又不允许转贷的情况下，风险较大。一般适用于解决流动资金不足，比如购买原材料、支付加工费等。总的来说，贷款是企业筹集资金首先应考虑的方式，在不能贷款的情况下，再考虑其他的筹资方式。

（二）出售厂房

出售厂房可以筹集资金，但要在每年年末支付租金，所以，这种方式是在不能贷款的情况下考虑。出售厂房收到的是 4 个账期的应收款，不能在当期取得现金，所以，要提前考虑资金的需求情况，提前出售，否则，如果将出售厂房的应收款贴现的话，使用成本太高。

（三）贴现

贴现可以随时进行，这种筹资方式时间灵活。但贴现需要有应收款，而且使用成本高，所以，企业一般在资金非常困难，确实无法渡过难关时采用。

（四）出售生产线

出售生产线是指由于资金严重短缺而被迫出售正在使用的生产线的一种筹资方式，应该说是一种无奈的选择。企业出售的生产线，只能按残值出售，如果生产线净值远大于残值，企业出售生产线损失很大。而且，出售了生产线，意味着企业的生产能力下降，收入降低，对企业也是不利。

（五）借高息贷款

高息贷款期限短、利率高，所以，该筹资方式一般不采用。但是，如果企业已经由于资金短缺面临破产倒闭，借高息贷款可以缓解资金压力，也是帮助企业暂时渡过难关的一种筹资方式。

三、市场营销

沙盘模拟企业面对的是一个变化而且充满竞争的市场，对市场的研究和把握非常重要。一般而言，在营销环节，应做好市场预测、广告投放、拿单、交单等工作。

（一）准确预测市场，合理预计销售订单

实际生活中，企业要准确预测市场需求是非常困难的。沙盘模拟企业课程中，已

经给出了较为准确的市场预测图，企业应当对市场预测图进行充分的分析，分析各个市场上产品的预计销售数量、预计销售单价、有无销售条件的限制等情况，以便合理预计销售订单。

在进行市场预测时，为便于了解各个市场的情况，可以制定“市场需求预测表”（见表5－7）来进行。

表5－7 市场需求预测表

市场	第 年			
	产品	预计总需求量（个）	预计单价（M）	预计订单量（个）
	P1			
	P2			
	P3			
	P4			

（二）收集竞争对手信息，分析竞争对手市场策略

俗话说：知己知彼，百战不殆。企业经营，面对的是一个充满竞争的市场，企业应对竞争对手信息进行充分的收集，根据对手的市场开发、产品预计可销售量、资金状况等信息分析对手可能的市场策略。

1. 分析对手的市场开发情况，明确各个市场的竞争状况，避免浪费广告费。例如，在某年只有本组和D组开发了亚洲市场，而在亚洲市场如果某种产品需求量远大于或接近两个组的产量，那么在亚洲市场就没有必要投放过多的广告费。对手的市场开发情况一般可以在市场调查时获得。

2. 分析竞争对手的产量情况，了解各种产品在市场上的竞争激烈程度。例如，在第二年，各个对手都在生产P1，并且大多数组年初都有库存，而在第二年市场只有本地和区域市场，那么，各个对手对于P1的争夺一般会比较激烈。这种情况下，从稳健的角度出发，企业不应过多地在各个市场投放广告，而应将重点放在自身的积累上，力争在每个市场取得一张订单就可以了。也就是说，不一定要得到最好的结果，但一定不要得到最坏的结果。对对手的产量分析，可以设计一张产品产量预测表（见表5－8），从对手的生产线、产品开发、资金状况等方面进行分析，并将分析的结果填制在预测表中。

表5－8 第 年各组产品产量预测表 单位：个

产品名称		A组	B组	C组	……	……	……	……	合计
P1	期初库存								
	预计完工								
	合 计								

续表

产品名称		A组	B组	C组	……	……	……	……	合计
P2	期初库存								
	预计完工								
	合　计								
P3	期初库存								
	预计完工								
	合　计								
P4	期初库存								
	预计完工								
	合　计								

3. 分析竞争对手的资金情况，了解对手在广告投放上最大可能的投放量，利于企业合理制定广告费投放策略。分析对手的资金状况，包括企业年初的库存现金、应收款以及企业上年末的所有者权益。因为应收款可以随时贴现，如果不考虑应收款贴现的问题，就可能导致分析失误。同时，因为企业需要资金周转，不会全部将资金投放在广告上，否则，在开年运营时就必须筹集资金，而年初筹集资金，根据运营流程一般是借入短期贷款，要借款就必然要考虑上年的所有者权益和已有的贷款额度。所以，在分析对手的资金情况时，还应当考虑对手的所有者权益情况。

（三）科学制定广告策略

制定广告策略，主要是解决企业在哪些市场投放广告费，在哪些产品上投放广告费以及投放多少的问题。企业在制定广告策略时，应当把握以下一些原则：

1. 稳健性原则。广告投放应在充分分析市场的情况下，有目的地投放广告费，不应意气用事，避免由于盲目投放广告而造成资金的浪费。在企业经营过程中，有的年份资金可能相对比较充裕，为了将积压的产品销售出去而大肆投放广告，结果导致资金没有达到预期的效果。企业经营是很理性的，需要科学地对待，应当尽量避免侥幸心理，也不应该有“赌”的心理。

2. 效益性原则。企业在投放广告费时应尽可能使投放的广告产生效益，而且是最大的效益。所以，投放的广告应尽量避免浪费。

3. 全面性原则。企业在制定广告策略时，要事先预计市场的销售数量和订单情况、市场的竞争程度、竞争对手可能的市场策略、本企业及对手的资金情况、本企业的重点市场以及企业的生产能力、材料供应等各种因素，只有在充分占有信息并分析信息的基础上，才能作出正确的决策。

4. 争取市场领导地位原则。在合理的广告投放范围内，应尽量争取取得市场领导者地位。但一定不能为了争取市场老大而大肆投放广告，市场领导地位的取得应当是在企业实力足够的情况下取得的。企业如果产品品种多、产量大，则应利用该优势集中在某市场投放广告费，集中在该市场选单，努力取得市场领导者地位。如果企业的产品品种比较单一，产量又比较小，则应避免为争市场地位而投入过多的广告费。

（四）拿单技巧

企业进行了正确的广告投放只是为能拿到订单提供了条件，但实际能不能拿到最佳的订单，关键在于竞单。所谓最佳的订单就是将生产的产品全部销售，每张订单的产品毛利最大，账期最短。企业在拿订单时，除了拿单时随机应变外，还应当注意以下问题。

1. 准确了解企业在每季度各种产品的产能情况。企业在竞单时，有时候会涉及有限制条件的订单，比如加急订单，如果事先没有准确计算出各期生产产品的情况，在拿单时就会陷入被动。

2. 分析对手广告投入情况，合理确定产品市场。在竞单以前，裁判会将各组广告投放情况展示出来，企业可以利用这个时机，将各组的广告投放情况进行记录并分析，以利于企业调整竞单策略。

3. 配合企业的资金预算选单。企业在竞单时，有时候会面临一种选择，比如，有两张订单，销售数量都相同，不同的是账期和总价：一张账期比较长，但总价比较高；另一张订单账期比较短，但总价相对较低。那么遇到这种情况应如何选单呢？一般情况下，如果企业资金比较紧张，就应选择账期比较短，但单价相对较低的一张订单。相反，如果企业没有资金困扰的问题，则应选择总价高的订单。

4. 珍惜优先选单的机会，配合产品产量选单。企业如果是某市场的市场老大，或者在某个市场投放的广告费比较多，从而有优先选单的权利，在这种情况下，企业应充分把握好优先选单的机会。

如果本企业有两次以上的选单机会，应分析对手的产量和选单情况。如果本企业可以在本市场拿任意订单都能交单，首先，应选择大单；如果通过分析，所有的对手都不能拿最大单，只有本企业可以拿，则企业应选择次大的订单，将最大订单放在最后来选，从而保证本企业的产品销售。

如果某市场某产品有 ISO 条件限制，而只有本企业投放了 ISO 广告，则只有本企业有选择该产品的权利，那么，如果本企业有两次选单的机会，则企业应首先选择没有 ISO 条件的产品，最后选择有 ISO 条件的产品。这样，一方面可以保证本企业产品的销售；另一方面，由于对方不能选择 ISO 条件的产品而只能放弃，从而在一定程度上遏制对手的销售，也是在利用合理的规则打压对手。

5. 在能争取市场领导地位的情况下应集中市场拿单。企业在投放广告费时，有时各企业会集中在某个或某几个市场，对于另外的一个或几个可能会比较忽略。这种情况下，企业如果在其中一个大家都比较忽略的市场投放了比较多的广告费，则企业应抓住机会，放弃其他的一部分市场，而将产品集中销售在该市场，争取取得市场领导者地位。在选单时，企业应选择总额大的订单，单价和账期可以放在次要位置考虑。

（五）交单技巧

企业拿到的销售订单，一般没有规定具体的交单时间，这样，企业在交订单时，就可以配合企业的资金需要选择交付哪张订单。交单科学，可以在一定程度上缓解企业的资金压力，可以避免由于筹资而发生无谓的财务费用支出。在选择交单顺序时，企业可以根据事先编制的现金预算，测算出企业在某季度某步骤需要的现金量，当交付的订单在之前到期收现，则可避免贴现。

企业在确定销售订单的交单顺序时，应注意分析以下几个因素。

1. 账期。相同数量的两张订单，由于账期的不同，先交单和后交单会直接影响企业的现金回笼情况。在此我们把它分两种情况进行讨论。第一，在资金暂时不会断流的情况下（也就是不会因为这两张订单的账期差异而影响资金的正常运行），我们就可以先交账期长的订单，后交账期短的订单；第二，在资金非常紧张的情况，急需资金的回笼，我们应先交账期短的订单，可以缓解短期的资金压力，尽可能减少贴现，减少财务费用，增大所有者权益，但如果只有靠贴现才能解决资金断流的问题，应考虑先交账期长的订单。

2. 数量。我们也可能遇到这样的情况：两张订单都是同种产品，但一张订单数量较大，另一张订单数量较小。通常情况下，我们都会在每个季度能交多少的订单就交多少。有些时候，我们可以考虑将订单组合分配来交订单，将产品囤积一个季度，留到下个季度再生产几个产品一起加起来把数量多的订单交了，因为订单的数量多，则它的总额肯定比数量少的总额大，有时我们很有可能就因为这点差额导致现金断流而破产，所以将订单的数量进行合理的组合进行交单也是很有必要的。

3. 总额。有的时候我们的交单纯粹就是为了贴现解决资金问题，在有两张订单的产品、数量相同但总额不同的情况下，例如，一张订单总额为20M，另一张订单总额为21M，由于贴现规则是贴7的倍数，如果我们需要13M的现金才能满足资金需要，为了配合贴现，避免浪费，不管这两张订单的账期如何，都应先交21M的订单，这样才能保证资金需要。

4. 产品。企业如果由于选单失误，出现拿回来的订单大于产能的情况，怎么办呢？第一种情况，如果按原计划进行生产，就要赔拥有市场老大的那个市场的订单，如果赔单，企业就会失去市场老大的地位，而且还要进行罚款。怎样减小损失呢？我们可以对生产线进行转产，先保证市场老大的地位不受影响，在其他的市场赔单；第二种情况，假如我们的产能比订单少一个P2产品，但由于那张订单的总额太大，我们可以进行生产线的转产，将生产其他产品的生产线转为生产P2产品，这样我们就可以尽可能减少赔单的金额。需要注意的是：如果转产需要提前订购原材料。

四、生产管理

沙盘模拟经营中，排产是生产管理的重要内容。排产也就是生成“生产作业计划”的过程。企业制订生产计划的过程一般分成两部分，首先是生成“主生产计划”，其次是根据主生产计划生成“生产作业计划”。要得到“主生产计划”一般企业是从订单出发，部分企业是从市场预测出发，产生出一个包含生产品种、数量、时间的简单生产计划。

沙盘模拟经营的生产管理中，应当重点注意以下问题。

第一，准确计算出各条生产线在每个季度产品的上线和下线情况。生产总监应在年初准确编制“产品生产及采购计划”，计算出每个季度完工和上线的产品数量，并将产品完工的数据报告给营销总监，以便营销总监作出科学合理的销售策略；同时，将产品的投产情况，也就是在每个季度原材料的需求量报告给采购总监，以便采购总监及时下原材料订单，及时购买。

第二，准确计算每个季度需要的加工费，报告财务总监，以便安排支出。生产总监根据计算出的每个季度产品投产数量，预计需要的加工费，并将该数据报告给财务总监，财务总监据以编制现金预算。

第三，准确地更新和投产，防止差错的发生。在更新生产和开始下一批生产时，生产总监应按照生产线或者产品的顺序依次更新和开始下一批生产，不可随意进行，否则容易出现差错。其他成员应监督生产总监，但不能代位行使生产总监的职责。

五、材料采购

企业只有及时订购并采购材料才能保证生产的正常进行。科学合理地采购材料，既保证生产的需要，又不造成材料的积压，是采购总监的目标。在材料采购环节，应注意以下几个问题：

第一，准确计算并下原料订单。要准确地下原料订单，首先必须准确计算出什么时候下原料订单，下多少订单。采购总监根据生产总监提供的材料需求计划，考虑材料订货提前期确定订货的时间。

第二，准确计算材料采购费用。采购总监根据采购的材料数量确定出每个季度需要的材料采购费用，并将该采购费用数据提供给财务总监，财务总监据以编制现金预算，及时安排资金。

第三，准确、及时购买订购的材料。采购总监应根据原料订单准确、及时地订购材料，防止出现采购不及时，或者采购错误而给企业带来损失。

六、做好经营核算工作

（一）订单登记表

订单登记表用于记录本年取得的客户订单。年初营销总监参加订货会，争取到客户订单，随后进行订单登记，填写订单登记表中的订单号、市场、产品、数量、账期、销售额等项目。按订单交货时，登记成本项目，计算毛利项目。年末，如果有未按时交货的，在“未交”栏目中标注罚款金额。

（二）组间交易明细表

在很多情况下企业之间会发生购销成品的行为，它会影响企业当年的销售量和生产成本，认真做好记录有助于对企业经营过程进行深入分析。

（三）产品核算统计表

产品核算统计表是按产品品种对销售情况进行的统计，是对各品种本年销售数据的汇总。本年的销售数据根据订单登记表和组间交易明细表中的记录汇总填列。

本年某产品销售数量 = 订单登记表某产品合计数 - 本年未交订单数量 + 上年未交本年已交订单数量 + 组间交易明细表中本年出售的产品数量，其他数据依此类推。

（四）综合管理费用明细表

综合管理费用明细表用于记录企业日常运营过程中发生的各项费用。对于市场准入开拓、ISO 资格认证和产品研发，不仅要记录本年投入的总金额，还要在备注栏中说明明细。市场准入开拓、ISO 资格认证要在备注栏中的相关项目上打勾确认；产品研发要在对应项目后的括号中填写实际投入金额。

（五）利润表

年末，企业要核算当年的经营成果，编制利润表。利润表中各项目的计算如表 3 - 14 所示。

（六）资产负债表

年末，企业要编制反映财务状况的资产负债表。资产负债表中各项目的计算如表 3 - 15 所示。

模块四　评价与总结

1. 自我反思与总结

每一年经营结束，CEO 都要带领管理团队对企业经营过程进行“复盘”，对经营结果进行分析，总结成功在哪里思考失败在哪里，竞争对手情况如何，是否需要对企业战略进行调整。学习者就是在犯错中认识错误，在不断的失败中获得成功的经验。

2. 现场案例解析

指导老师要结合课堂及当年具体情况，找出大家普遍困惑的问题，对现场出现的典型案例进行深层剖析，用数字说话，让受训者感悟管理知识与管理实践的真实差距，对每年的经营情况进行点评，这也是课程的精华所在。

思政案例

华为的狼性文化

华为能够在如此激烈的竞争中生存下来是由于其始终坚持狼性文化。华为的“狼性文化”，并非强调残忍，而是狼的其他一些品质和秉性比如敏锐、团结、不屈不挠。华为文化要求的敏锐的嗅觉，指的是危机感、远见与设计感。华为的历史就是一个不断面对危机、解决危机的过程。如果华为领导者缺少对内外环境强烈的危机感和忧患意识，华为也许早垮掉了；华为文化要求的还有不屈不挠的进取精神、奋斗精神。不论遇到什么困难，始终要坚持，始终如一地完成任务，坚决不退缩。华为的狼性文化是华为凝聚力的源泉。这种文化使全体华为人认同公司的目标，并把自己的人生追求与公司的目标相结合。

任正非曾说过："一代一代的华为人，他们是敬业的，又是乐观向上的。"华为人热爱工作，热爱同事，热爱公司。在华为，敬业为魂，爱业为骨，是激励华为人不断努力奋斗的源泉，使他们在面对困难和阻碍的时候毫不胆怯，敢于克服。华为人热爱自己的职业、尊重自己的职业，不只是将工作当成谋求生计的手段，被动地执行任务，而是心怀理想、尽职尽责，在工作中寻找乐趣。这样工作起来就有了激情、有了动力，效率就会提高，才能不断在工作中进步，取得更大的成绩。只有养成敬业爱业的习惯，才能把工作当成自己的使命和信仰，像热爱自己的生命一样热爱工作、尽心尽力。

华为的狼性文化给我们这样的启示：成功没有任何的捷径，唯有积极进取、乐观坚韧。无论是对于个人，还是对于企业来说，想要成功就离不开辛勤耕耘。努力奋斗是成功的根本，也是唯一的秘诀。正如党的二十大报告指出的那样"坚持发扬斗争精神。增强全党全国各族人民的志气、骨气、底气，不信邪、不怕鬼、不怕压，知难而进、迎难而上，统筹发展和安全，全力战胜前进道路上各种困难和挑战，依靠顽强斗争打开事业发展新天地。"

课后思考

1. 你所在企业的经营目标是什么？实现目标的措施有哪些？
2. 生产计划有什么作用？如何制订生产计划？
3. 现金预算有什么作用？如何编制现金预算？
4. 如何制定广告策略？

寓教于练

一、单项选择题

1. 某企业计划第 2 年在本地市场销售 P2 产品，则下列做法错误的是(　　)。

A. 必须在第一年 1 季度开始进行 P2 产品的研发

B. 需要至少在第二年第 2 季度安装完成一条全自动或柔性生产线

C. 需要第二年在本地市场投放 P2 产品广告

D. 可以在第一年第 2 季度开始进行 P2 产品研发

2. 某企业第 3 季度计划投产 1 个 P3 产品，则最佳原材料采购方式是(　　)。

A. 第 2 季度下 1 个 R1 和 1 个 R2 订单

B. 第 1 季度下 1 个 R1 和 1 个 R2 订单

C. 第 2 季度下 2 个 R2 和 1 个 R3 订单

D. 第 1 季度下 1 个 R3 订单，第 2 季度下 2 个 R2 订单

3. 某企业预计下年购买全自动生产线一条，则比较合理的融资方式是(　　)。

A. 第 4 季度进行短贷 20M　　B. 年末进行长贷 20M

C. 下年第 1 季度贴现 21M　　D. 下年第 1 季度短贷 20M

4. 某企业现金预算时，发现第四季度现金余额为 1M，不足以支付来年广告费，则最佳融资方式是(　　)。

A. 第 4 季度进行短贷 20M　　B. 年末进行长贷 20M

C. 第 4 季度贴现 14M　　D. 第 3 季度进行短贷 20M

二、多项选择题

1. 下列关于企业订单违约，说法正确的是(　　)。

A. 违约订单不再计入当期的销售收入

B. 违约订单需要支付 25% 的罚款

C. 违约订单需要在第二年第一个交付，计入第二年的销售收入

D. 若在第二年没有交付，则订单取消

2. 在沙盘模拟中，有关折旧计提说法正确的有(　　)。

A. 当年安装好的生产线不计提折旧

B. 全自动生产线的折旧为每年 3M

C. 当年出售的生产线不计提折旧

D. 当生产线净值等于残值时，不再计提折旧

3. 在沙盘模拟中，有关产品研发说法正确的有(　　)。

A. P2 产品研发需要 6Q

B. 不管研发哪种产品，都不能加速，但可以中断

C. 研发产品要结合市场需求、生产设备等协调进行

D. 研发产品越早越好

三、判断题

1. 用柔性生产线生产 P1 产品是合理的。(　　)

2. 沙盘模拟中，为了多销售产品应尽量多开拓市场。(　　)

3. 利润表中如果税前利润为负，则不再需要缴纳税金。(　　)

4. 企业没有进行 ISO9000 认证，是不可以拿具有 ISO9000 认证的订单的。(　　)

项目六

企业经营分析

知识目标

1. 了解企业经营的本质
2. 理解企业发展战略规划
3. 熟悉企业经营分析的内容

能力目标

1. 能进行产能管理
2. 能编制财务预算
3. 能进行企业经营成果分析

思政目标

1. 勤思笃行，具备发现和解决问题的能力
2. 知行合一，能将理论与实践相结合

项目描述

新的管理层带领管理团队突破重重困难，完成了6年的经营。经营分析是提高其经营管理能力的重要环节。CEO将继续带领管理团队进行企业经营本质分析、经营业务分析和经营成果分析。通过经营分析，管理团队将进一步理解企业经营的本质，掌握科学的企业经营规律，全面提升管理能力和水平。

模块一　经营的本质

习近平在中国共产党第二十次全国人民代表大会上的报告中指出：“问题是时代的声音，回答并指导解决问题是理论的根本任务。今天我们所面临问题的复杂程度、解决问题的艰巨程度明显加大，给理论创新提出了全新要求。我们要增强问题意识，聚焦实践遇到的新问题、改革发展稳定存在的深层次问题、人民群众急难愁盼问题、国际变局中的重大问题、党的建设面临的突出问题，不断提出真正解决问题的新理念新思路新办法。”沙盘模拟中，我们会遇到很多问题，有些问题可能会严重影响到企业的生存和后期的发展，我们必须勇于面对这些问题、解决这些问题，企业才能稳步向前，个人能力才能提升。

企业经营是企业经营者以企业为载体、以市场为对象、以商品生产和商品交换为手段，为了获得最大的物质利益而运用经济权力，用最少的物质消耗创造出尽可能多的能够满足人们各种需要的产品的经济活动。

企业经营的本质是利用一定的经济资源，通过向社会提供产品和服务，获取利润（见图 6－1）。

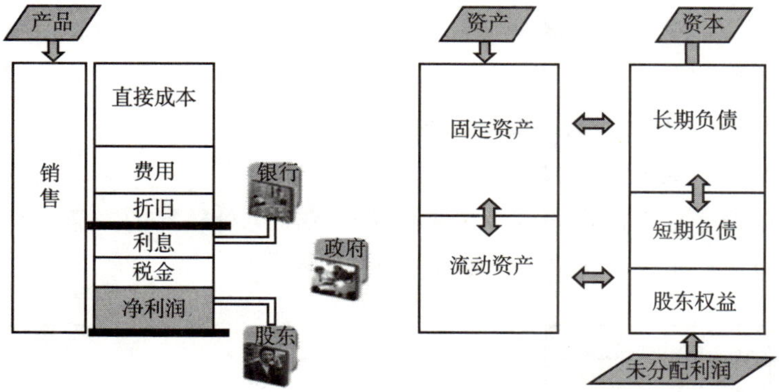

图 6－1　企业经营的本质

在企业实现销售之前，必须要先采购原材料、支付人员工资，还有其他生产加工时的必需费用，才能最终生产出产品，计算利润时要从收入中扣掉这些直接成本，还要抵扣企业为这些销售支付的各种费用、包括产品研发费用、市场开拓费用、广告投入费用、设备维修费用、管理费用等。此外，机器设备在生产运行后会贬值，如一条 200 万元的车床，使用 5 年之后可能仅值 100 万元，资产缩水了，这部分损失应当从销售收入中得到补偿，这就是折旧。经过各个方面的抵扣之后，剩下的部分形成支付利息前的利润，归三方所有。首先，资本中有一部分来自银行贷款，而银行之所以贷款给企业，主要是要收取利息作为回报，银行贷款利息对企业而言表现为财务费用；其次，企业的运营离不开国家的“投入”，如道路、环境、安全等，所以一部分归国家，即税收；剩下部分为净利润，才是股东的。

一、企业生存

《中华人民共和国企业破产法》规定，企业因经营管理不善造成严重亏损，不能清偿到期债务的，可以依法宣告破产。这从另一个角度告诉我们，在六年的模拟经营中，如果出现以下两种情况，企业将宣告破产。

（1）资不抵债。如果企业所取得的收入不足以弥补其支出，导致所有者权益为负，企业破产。

（2）现金断流。如果企业的债务到期而无力偿还，企业将破产。

二、企业盈利

企业是一个以盈利为目的的经济组织，企业经营的本质是股东权益最大化，即盈利。而从利润表中的利润构成中不难看出，盈利的主要途径有两种：一是扩大销售（开源）；二是降低成本（节流）。

1. 扩大销售收入（开源）

利润主要来自销售收入，而销售收入由销售数量和产品单价两个因素决定。提高销售数量有以下几种方式：

（1）扩张现有市场，开拓新市场。

（2）研发新产品。

（3）扩建或改造生产设施，提高产能。

（4）合理加大广告投放力度，进行品牌宣传。

提高产品单价受很多因素制约，但企业可以选择单价较高的产品进行生产。

扩大销售收入（开源）如图 6 - 2 所示。

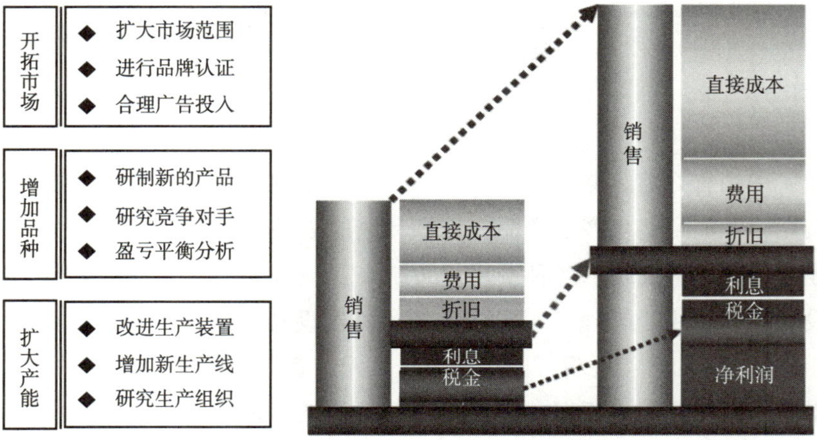

图 6 - 2 开源——努力扩大销售

2. 降低成本费用（节流）

产品成本分为直接成本和间接成本。降低成本费用主要有以下两种途径。

（1）降低直接成本。直接成本主要包括构成产品的原料费和人工费。

在沙盘模拟课程中，根据生产计划制订精准的采购计划，这样才能从供应商处获得平价原料。如果计划不精准就会造成缺料，影响生产的正常进行，为避免停产待料只能高价从同行处购买，人为地推高制造成本。

用不同生产线生产同一产品的加工费是不同的，因此将设备购置、合理排产统筹考虑，这样才能将人工费维持在较低水平。

（2）降低间接成本。从节约成本的角度，我们不妨把间接成本区分为投资性支出和费用性支出两类。投资性支出包括购买厂房、投资新的生产线等，这些投资是为了扩大企业的生产能力而必须发生的；费用性支出包括营销广告、融资费用等，通过有效筹划是可以节约一部分的。

降低成本费用（节流）如图 6－3 所示。

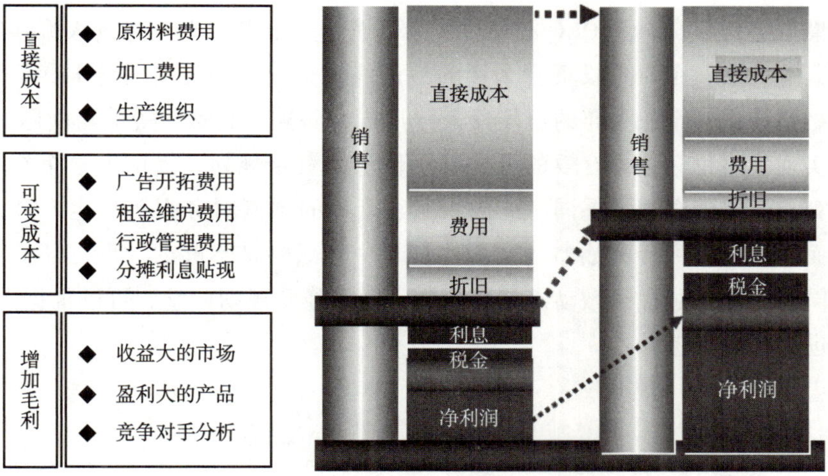

图 6－3 节流——努力降低成本

模块二 经营业务分析

一、CEO——企业战略

（一）企业战略的含义

迈克尔·波特从三个层次对战略进行了定义：第一个层次，战略就是创造一种独特、有利的定位，涉及各种不同的运营活动；第二个层次，战略就是在竞争中做出取舍，其实质就是选择不做哪些事情；第三个层次，战略就是在企业的各项运营活动之间建立一种配称。

企业战略分为三个层次，即公司战略、业务战略和职能战略。

公司战略又称总体战略，是企业最高层次的战略，主要关注两个问题：第一，公司经营什么业务；第二，公司总部应如何管理多个业务单位来创造企业价值。

业务战略又称经营战略，主要关注企业经营的各个业务如何获取竞争优势。

职能战略通常是短期的、局部的，因而称为“策略”可能更为准确，主要包括市场营销策略、财务管理策略、人力资源开发与管理策略、研究与开发策略、生产制造策略等。

（二）企业战略管理的含义

企业战略管理是企业在宏观层次通过分析、预测、规划、控制等手段，实现充分利用本企业的人、财、物等资源，对企业战略的设计、选择、控制和实施，直至达到企业战略总目标的全过程。战略管理的决定权通常由总经理直接掌握。

（三）如何制定企业经营战略

沙盘模拟经营中，企业 CEO 必须在年初经营会议上考虑企业想进入哪些市场，企业想开发哪些产品，企业想投资什么样的生产线，企业是否需要进行 ISO 认证，企业的融资策略是什么，企业今年的市场投入（广告）策略是什么，等战略问题。

为了实现战略目标，最有效的方法就是做长期资金规划，提前做整个 6 年经营期的资金预算，形成资金规划，同时完成 6 年经营期的预测财务报表、生产计划和采购计划，从而形成一套可行的战略。当然，仅有一套战略是不够的，事先还需要形成数套战略，同时在经营过程中做动态调整。为了做好经营规划调整，可以根据图 6－4 所示的思路进行系统思考。

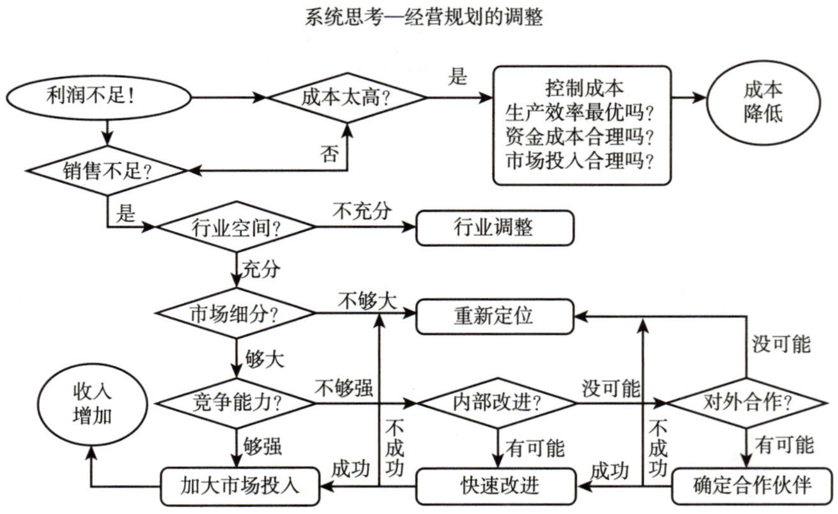

图 6－4 系统思考——经营战略的调整

（四）如何进行企业目前的战略实施效果评估

战略实施效果评估是战略管理循环（战略制定、战略实施、战略实施评估、战略调整或重新制定）中的关键一步，决定着企业是在循环中原地徘徊还是在循环中实现螺旋式上升，企业是否有能力进行系统性的战略管理。战略实施效果评估可从以下几方面开展。

1. 财务方面

（1）企业销售额的增长率比整个市场的增长率快还是慢？利润率是在上升还是下降？与竞争对手相比如何？

（2）净利润率、投资回报率、经济附加值（EVA）的变化趋势，以及与行业内其他企业的比较。

（3）公司是否正在完成其既定的财务目标？公司的业绩是否处于行业平均水平以上？

2. 顾客满意方面

（1）企业市场占有率是提高了或是降低了，还是稳定不变？新市场及新客户的开拓效果如何？

（2）重点市场销售收入占总销售收入的比重如何？老客户的保持及增长率如何？客户流失率如何？

（3）客户满意度如何？公司在顾客中的形象和声誉如何？

3. 在企业内部流程方面

（1）供应商的规模与数量如何？

（2）供应商提供的原材料零配件的质量、数量、交货期等情况如何？新产品销售收入占总销售收入的比重是多少？研发费用占销售收入的比重是多少？

（3）企业生产管理状况如何？产品质量如何？产品生产成本降低状况如何？企业劳动生产率提高状况如何？企业市场营销状况如何？

（4）企业市场营销组织及费用状况如何？企业组织状况如何？

（5）企业人力资源的开发与管理状况如何？企业文化建设状况如何？

4. 员工学习与成长

（1）员工工作满意度如何？员工年流失率如何？

（2）企业内各级干部及员工的培训计划及培训效果如何？

（3）企业培训费用占销售收入的比例与行业平均比例的比较。

二、营销总监——市场营销

（一）什么是市场营销

市场营销是从卖方的立场出发，以买主为对象，在不断变化的市场环境中，以顾客需求为中心，通过交易程序，提供和引导商品或服务到达顾客手中，满足顾客需求与利益从而获取利润的企业综合活动。

（二）市场营销的基本职能

（1）与市场紧密联系，收集有关市场营销的各种信息、资料，开展市场营销研究，分析营销环境、竞争对手和顾客需求、购买行为等，为市场营销决策提供依据。

（2）根据企业的经营目标和企业内外环境分析，结合企业的有利和不利因素，确定企业的市场营销目标和营销方针。

（3）制定市场营销决策。

①细分市场、选择目标市场、制定产品决策、制定价格决策。

②制定销售渠道政策、制定沟通决策。

③组织售前、售中、售后服务，方便顾客。

④制定并综合运用市场营销组合策略，以及市场竞争策略、市场发展战略。

（4）市场营销计划的编制、执行和控制。

（5）销售事务与管理。建立与调整营销组织，制定销售及一般交易的程序和手续，销售合同管理，营销人员的培训、激励与分配等管理。

（三）市场分析与定位

1. 市场分析

市场分析是指通过市场调研，依据消费者需要和欲望、购买习惯和购买行为等方面的差异，将某一产品的市场整体划分为若干消费者群的市场分类过程。每一个需求特点类似的消费者就构成一个细分市场。

沙盘模拟企业中，市场分析主要借助提供的市场预测图分析各种产品在不同年份的需求量和价格水平，从而确定企业的产品研发和市场销售策略。市场分析预测如图6－5所示。

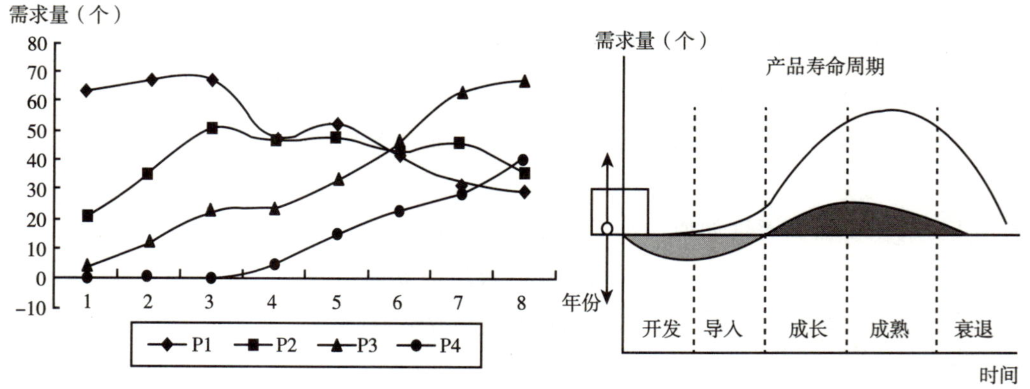

图6－5 市场分析预测

2. 市场定位

市场定位的实质在于取得目标市场的竞争优势，确定产品在目标客户心目中的适合位置并留下值得购买的印象，以吸引更多的客户。目标市场的选择如图6－6所示。

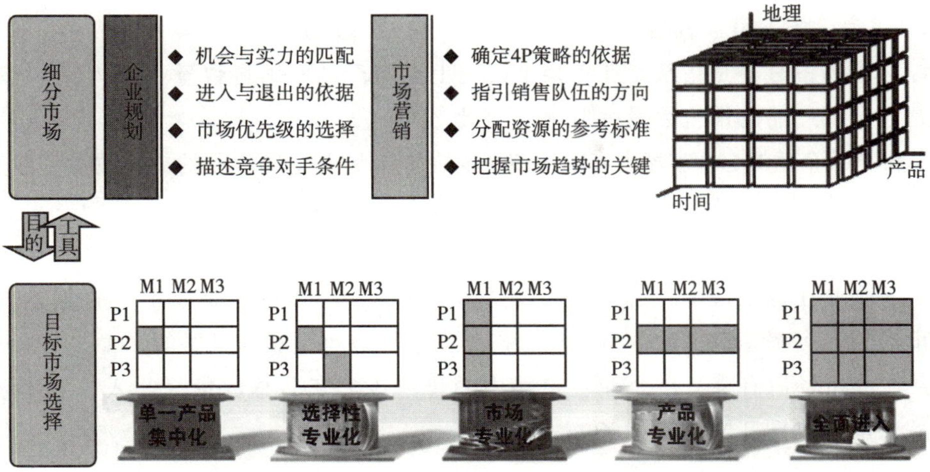

图 6－6 目标市场的选择

（四）竞争状况分析

竞争状况分析包括竞争对手的调查分析和竞争产品的调查分析。竞争对手的调查分析包括竞争对手的产品品种、库存数量、生产能力、生产方式、技术水平、产品的市场占有率、销售量及销售地区；竞争产品的调查分析包括竞争企业的价格策略、销售渠道、促销方式以及其竞争策略、竞争企业的地理位置、新产品开发情况等。

在沙盘模拟课程中，在进行竞争状况分析时，重点要关注各个市场上存在哪些对手，它们销售的是什么产品，占据了多大市场份额，哪个市场存在机会等。

（五）广告投入产出效益分析

广告效益是评价广告投入产出效益的指标，其计算公式为：

$$广告效益 = 订单销售额 \div 总广告投入$$

广告效益分析用来比较各企业在广告投入上的差异。广告效益指标可以揭示本公司与竞争对手之间在广告投入策略上的差距，以警示营销总监深入分析市场和竞争对手，寻求节约成本、策略取胜的突破口。

（六）市场占有率分析

市场占有率是企业能力的一种体现，企业只有拥有了市场，才有获得更多收益的机会。

市场占有率指标可以按销售数量统计，也可以按销售收入统计，这两个指标综合评定了企业在市场中销售产品的能力和获取利润的能力。分析可以在两个方向上展开：一是横向分析，二是纵向分析。横向分析是对同一期间各企业市场占有率的数据进行对比，用以确定某企业在本年度的市场地位；纵向分析是对同一企业不同年度市场占有率的数据进行对比，由此可以看到企业历年来市场占有率的变化，这也从一个侧面反映了企业成长的历程。

1. 综合市场占有率分析

综合市场占有率是指某企业在某个市场上全部产品的销售数量（收入）与该市场全部企业全部产品的销售数量（收入）之比。

某市场某企业的综合市场占有率 = 该企业在该市场上全部产品的销售数量（收入）÷全部企业在该市场上各类产品总销售数量（收入）×100%

2. 产品市场占有率分析

了解企业在各个市场的占有率仅仅是第一步，进一步确认企业生产的各类产品在各个市场的占有率，对企业分析市场、确立竞争优势也是非常必要的。

某产品市场占有率 = 该企业在市场中销售的该类产品总数量（收入）÷市场中该类产品总销售数量（收入）×100%

（七）产品广告投放方案

沙盘模拟经营中，产品销售是企业经营最大的变数，也是企业利润的直接来源，产品销售最重要的影响因素就是产品广告投放方案。

在制订产品广告投放方案前，最重要的工作就是进行市场分析。沙盘模拟课程中提供了市场分析图，如图 6－7 所示的市场预测可做如下解读：P1 产品的需求量在后两年快速下降，其价格也逐年走低；P2 的产品需求量前四年逐步增长，后两年需求量下降，价格在第四年达到顶峰，后两年下降迅速；P3 产品需求发展较快，价格逐年走高；P4 产品只在最后三年才有少量的需求，价格呈缓慢增长态势。

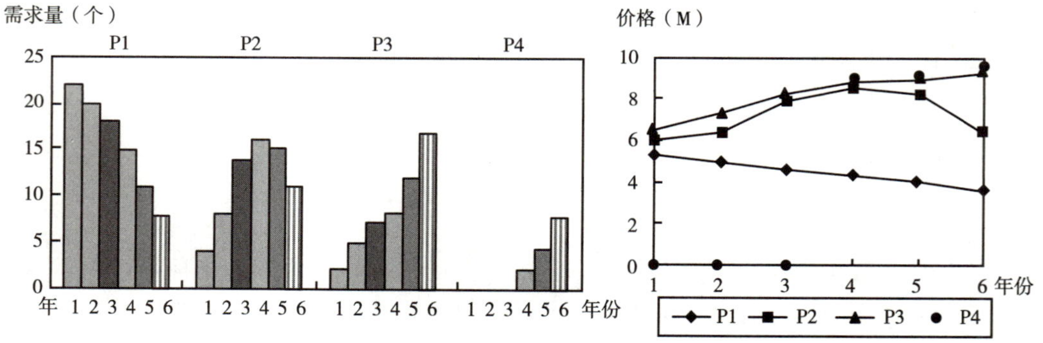

图 6－7 市场预测

在制订产品广告投放方案时，还应对竞争对手进行正确的评估。企业竞争的本质就是“博弈”，很多时候因为某种产品价格高、需求也高，大家都去抢单，其结果是恶性竞争，让生产和销售其他产品的公司获益。所以有些市场往往看着是“馅饼”，其实可能是“陷阱”。

在制定好广告策略之后，营销总监还应对销售额、销售量、毛利有一个较为明确的目标。最直接的指标是广告投入产出比（订单销售额合计/总广告投入），即投入 10 万元广告可以得到多少销售额。

三、生产与采购总监——生产与采购管理

（一）计算产能

销售主管参加客户订货会之前，生产主管应正确计算企业的产能，并向销售主管提供可承诺量（ATP）数据。

当年某产品可接单量 = 期初库存 + 本年产量 + 可能的外协加工数量

为了准确地计算产能，生产主管首先要了解不同类型生产线的生产周期，在制品状态，本年能够完工的产品数量。

了解了以上产能计算的基础，就很容易推演出用表格计算产能的方法，考虑到设备投资与产品生产的关联性，将它们合并在一个工具中进行表述。

（二）开工计划和需要支付的人工费

产品的开工计划与产品生产计划是一体的，伴随产品开工会发生加工费用，为了清晰起见，我们将开工计划和需要支付的人工费综合反映在一个工具表中。附录中提供了第 1—6 年的开工计划和需要支付的加工费计划的编制工具。

（三）采购计划

生产计划确定之后，采购主管就可以相应地编制采购计划了。采购计划中要回答什么时候采购、采购什么、采购多少等问题。什么时候采购取决于企业的开工计划和采购提前期；采购什么和采购多少与现有原料库存、BOM 结构有关。材料入库的同时还要向供应商付款，可以和采购计划一起预算，因此材料采购和付款与产品开工和需要支付的加工费一并考虑。

（四）材料零库存管理

在沙盘模拟经营中，库存原料并不能为企业带来利润；相反，原料库存越多，占用的资金越多，意味着需要更多的资金，增加财务费用，降低资金周转率，所以减少库存直至零库存是企业节流的一项重要举措。

企业可以通过精准计算，通过提前订货期做到材料采购到货时，正好企业生产投产领用材料，材料到货与材料领用无缝衔接，从而实现材料零库存的目标。

四、财务总监——财务管理

财务管理是以资本收益最大化为目标，对企业资本进行优化配置和有效利用的一种资本运作活动。财务管理的内容包括以下几个方面。

（一）财务预测

财务预测是指利用企业过去的财务活动资料，结合市场变动情况，对企业未来财务活动的发展趋势做出科学的预计和测量，以便把握未来、明确方向。

财务预测一般包括流动资产需求量预测、固定资产需求量预测、成本费用预测、销售收入预测、利润总额与分配预测以及长短期投资预测等。

（二）财务决策

财务决策是指财务人员根据财务目标的总要求，运用专门的方法，从各种备选方

案中选择最佳方案的过程。

财务决策一般包括筹资决策、投资决策、股利决策和其他决策。筹资决策主要解决如何以最小的资本成本取得企业所需要的资本，并保持合理的资本结构，包括确定筹资渠道和方式、筹资数量和时间、筹资结构比例关系等；投资决策主要解决投资对象、投资数量、投资时间、投资方式和投资结构的优化选择问题；股利决策主要解决股利的合理分配问题，包括确定股利支付比率、支付时间、支付数额等；其他决策包括企业兼并与收购决策、企业破产与重整决策等。

（三）财务控制

财务控制就是依据财务计划目标，按照一定的程序和方式，发现实际偏差与纠正偏差，确保企业及其内部机构和人员全面实现财务计划目标的过程。

财务控制按照控制的时间分为事前控制、事中控制和事后控制：按照控制的依据分为预算控制和制度控制；按照控制的对象分为收支控制和现金控制；按照控制的手段分为绝对数控制和相对数控制。

（四）财务分析

财务分析是以企业会计报表信息为主要依据，运用专门的分析方法，对企业财务状况和经营成果进行解释和评价，以便投资者、债权人、管理者以及其他信息使用者做出正确的经济决策。

（五）财务预算

财务预算是与企业现金收支、经营成果和财务状况有关的预算，主要包括现金收支预算、预计利润表、预计资产负债表。

沙盘模拟经营中，财务总监主要利用现金预算表测算何时会出现资金短缺，以便采取合理的融资方式进行融资，控制资金成本，保证企业运营的正常进行。现金预算表如表 6－1 所示。

表 6－1　　现金预算表　　单位：百万元

项目	第一季度	第二季度	第三季度	第四季度
期初库存现金				
支付上年应交税				
市场广告投入				
支付短期贷款利息				
支付到期短期贷款本金				
支付到期的应付款				
支付原料采购现金				
支付生产线投资				
支付转产费用				
支付产品加工费				

续表

项目	第一季度	第二季度	第三季度	第四季度
收到现金前的所有支出				
应收款到期收到现金				
支付产品研发投资				
支付管理费用				
支付长期贷款利息				
支付到期长期贷款				
支付设备维护费用				
支付租金				
支付购买厂房款				
支付市场开拓投资				
支付 ISO 认证投资				
其他				
现金收入合计				
现金支出合计				
现金多余或不足（—）				
向银行借款				
贴现收到现金				
期末现金余额				

在编制财务预算时，应重点考虑每年贷款额度的使用、材料费用的支付、订单交付及应收款管理、所得税的处理方式等。

模块三　经营成果分析

一、杜邦分析

财务管理是企业经营管理的核心之一，而如何实现股东财富最大化或公司价值最大化是财务管理的中心目标。任何一家公司的生存与发展都依赖于该公司能否创造价值。向投资者（股东）揭示经营成果和提高经营管理水平，需要一套实用、有效的财务指标体系，以便据此评价和判断企业的经营绩效、经营风险、财务状况、获利能力和经营成果。杜邦财务分析体系就是一种比较实用的财务比率分析体

6－1 杜邦分析案例

系。这种分析方法最早由美国杜邦公司使用，故名杜邦分析法。

杜邦分析法利用几种主要的财务比率之间的关系来综合地分析企业的财务状况，用来评价公司盈利能力和股东权益回报水平。它的基本思想是将企业净资产收益率（ROE）逐级分解为多项财务比率的乘积，这样有助于深入分析、比较企业经营业绩。

如图6－8所示，杜邦分析图解告诉我们，净资产收益率是杜邦分析的核心指标。这是因为，任何一个投资人投资某一特定企业，其目的是希望该企业能给他带来更多的回报，因此，投资人最关心这个指标。同时，这个指标也是企业管理者制定各项财务决策的重要参考依据。通过杜邦分析，将影响这个指标的三个因素从幕后推向台前，使我们能够目睹它们的“庐山真面目”。所以我们在分析净资产收益率时，就应该从构成该指标的三个因素的分析入手。

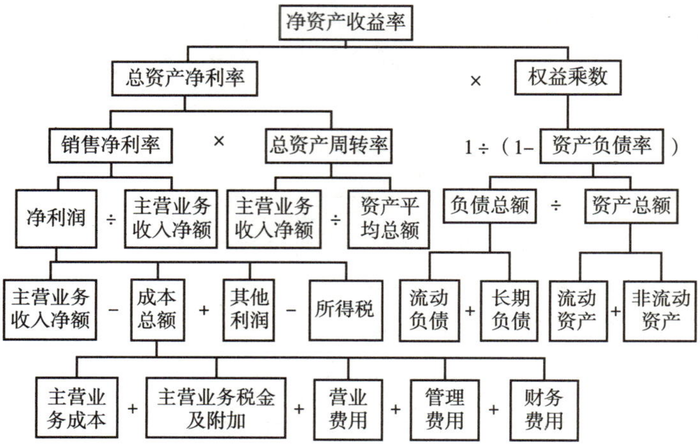

图6－8 杜邦分析图解

为了找出销售净利率及总资产周转率水平高低的原因，可将其分解为财务报表有关项目，从而进一步发现问题产生的原因。销售净利率及总资产周转率与财务报表有关项目之间的关系在杜邦分析图中一目了然。有了这张图，我们可以非常直观地发现哪些项目影响了销售净利率，或者哪个资产项目拖了总资产周转率的“后腿”。

总资产收益率水平高低的原因可类似进行指标分解。总资产收益率低的原因可能是销售净利率较低，也可能是总资产周转率较低。如果属于前一种情况，则需要在开源节流方面挖掘潜力；倘若属于后一种情况，则需要提高资产的利用效率，减少资金闲置，加速资金周转。

权益乘数反映企业的负债能力。这个指标较高，说明企业资产总额中的大部分是通过负债形成的，这样的企业将会面临较高的财务风险。而这个指标低，说明企业的财务政策比较稳健，负债较少，风险也小，但获得超额收益的机会也不会很多。

杜邦分析既涉及企业获利能力方面的指标（净资产收益率、销售净利率），又涉及营运能力方面的指标（总资产周转率），同时还涉及举债能力指标（权益乘数），可以说杜邦分析法是一种三位一体的财务分析方法。

二、成本分析

企业经营的本质是获取利润，获取利润的途径是扩大销售或降低成本。企业成本由多项费用要素构成，了解各费用要素在总体成本中所占的比例，分析成本结构，从比例较高的那些费用支出项入手，是控制费用的有效方法。

6-2 成本分析案例

在沙盘模拟课程中，从销售收入中扣除直接成本、综合费用、折旧、利息后得到税前利润，明确各项费用在销售收入中的比例，可以清晰地指明工作方向。费用比例计算公式为：

费用比例 = 费用 ÷ 销售收入

如果将各费用比例相加，再与 1 相比，则可以看出总费用占销售比例的多少。如果超过 1，则说明支出大于收入，企业亏损，并可以直观地看出亏损的程度。如果将企业各年成本费用变化情况进行综合分析，就可以通过比例变化透视企业的经营状况。

三、产品盈利分析

企业经营的成果可以从利润表中看到，但表示的是公司经营的综合情况，并没有反映具体业务、具体合同、具体产品、具体项目等明细项目的盈利情况。盈利分析就是对企业销售的所有产品和服务分项进行盈利细化核算，通过产品盈利分析，可以看出企业经营者哪些产品是赚钱的，哪些产品是不赚钱的。产品盈利的基本计算公式为：

6-3 产品盈利分析案例

单产品盈利 = 某产品销售收入 - 该产品直接成本 - 分摊给该产品的费用

在这个公式中，分摊费用是指不能够直接认定到产品（服务）上的间接费用，如广告费、管理费、维修费、租金、开发费等，都不能直接认定到某一个产品（服务）上，需要在当年的产品中进行分摊。分摊费用的方法有许多种，传统的方法有按收入比例、成本比例等进行分摊，这些传统的方法多是一些不精确的方法，很难谈得上合理。本课程中的费用分摊是按照产品数量进行的分摊，即：

某类产品分摊的费用 =（分摊费用 ÷ 各类产品销售数量总和）× 某类产品销售的数量

按照这样的计算方法得出各类产品的分摊费用，根据盈利分析公式，计算出各类产品的贡献利润，再用利润率来表示对整个公司的利润贡献度，即：

某类产品的贡献利润 ÷ 该类产品的销售收入 =（某类产品的销售收入 - 直接成本 - 分摊给该类产品的分摊费用）÷ 该类产品的销售收入

尽管分摊的方法有一定的偏差，但分析的结果可以说明哪些产品是赚钱的产品，值得企业大力发展，哪些产品赚得少或根本不赚钱。企业的经营者可以对这些产品进行更加细致的分析，以确定企业发展的方向。

思政案例

华为的危机

任正非在《华为的冬天》中曾这样写道：“公司所有员工是否考虑过，如果有一天，公司销售额下滑、利润下滑甚至会破产，我们怎么办?”这就是华为人居安思危的写照。

华为有完善的“BCP业务连续性计划”①，如某个华为供应商因火灾、地震等自然灾害导致工厂停工，华为能够快速启动生产恢复预案，确保业务持续。华为所有同一零件都由两家以上供应商提供，即便其中一家供应商出现问题也能满足生产，不至于断供。这让华为有很强的风险控制能力。华为 Mate 20 Pro 和华为 P30 Pro 手机使用的都是京东方屏幕，而放弃了与高通、三星等知名外国企业合作，目的就是将尽可能多的本土供应商扶持起来，让他们有资金有依靠可以安心积累自己的技术，不断成长壮大，从而避免被国外科技公司限制，甚至断供。

2019 年，华为被列入美国商务部工业和安全局（BIS）的实体名单，以高通为代表的芯片企业相继断供，企图制裁华为。此时的华为勇敢表示，华为“没问题”，因为“我们已经为此做好了准备”，随即海思“备胎芯片”一夜转正。原来多年前公司曾做出了极限生存的假设，预计有一天，所有美国的先进芯片和技术将不可获得，而华为仍将持续为客户服务。他们研究开发自己的芯片，为公司的生存打造“备胎”。当国民群情激愤，谴责美国之时，华为沉着冷静地看待这一事件，做好该做的事情。任正非更是发表言论：“我们要正视美国的强大，看到差距，坚定地向美国学习，永远不要让反美情绪主导我们的工作。在社会上不要支持民粹主义，在内部不允许出现民粹，至少不允许它有言论的机会。全体员工要有危机感，不能盲目乐观，不能有狭隘的民族主义。”

在最好的时候做好最坏的准备，永远都在识别问题、解决问题，对于华为人而言，危机就是这段时间问题多一点而已，解决就好了。正是这种应对危机的从容态度让华为在成长路上的很多障碍变成可控因素。未雨绸缪的前提是勤思笃行，对于当代大学生而言，只有不断反思自己的行为和工作，发现自己的不足并制定有效的措施去改进，才能取得更大的成就！

---

① “BCP业务连续性计划”是一套基于业务运行规律的管理要求和规章流程，使一个组织在突发事件面前能够迅速作出反应，以确保关键业务功能可以持续，而不造成业务中断或业务流程本质的改变。

课后思考

1. 影响企业利润的因素有哪些?
2. 本企业经营中有哪些优势和不足?
3. 如何进行经营成果分析?

寓教于练

一、单项选择题

1. 关于企业的说法，下列说法错误的是(　　)。
A. 企业若出现资不抵债，则表示企业破产
B. 企业若现金流断裂，则可以宣告破产
C. 企业现金越充足表示企业经营越好
D. 企业经营的本质是赚取利润

2. 衡量广告策略好坏最直接的指标是广告投入产出比，该指标的计算公式为(　　)。
A. 产品销售增加额/总广告投入　B. 产品销售毛利总和/总广告投入
C. 订单销售额总和/总广告投入　D. 产品毛利增加额/总广告投入

3. 下面关于成本分析的说法，错误的是(　　)。
A. 分析成本需要了解各费用要素在总体成本中所占的比例
B. 费用比例 = 费用/销售收入
C. 费用比例越大，说明该项费用过高，需要进行控制
D. 费用比例不可能大于 1

4. 衡量企业经营成果的核心指标是(　　)。
A. 净资产收益率　B. 市场占有率
C. 销售利润率　D. 资产周转率

二、多项选择题

1. 下面有关企业提升利润的说法，正确的有(　　)。
A. 增加产品的销售收入　B. 减少转产费用
C. 销售毛利高的产品　D. 减少缴税额

2. 在编制财务预算时，应重点考虑的内容有(　　)。
A. 每年贷款额度的使用　B. 材料费用的支付
C. 订单交付情况　D. 应收款的管理

3. 下面有关单产品盈利的说法，正确的有(　　)。
A. 产品盈利分析，可以看出企业经营哪些产品是赚钱的，哪些产品是不赚钱的。
B. 单产品盈利计算公式为：某产品销售收入 - 该产品直接成本 - 分摊给该产品的费用
C. 单产品盈利公式中，产品的直接成本包括产品生产的材料费及人工费

D. 单产品盈利公式中，某类产品分摊的费用的计算公式为：（分摊费用 ÷ 各类产品销售数量总和）× 某类产品销售的数量

三、判断题

1. 企业经营的本质就是有足够的现金。（ ）
2. 为了经营的安全性，企业应尽量不要贷款。（ ）
3. 为了实现战略目标，最有效的方法就是做长期经营规划。（ ）
4. 零库存是企业降低成本的一项重要举措。（ ）

项目七

新创业者电子沙盘对抗

知识目标

1. 熟悉新创业者电子沙盘的运营流程
2. 掌握利用电子工具管理企业业务的方法

能力目标

1. 能进行模拟企业经营决策
2. 能利用电子沙盘进行模拟企业经营
3. 能借助电子沙盘的查询功能进行精准分析

思政目标

1. 数字引领，培养守正创新的意识
2. 务实肯干，培养精益求精的敬业精神

项目描述

新的管理层在CEO的带领下，完成了6年物理沙盘经营模拟，并通过经营分析获得了企业经营管理的真实体验。随着信息技术的发展，电子沙盘模拟对抗系统应运而生，本项目我们将一起体验新创业者电子沙盘对抗，继续企业经营管理之旅。

新创业者沙盘系统是一种企业经营模拟软件，是由用友新道科技有限公司研发并用于教学的一款电子沙盘产品。新创业者电子沙盘继承了物理沙盘形象直观的特点，同时实现了选单、经营过程、报表生成、赛后分析的全自动操作，避免了因监控不到位而造成的舞弊。电子沙盘对传统课堂教学及案例教学既是一种有益补充，又是一种创新。

模块一 新创业者电子沙盘的启用

在安装有新创业者沙盘加密狗的服务器上，双击桌面上的“新道新创业者沙盘”图标，弹出启动服务的对话框，如图 7－1 所示。

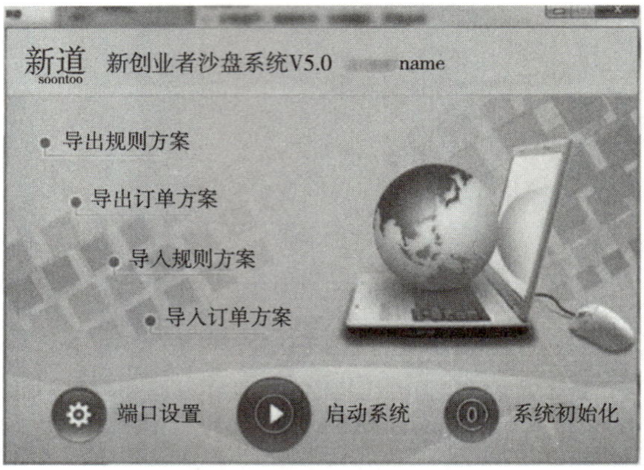

图 7－1 “新创业者沙盘系统”控制台界面

新道新创业者沙盘系统控制台提供四项设置功能：启动系统、端口设置、系统初始化、导入/导出规则或订单，其中必须执行的功能是启动系统。

1. 启动系统

单击“启动系统”，系统自动启动新创业者沙盘数据库服务和应用服务，启动完成后会显示如下信息。

信息：Server startup in 13453 ms

只有启动了系统服务，才能登录新创业者沙盘。

2. 端口设置

为了保证新创业者沙盘系统和服务器运行环境中已有系统端口不发生冲突，系统提供端口设置功能。系统可以自动检测并设置默认端口。一般默认端口设置即可。

3. 系统初始化

新创业者沙盘系统安装完成后，系统数据库中已经预置了 3 套规则方案以及配套的订单方案。系统初始化的功能是清除系统中的规则方案和订单方案，保证系统数据库干净。

除非特殊情况，否则尽量不要进行系统初始化。

4. 导入/导出规则或订单

如果系统中预置的3套方案仍不能满足需求，教师可以自行设计新的规则方案及配套订单，然后利用系统提供的“导入规则方案”和“导入订单方案”功能导入新创业者沙盘系统中，点击“导入订单方案”“导入规则方案”按钮进行操作，界面会弹出选择文件的对话框，如果看不到方案文件，请把文件类型选成所有文件，就会显示出来。同理，如果需要从系统中导出规则和订单，可以利用系统提供的“导出规则方案”和“导出订单方案”功能，如图7－2所示。

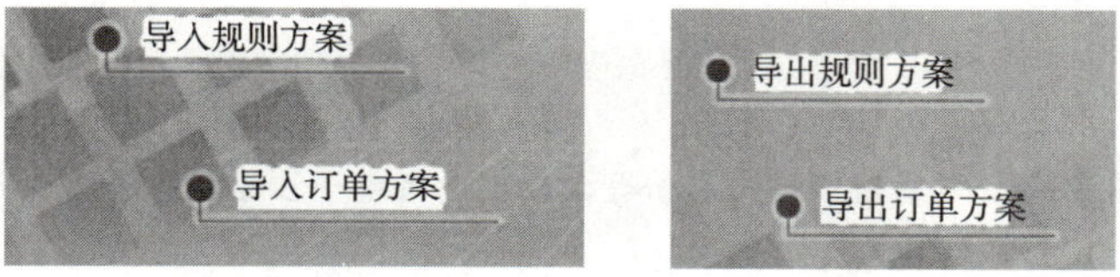

图7－2　导入/导出规则或订单

5. 新创业者沙盘用户类型

使用新创业者沙盘的用户可以分为三类：系统管理员、教师和学生。三类用户的登录方法一致。在浏览器地址栏中输入服务器“IP地址：端口”，如 http://127.0.0.1:8081，打开用户登录界面，如图7－3所示。

图7－3　新创业者沙盘系统登录界面

模块二　系统管理员的任务

新创业者电子沙盘中，系统管理员用户名默认为“admin”，口令默认为“1”，单击“用户登录”按钮，以系统管理员身份进入新创业者沙盘系统管理界面，如图7－4所示。

图 7－4 以系统管理员身份登录新创业者电子沙盘系统管理界面

【要点提示】

推荐使用谷歌浏览器且以极速模式运行。

一、创建教学班

管理员点击“创建教学班”图标，显示弹出框。在“请输入教学班名称”后的编辑框内输入教学班名称。点击“创建”，弹出提示框，教学班创建成功。

新创业者电子沙盘支持多班教学，每个教学班的运行状态相互独立。教学班的运行状态共四种，如图 7－5 所示。

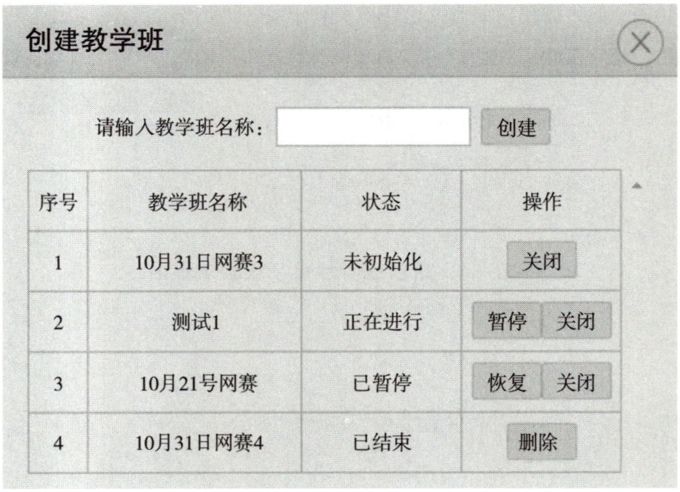

创建教学班

请输入教学班名称： 创建

序号	教学班名称	状态	操作
1	10月31日网赛3	未初始化	关闭
2	测试1	正在进行	暂停 关闭
3	10月21号网赛	已暂停	恢复 关闭
4	10月31日网赛4	已结束	删除

图 7－5 创建教学班

建成后的教学班有四种状态，四种状态的意思分别如下：

（1）“未初始化”。表示教学班建成后还未使用，点击关闭变为“已关闭”状态，教学班无法再使用。

（2）“正在进行”。教学班正在使用中，点击“暂停”变为“已暂停”状态，“暂停”状态的教学班学生端不能使用，点击“关闭”变为“已关闭”状态。

（3）“已暂停”。已在使用的教学班本次课程未完成，下次课程时间再次使用，点击“恢复”变为“正在进行”状态，学生端就可以继续使用了，点击“关闭”变为“已关闭”状态。

（4）“已结束”。此状态表示教学班已经完成教学计划且已经处于“关闭”状态，在此点击“删除”后，可以将教学班的所有信息完全清除。

二、教师管理

在教师管理中，可以创建多个教授本课程的教师，方便学校分班开课。教师管理包括添加用户、修改密码和删除用户。

（1）添加用户。添加用户时，需要输入用户名和密码。新增用户的角色默认为“教师”。系统管理员至少要添加一名教师。

（2）修改密码。教师的登录密码若忘记了，可以由系统管理员在此重置。

（3）删除用户。不再担任该课程教学的教师可以从新创业者沙盘系统中删除。

（4）权限管理。在权限管理中，可以建立教师和教学班级之间的关系。一个教师可以关联多个教学班，一个班级也可以有多个教师。

（5）数据备份和恢复。为了确保数据安全，系统提供自动备份和手工备份两种备份方式。

①自动备份。系统自动备份的文件默认存放在“C：\ auto”目录中。

②手工备份。单击“备份文件”按钮，系统自动以“当前日期＋当前时间”生成备份文件，存放在“C：\ manual”目录中。

系统数据一旦损坏或丢失，可以将要还原的备份文件复制到“C：\ manual”目录下，在“数据备份”界面，选中要还原的备份文件，单击“备份还原”按钮，即可还原。

模块三　教师的任务

在浏览器地址栏中输入服务器“IP 地址：端口”，如 http://127.0.0.1:8081，打开用户登录界面。输入教师的用户名和密码，单击“用户登录”按钮，以教师身份进入新创业者沙盘系统。

一、教学班初始化

教师初次进入系统时，需要对创建的教学班初始化。初始化就是设置本教学班在进行企业经营所使用的订单方案、规则方案和系统参数。点击用户登录后，进入初始化设置界面。点击初始化，显示参数弹出框，如图 7－6 所示。

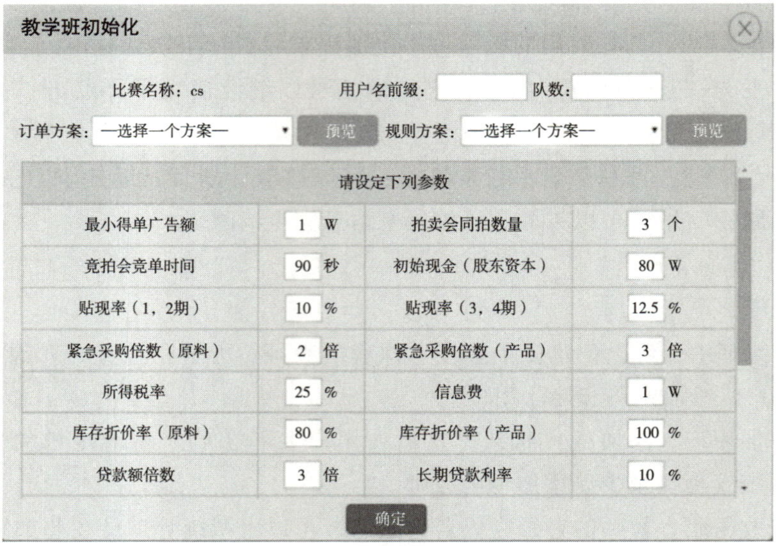

图 7－6　“教学班初始化”对话框

在编辑框内编辑用户前缀、队数等信息，选择订单方案、规则方案，设置参数表中各信息，点击确定，弹出提示框：初始化成功！

选择要管理的教学班，点击教学班名称，进入教学班。

二、查询每组经营信息

点击主页面上方学生组号，如 a1001。窗口中显示该组各项经营信息，包括公司资料、库存采购信息、研发认证信息、财务信息、厂房信息、生产信息。如图 7－7 所示。

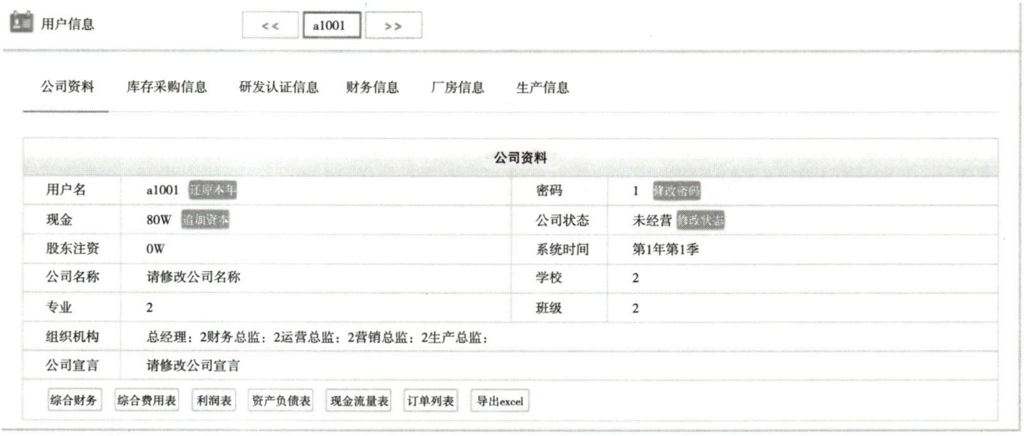

图 7－7　查看每组经营信息

（一）公司资料

在“公司资料”选项卡中，除可以查看公司基本信息外，还有几项特别功能。

（1）还原本年。如果某组操作出现严重错误，可以单击“还原本年”按钮，弹出提示框，点击确定，会将该学生组的经营回退到当年年初重新开始经营。

（2）修改密码。如果某组忘记了密码，可以点击“修改密码”按钮，显示弹出框，在新密码后面的编辑框内输入改后的密码，点击确认即完成修改。

（3）追加资本。如果某组经营不善导致破产，从教学管理角度需要其继续经营，可以单击“追加资本”按钮，为该组注资。注资类别分为“特别贷款”和“股东注资”两种。特别贷款属于债权性融资；股东注资属于权益性资本。

（4）修改状态。每个组的运营状态分为三种：未运营、正在运营和已破产。当发生资不抵债或现金断流时，企业经营状态自动显示“已破产”。教师为了保证正常的教学活动，可在追加资本后，将该组运营状态修改为“正在运营”。

（5）查询公司财务信息。在公司资料页面下方，有“综合财务信息”“综合费用表”“利润表”“资产负债表”“现金流量表”“订单列表”几项查询入口。单击相应的按钮可以查询对应的信息。

（6）订单列表。点击公司资料下“订单列表”，显示弹出框，用于显示查阅该学生组每年的市场订单以及订单的完成状态以及完成时间。

（7）导出 Excel。用于将该学生组的各项经营信息导出成 Excel 格式查阅保存，点击“导出 Excel”，可以将公司信息输出到 Excel 中。

（二）库存采购信息

在“库存采购信息”选项卡中，可以查看到原料订购执行情况、原料库存和产品库存。

（三）研发认证信息

在“研发认证信息”选项卡中，可以查看到市场开拓、产品研发、ISO 认证情况。

（四）财务信息

在“财务信息”选项卡中，可以查看到长期贷款、短期贷款、特别贷款、应收款和付款信息，如图 7－8 所示。

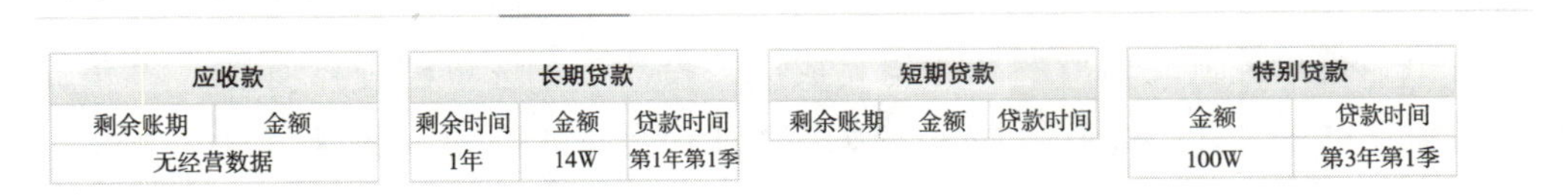

图 7－8　财务信息

（五）厂房信息

在“厂房信息”选项卡中，可以查看企业厂房的相关信息。

（六）生产信息

在“生产信息”选项卡中，可以查看企业生产线的相关信息。

三、选单管理

选单管理主要用于管理每年一度的订货会。单击“选单管理”按钮，进入“选单管理”窗口，如图 7－9 所示。选单管理界面主要有四种视图。

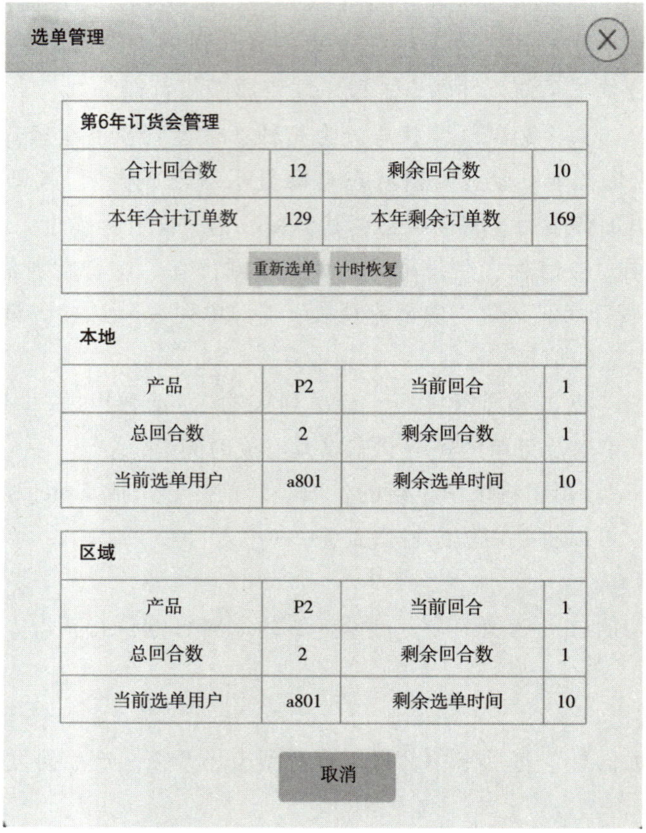

图 7－9 选单管理

1. 查看广告投放完成情况。每年年初，可以在此查看到各组广告投放完成情况。选单管理界面显示各组投放广告的完成时间，教师据此敦促没有投放广告的队伍尽快完成广告投放。

2. 开启选单控制。当所有企业均完成广告投放后，选单管理界面显示“开始选单”按钮。单击“开始选单”按钮，弹出“订货会正式开始”提示信息，单击“确定”按钮，开启选单控制。

3. 监控选单过程。选单开始后，在选单管理中，可以查看到各市场选单进行情况。

4. 结束选单。当选单全部结束后，弹出“本年订单会已结束”提示信息，单击“确定”按钮返回。

四、竞单管理

竞单与选单不同，是各企业从市场获取订单的另一种途径。教师可以在参数设置中设置自哪一年开启竞单。竞单环节在订货会之后出现。教师端竞单管理界面如图 7 – 10 所示。

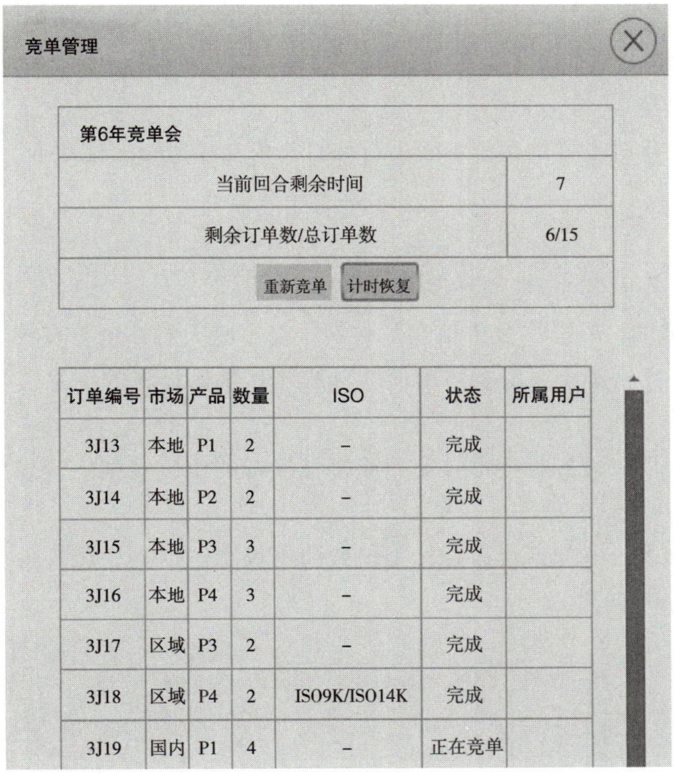

图 7 – 10　教师端竞单管理界面

五、组间交易

企业经营过程中，如果面临产能不足无法按时交货，可考虑向同行企业购买急需的产品，交易的产品及价格由双方进行协商。进行组间交易需要在教师端进行登记。组间交易必须在两家企业经营到某一共同系统时间点时才能操作。

六、查看排行榜单

排行榜单中显示按照系统预定规则计算的各企业经营得分。教师可以在“当前修正”中输入加分或减分，即可得到经教师修正的各企业经营最后成绩排名。

七、发布公共信息

每年经营结束，教师向各企业公布本年的经营情况，包括发布利润表、资产负债表、目前权益、各市场老大等公共信息。

单击“导出 Excel”按钮，可以将各组的对比信息以 Excel 的形式下载并保存、查阅。

八、查看订单详情

在订单详情中，可以显示查看该教学班所有年份的市场订单明细。

九、设置系统参数

可以对初始化时设置的系统参数进行修订。但初始现金不能更改。

十、其他

在教师登录界面右上方，设有以下三项功能。

（1）公告信息。单击“公告信息”按钮，显示聊天对话框。在编辑框内输入文字或表格，发送消息给某企业或全体用户。当系统有默认设置的消息需要发布时，会直接在聊天框中弹出。

（2）规则说明。规则说明即查阅企业模拟经营的运营规则。该规则即为初始化设置时选定的规则方案。

（3）市场预测。查阅本次企业模拟经营的市场预测信息，包含每个市场各产品的需求数量和市场均价。

模块四　学生的任务

习近平在中国共产党第二十次全国人民代表大会上作的报告中指出：“我们从事的是前无古人的伟大事业，守正才能不迷失方向、不犯颠覆性错误，创新才能把握时代、引领时代。我们要以科学的态度对待科学、以真理的精神追求真理，坚持马克思主义基本原理不动摇，坚持党的全面领导不动摇，坚持中国特色社会主义不动摇，紧跟时代步伐，顺应实践发展，以满腔热忱对待一切新生事物，不断拓展认识的广度和深度，敢于说前人没有说过的新话，敢于干前人没有干过的事情，以新的理论指导新的实践。”借助电子沙盘经营企业，需要我们继续把握企业经营的本质，要有创新精神和创新意识，勇于创新，才能在竞争中立于不败之地。

一、企业运营流程

新创业者电子沙盘模拟企业经营 6 个年度，每个年度又分为 4 个季度。企业经营日常任务分为年初任务、每季度任务和年末任务，这些任务的执行要遵循一定的先后顺序。企业经营特殊任务在本年度任何时点都可以进行。

（一）年初运营流程

年初企业运营包括年度规划、投放广告、支付广告费、支付所得税、参加订货会、长期贷款。具体运营流程如图 7－11 所示。

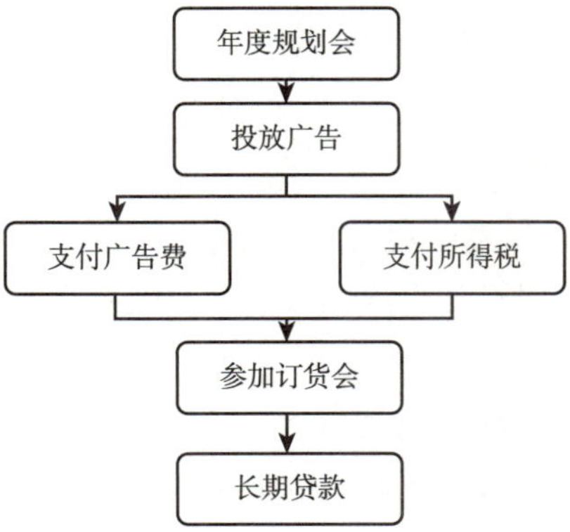

图 7－11　年初运营流程

（二）每季度内运营流程

每季度内运营流程如图 7－12 所示。

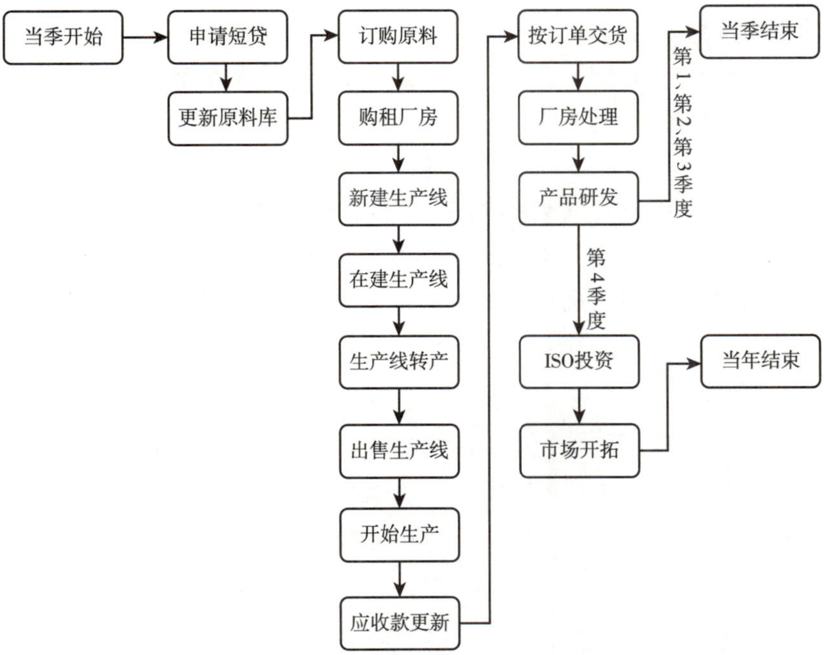

图 7－12　每季度内运营流程

（三）年末运营操作流程

年末运营操作主要是填写报表，包括综合费用表、利润表和资产负债表。

二、企业注册

在浏览器地址栏中输入服务器“IP 地址：端口”，打开用户登录界面。输入教师为每组设定的用户名和密码。各组第一次登录新商战沙盘系统时，用户名为教师在教学班初始化时设置的前缀名+组号，如 tc01，密码为“1”。单击“用户登录”按钮，以学生身份进入新创业者沙盘系统。

首先进入“用户注册”页面，此处主要完成以下两项工作。

1. 重设用户密码

用户的初始密码由系统自动设定为“1”，用户首次登录系统时，需要重设密码，以防止竞争对手利用初始密码轻易进入本企业的系统，获取本企业经营的重要信息。

2. 维护企业基本信息

企业基本信息包含公司名称，公司宣言，企业管理层总经理、财务主管、采购主管、销售主管、生产主管的姓名等内容。注册完成后，进入企业经营主界面。

三、年初工作

（一）年度规划会议

年度规划会议是每个经营年度开始时的第一项任务，在软件中无须操作。年度规划会议一般由团队的总经理主持召开，会同团队中的采购、生产、销售等负责人一起进行全年的市场预测分析、广告投放、订单选取、产能扩张、产能安排、材料订购、订单交货、产品研发、市场开拓、筹资管理和现金控制等方面的分析和决策规划，最终完成全年运营的财务预算。

（二）投放广告

点击当年结束，系统时间切换到下一年年初，需要投放广告。单击“投放广告”按钮，打开“投放广告”对话框，如图 7－13 所示，按产品市场录入对应的广告费，单击“确认”按钮。确认投放后系统会自动扣除所投放的广告费和上年应交的所得税。

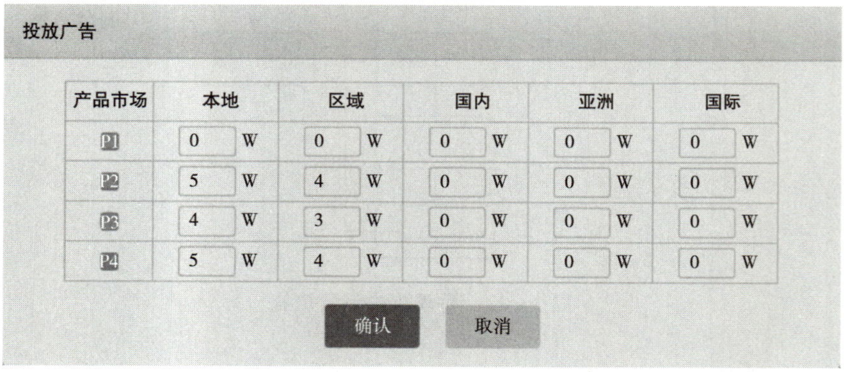

图 7－13 投放广告

市场广告费的投放要根据市场的竞争激烈程度、企业自身的产能布置、发展战略、竞争对手的广告投放策略等多方面因素综合考虑。广告投放后，等待教师开启订货会。

（三）参加订货会

单击“参加订货会”按钮，此时如果其他企业存在未完成投放广告操作，系统显示“订货会就绪（等待教师开启）”提示信息。当所有企业均已经完成广告投放且教师端已经启动订货会时，进入选单状态，如图 7－14 所示。

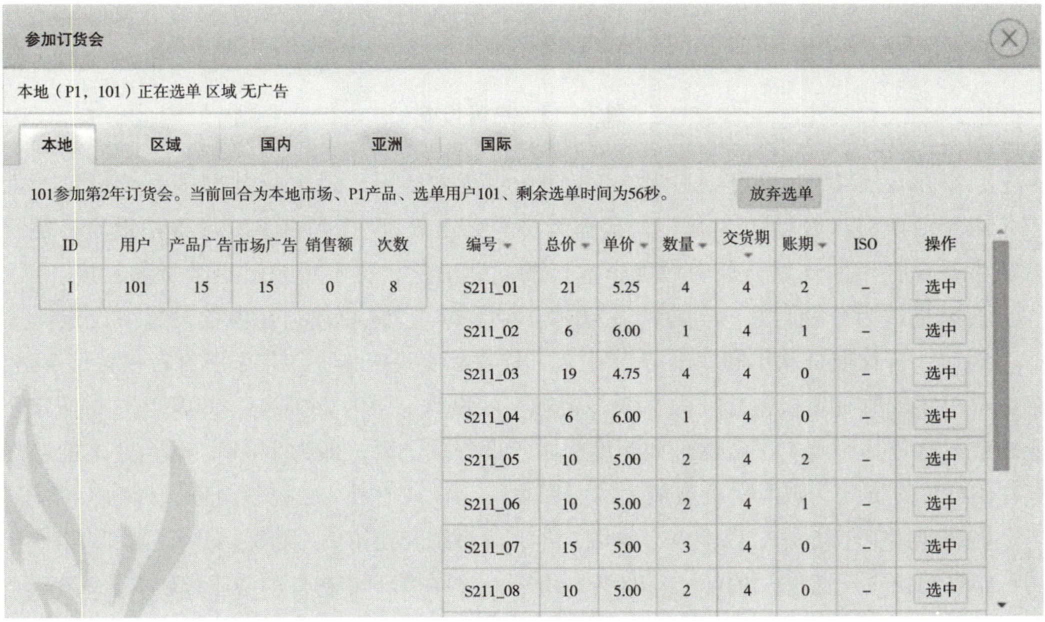

图 7－14　参加订货会

系统会提示正在进行选单的市场（显示为红色）、选单用户和剩余选单时间，企业选单时特别要关注上述信息。

对话框左边显示某市场的选单顺序，右边显示该市场的订单列表。未轮到当前用户选单时，右边一列无法点击。当轮到当前用户选单时，操作显示“选中”按钮，点击选中，成功选单。当选单倒计时结束后用户无法选单。

全部市场选单结束后，订货会结束。

【要点提示】

选单时要特别注意有两个市场同时进行选单的情况，此时很容易漏选市场订单。

（四）申请长期贷款

点击主页面下方操作区中菜单“申请长贷”，弹出“申请长贷”对话框，如图 7－15 所示。弹出框中显示本企业当前时间可以贷款的最大额度，点击“需贷款年限”下拉框，选择贷款年限，在“需贷款额”录入框内输入贷款金额，点击确认，即申请长贷成功。

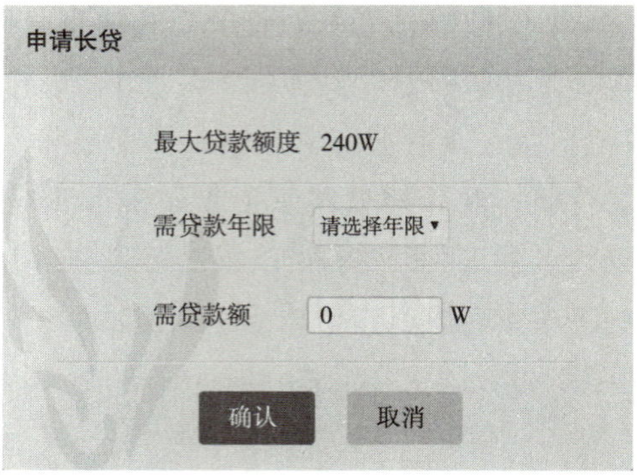

图 7－15 申请长贷

系统预设有 1 年、2 年、3 年、4 年和 5 年贷款年限，最大贷款额度系统设定为上年年末企业所有者权益的 N 倍，N 具体为多少，由教师/裁判在参数设置中设定。需贷款额由企业在年度规划会议中根据企业运营规划确定，但不得超过最大贷款额度。

长期贷款为分期付息，到期一次还本。年利率由教师/裁判在参数设置中设定。

例如，若长期贷款年利率设定为 10%，贷款额度设定为上年年末所有者权益的 3 倍，企业上年年末所有者权益总额为 80W，则本年度贷款上限为 240W（＝80W×3），假定企业之前没有贷款，则本次贷款最大额度为本年度贷款上限，即为 240W。若企业之前已经存在 100W 的贷款，则本次贷款最大额度为本年度贷款上限减去已贷金额，即为 140W。

若企业第 1 年初贷入了 100W，期限 5 年，则系统会在第 2、第 3、第 4、第 5、第 6 年初每年自动扣除长贷利息 10W（＝100W×10%），并在第 6 年初自动偿还贷款本金 100W。

四、季度工作

（一）当季开始

点击“当季开始”按钮，系统会弹出“当季开始”对话框（见图 7－16），该操作完成后才能进入季度内的各项操作。

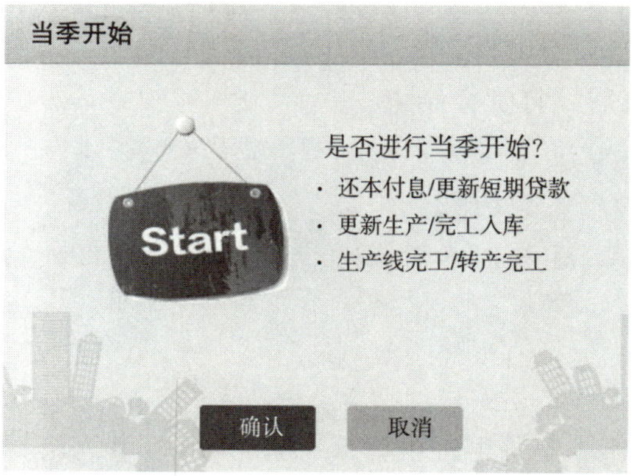

图 7－16 当季开始

当季开始操作时，系统会自动完成短期贷款的更新，偿还短期借款本息，检测更新生产/完工入库情况（若已完工，则完工产品会自动进入产品库，可通过查询库存信息了解入库情况），检测生产线完工/转产完工情况。

（二）申请短贷

点击主页面下方操作区中菜单“申请短贷”，弹出“申请短贷”对话框，如图 7－17 所示。在“需贷款额”后输入金额，点击确认即短贷成功。

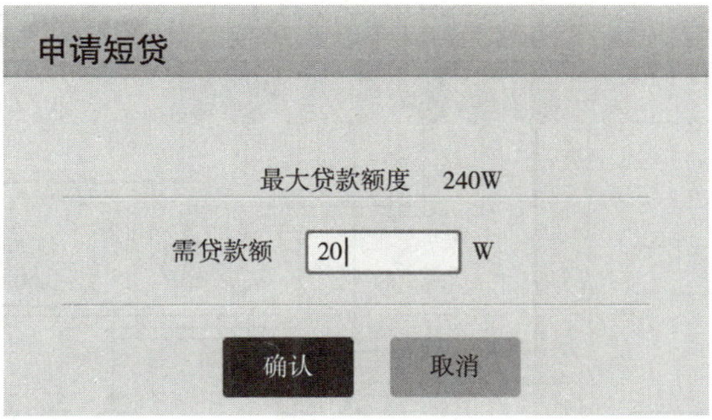

图 7－17　申请短贷

短贷期限默认为 1 年，到期一次还本付息，贷款年利率由教师/裁判在参数设置中设定，短贷申请时不得超过“申请短贷”对话框中的“最大贷款额度”。

例如，假定企业短期贷款年利率为 5%，则企业若在第 1 年第 1 季度贷入 20W，那么，企业需在第 2 年第 1 季度偿还该笔短贷的本金 20W 和利息 1W（20×5%），共计 21W。

（三）更新原料库

点击“更新原料库”按钮，弹出“更新原料”对话框，如图 7－18 所示，提示当前应入库原料需支付的现金。确认金额无误后，单击“确认”，系统扣除现金并增加原料库存。

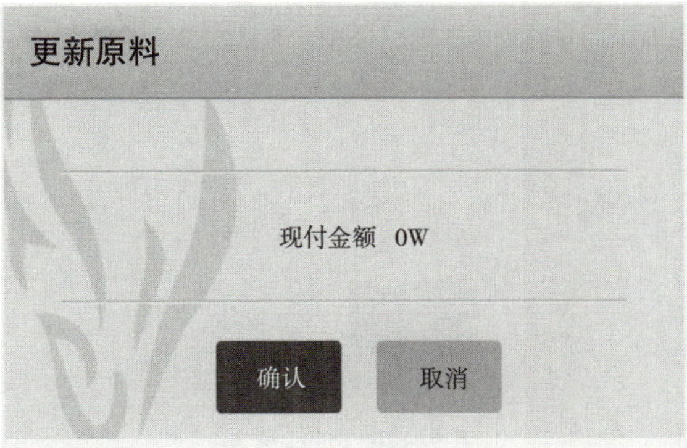

图 7－18　更新原料

企业经营沙盘运营中，原材料一般分为 R1、R2、R3、R4 四种，它们的采购价由系统设定，一般每 1 个原材料价格均为 1W。其中 R1、R2 原材料是在订购 1 个季度后支付，R3、R4 原材料是在订购 2 个季度后支付。

例如，假定每种原材料每个采购价均为 1W，若某企业在第 1 季度订购了 R1、R2、R3、R4 各 1 个，第 2 季度又订购了 R1、R2、R3、R4 各 2 个，则第 2 季度更新原料操作时，需支付的材料采购款为 2W（系第 1 季度订购的 R1 和 R2 材料款），第 3 季度更新原料操作时，需支付的材料采购款为 6W（系第 1 季度订购的 R3、R4 材料款和第 2 季度订购的 R1、R2 材料款）。分析过程如图 7－19 所示。

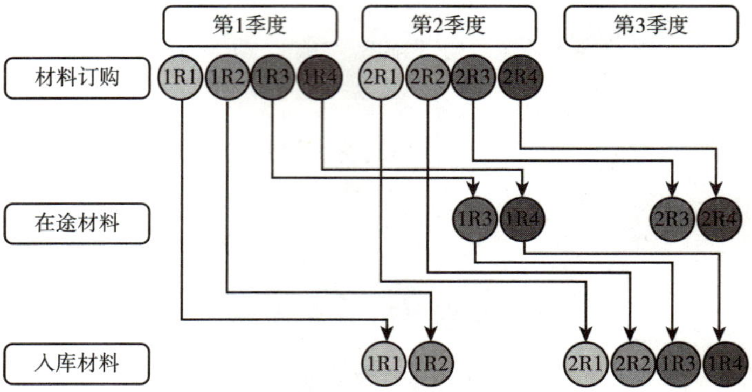

图 7－19　原料入库示意

（四）订购原料

单击“订购原料”按钮，弹出“订购原料”对话框，如图 7－20 所示，显示原料名称、价格以及运货周期信息，在数量一列输入需订购的原料量，点击“确认”即可。

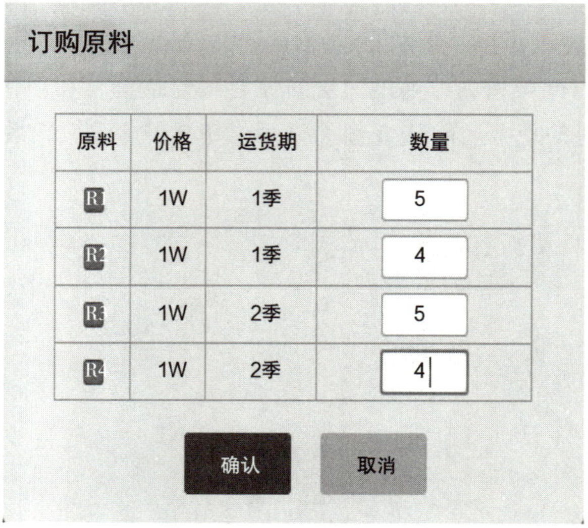

图 7－20　订购原料

企业原材料一般分为 R1、R2、R3、R4 四种，其中 R1、R2 原材料需提前 1 个季度订购，在 1 个季度后支付材料款并入库，R3、R4 原材料需提前 2 个季度订购，在 2 个季度后支付材料款并入库。材料订购数量由后期生产需要来决定，订购多了会造成现金占用，订购少了则不能满足生产需要，会造成生产线停产，甚至不能按期完成产品交货，导致产品订单违约。

例如，若企业第 2 季度需要领用 5R1、4R2，第 3 季度需要领用 3R1、4R2、5R3、4R4，第 4 季度需要领用 4R1、6R2、4R3、5R4，则企业第 1 季度需要订购的原材料即为图 2－4 中所示，第 2 季度需订购的原材料为 3R1、4R2、4R3、5R4。分析过程如图 7－21 所示。

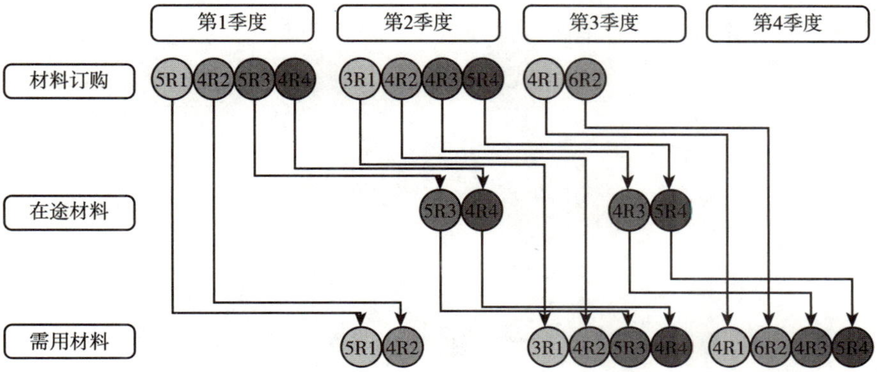

图 7－21　原料订购数量计算

（五）购租厂房

单击“购租厂房”，弹出“购租厂房”对话框，如图 7－22 所示，点击下拉框选择厂房类型，下拉框中提示每种厂房的购买价格、租用价格等。选择订购方式，买或租。点击“确认”即可。

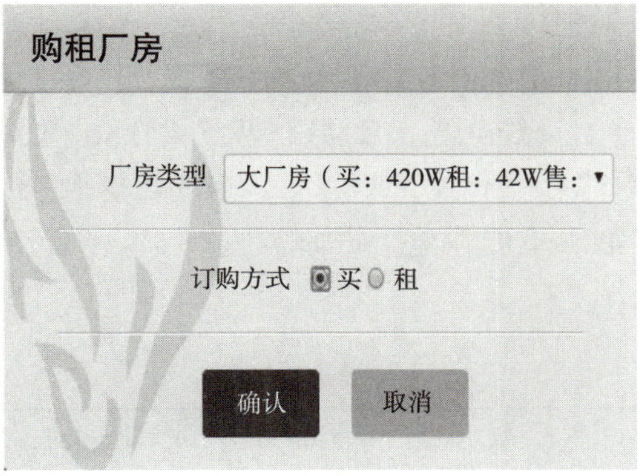

图 7－22　购租厂房

厂房类型根据需要选择大厂房或小厂房，订购方式可以根据需要选择买或租。厂房每季均可购入或租入。

若选择购买，则需一次性支付购买价款，无后续费用；若选择租入，则需每年支付租金，租金支付时间为租入当时以及以后每年对应季度的季末。

例如，若企业在第1年第2季度选择购入1个大厂房，则系统会在购入时一次性扣除相应的购买价款，以后不再产生相关扣款。若企业在第1年第2季度选择租入1个大厂房，则需在第1年第2季度租入时支付第1年租金，以后每年的租金由系统自动在第2季度季末支付。

（六）新建生产线

单击“新建生产线”，弹出“新建生产线”对话框，如图7－23所示。选择放置生产线的厂房，点击“类型”下拉框，选择要新建的生产线类型，下拉框中有生产线购买的价格信息，选择新建的生产线计划生产的产品类型。点击“确认”即可。

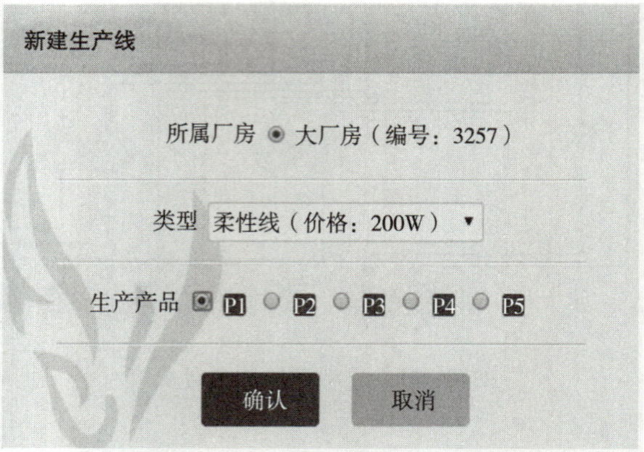

图7－23 新建生产线

新建多条生产线时，无须退出该界面，可重复操作。例如，若规则规定：手工线买价5W、建造期0Q；半自动线买价10W、建造期1Q；自动线买价15W、建造期3Q；柔性线买价20W、建造期4Q。

企业如果在第1年第1季度同时建造上述生产线，则第1季度新建生产线时需支付25W（手工线5W、半自动线10W、自动线5W、柔性线5W）；第2季度在建生产线时需支付10W（自动线5W、柔性线5W）；第3季度在建生产线时需支付10W（自动线5W、柔性线5W）；第4季度在建生产时需支付5W（柔性线5W）。建造过程如表7－1所示。

表7－1 生产线建造过程

生产线及投资	第1年第1季度	第1年第2季度	第1年第3季度	第1年第4季度	第2年第1季度	总投资额
手工线	5W 建成					5W
半自动线	10W 在建	建成				10W
自动线	5W 在建	5W 在建	5W 在建	建成		15W
柔性线	5W 在建	5W 在建	5W 在建	5W 在建	建成	20W
当季投资总额	25W	10W	10W	5W		

（七）在建生产线

单击“在建生产线”，弹出“在建生产线”对话框，如图 7－24 所示。弹出框中显示需要继续投资建设的生产线的信息，勾选决定继续投资的生产线，点击“确认”即可。

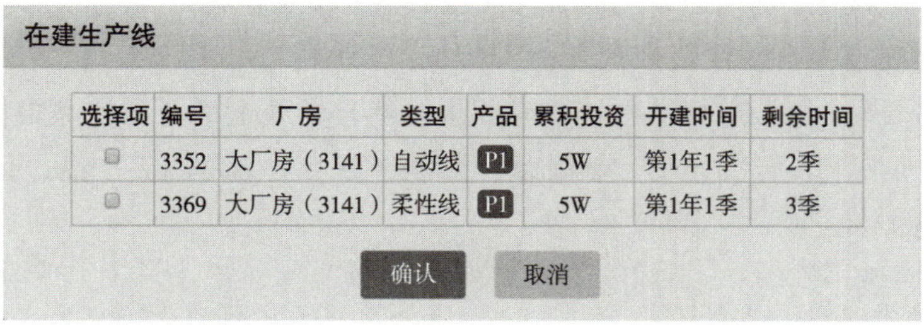

图 7－24　在建生产线

只有处在建造期的生产线才会在此对话框中显示，该对话框中提供处于建造期间的生产线的累计投资额、开建时间和剩余建造期。

（八）生产线转产

单击“生产线转产”，弹出“生产线转产”对话框，如图 7－25 所示。弹出框中显示可以进行转产的生产线信息，勾选转产的生产线以及要生产的产品，点击“确认”即可。

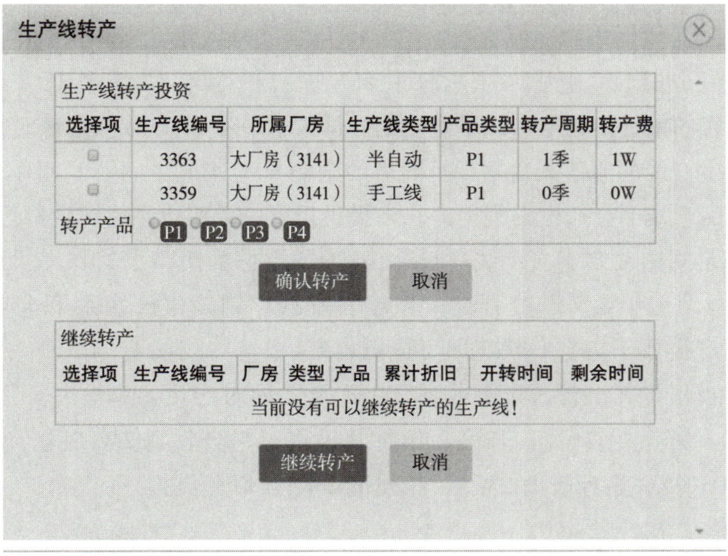

图 7－25　生产线转产

生产线建造时已经确定了生产的产品种类，但是在企业运营过程中，为实现不同产品数量的订单按时交货，可能会对生产线进行适当的转产操作，转产时要求该生产线处于待生产状态，否则不可进行转产操作。

转产时，不同生产线的转产费用和转产周期是有区别的，具体详见规则说明。当转产周期大于 1Q 时，下一季度点击生产线转产，弹出框中显示需要继续转产的生产线，勾选即继续投资转产，不选即中断转产。

例如，假定规则规定手工线转产周期为 0Q、转产费用 0W。若某手工线原定生产 P1 产品，现在需要转产 P2 产品，则转产时要求该手工线上没有在产品方能转产，且转产当季即可上线生产新的 P2 产品，无须支付转产费用。

假定规则规定半自动线转产周期为 1Q，转产费用 1W。若某半自动线原定生产 P1 产品，现在需要转产 P2 产品，则转产时要求该半自动线上没有在产品方能转产，且需进行 1 个季度的“生产线转产”操作后，方能上线生产新的 P2 产品，同时需支付相应的转产费用 1W。

（九）出售生产线

单击“出售生产线”，弹出“出售生产线”对话框，如图 7－26 所示。弹出框中显示可以进行出售的生产线信息。勾选要出售的生产线，点击“确认”即可。

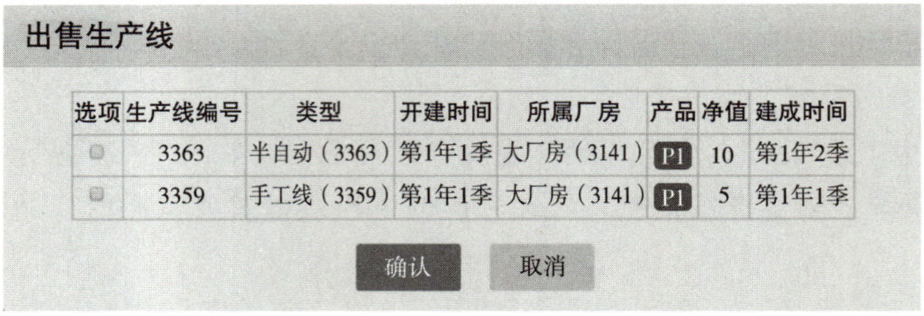

出售生产线

选项	生产线编号	类型	开建时间	所属厂房	产品	净值	建成时间
☐	3363	半自动（3363）	第1年1季	大厂房（3141）	P1	10	第1年2季
☐	3359	手工线（3359）	第1年1季	大厂房（3141）	P1	5	第1年1季

确认　取消

图 7－26　出售生产线

生产线出售的前提是该生产线是空置的，即没有在生产产品。出售时按残值收取现金，按净值（生产线的原值减去累计折旧后的余额）与残值之间的差额作企业损失。即已提足折旧的生产线不会产生出售损失，未提足折旧的生产线必然产生出售损失。

例如，假定规则确定半自动线建设期为 1Q、原值为 10W、净残值 2W、使用年限 4 年，若某企业第 1 年第 1 季度开建一条半自动线，则该生产线系第 1 年第 2 季度建成，只要该生产线处于待生产状态即可进行出售。

若建成后当年将其出售，则会收到 2W 现金，同时产生 8W 损失 =［（原值 10W－累计折旧 0W）－净残值 2W］；若第 2 年将其出售，则会收到 2W 现金，同时产生 6W 损失［ =（原值 10W－累计折旧 2W）－净残值 2W］，以此类推。

（十）开始生产

单击“开始生产”，弹出“开始下一批生产”对话框，如图 7－27 所示。弹出框中显示可以进行生产的生产线信息。勾选要投产的生产线，点击“确认”即可。

开始下一批生产时保证相应的生产线空闲、产品完成研发、生产原料充足，投产用的现金足够，上述四个条件缺一不可。开始下一批生产操作时，系统会自动从原材料仓库领用相应的原材料，并从现金处扣除用于生产的人工费用。

例如，假定规则规定 P1 产品构成为 1R1＋1W，当前想在某半自动线上上线生产 P1 产品，则要求该半自动线此时没有在产品（因为一条生产线同时只能生产 1 个产品），且原材料仓库需有 1 个 R1 原材料，以及 1W 的现金余额用于支付产品生产的人工费。上线生产后，系统会自动从 R1 原材料库中领用 1 个 R1，并从现金库中扣除 1W 的生产费用。

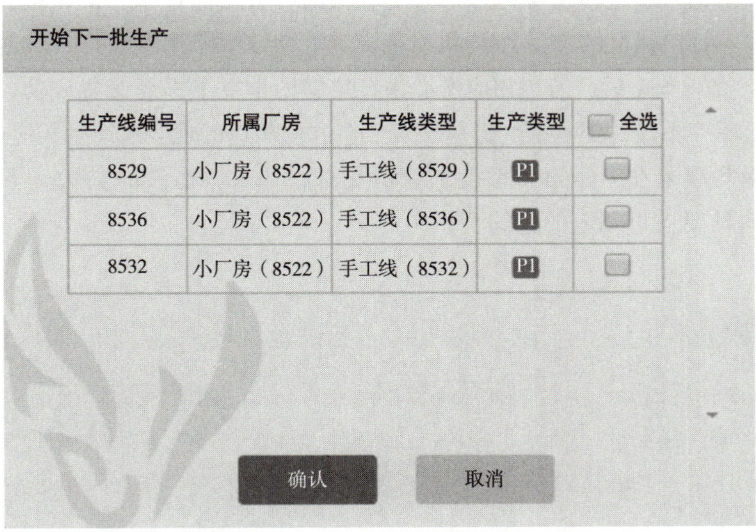

图 7－27 开始下一批生产

（十一）应收款更新

单击“应收款更新”，弹出“应收款更新”对话框，如图 7－28 所示。点击“确认”即可。

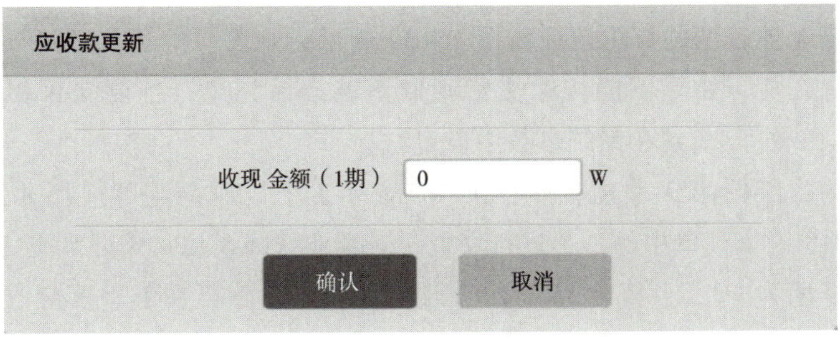

图 7－28 应收款更新

对于本季度尚未到期的应收款，系统会自动将其账期减少 1 个季度，对于本季度到期的应收款，系统会自动计算并在“收现金额”框内显示，将其确认收到，系统自动增加企业的现金。

例如，某企业上季度末应收账款有如下两笔：一笔账期为 3Q、金额为 20W 的应收款，另一笔账期为 1Q、金额为 30W 的应收款。则本季度进行应收款更新时，系统会将账期为 3Q、金额为 20W 的应收款更新为账期为 2Q、金额为 20W 的应收款，同时系统会自动将账期为 1Q、金额为 30W 的应收款收现。

（十二）按订单交货

单击“按订单交货”，弹出“订单交货”对话框，如图 7－29 所示。点击每条订单后的“确认交货”即可。

订单交货对话框中会显示年初订货会上取得的所有产品订单，该订单会提供订单销售收入总价、某订单需交的产品种类和数量、交货期限、账期等信息。点击相应订单右边的“确认交货”按钮后，若当相应产品库存足够的情况下提示交货成功，若库存不足的情况下弹出库存不足的提示框。订单交货后会收取相应的现金或产生相应的应收款。

所有订单均要求在当年第 4 季度结束前交货，如果不能按时交货，不仅要取消该客户订单，而且要支付相应的违约金。

交货订单

订单编号	市场	产品	数量	总价	得单年份	交货期	账期	ISO	操作
8-0016	本地	P2	3	16W	第2年	4季	1季	–	确认交货
8-0017	本地	P2	3	18W	第2年	4季	2季	–	确认交货
8-0018	本地	P2	3	18W	第2年	4季	1季	–	确认交货
8-0056	区域	P2	4	27W	第2年	4季	3季	–	确认交货
8-0057	区域	P2	5	35W	第2年	4季	2季	–	确认交货
8-0058	区域	P2	4	28W	第2年	4季	1季	–	确认交货

图 7－29　订单交货

例如，若企业获取的订单情况如图 7－30 所示，则表示上述订单均要求在当年第 4 季度结束前交货，如果不能按时交货则取消该产品订单，且要支付相应的违约金（违约金比率由教师/裁判在系统参数中设置）。

若当前为当年的第 3 季度，库存 P2 产品有 3 个，则企业可选择 8－0016、8－0017、8－0018 三个订单中的一个进行交货，若企业选择 8－0018 订单交货，则交货后企业会产生账期为 1Q、金额为 18W 的应收款，该应收款可在下季度应收款更新中收回。同时，系统会从 P2 产品库中减少 3 个 P2 产品予以交货。

（十三）厂房处理

单击“厂房处理”，弹出“厂房处理”对话框，如图 7－30 所示。选择厂房的处理方式，系统会自动显示出符合处理条件的厂房以供选择。勾选厂房，点击“确认”。

厂房处理方式包括卖出（买转租）、退租、租转买三种。

买转租操作针对原购入的厂房，实质上此操作包括两个环节：一是卖出厂房，二是将此厂房租回。卖出厂房将根据规则产生一定金额、一定账期的应收款（详见规则说明），租入厂房需支付对应的租金，这一操作无须厂房空置。

退租操作针对原租入的厂房，该操作要求厂房内无生产设备，若从上年支付租金时

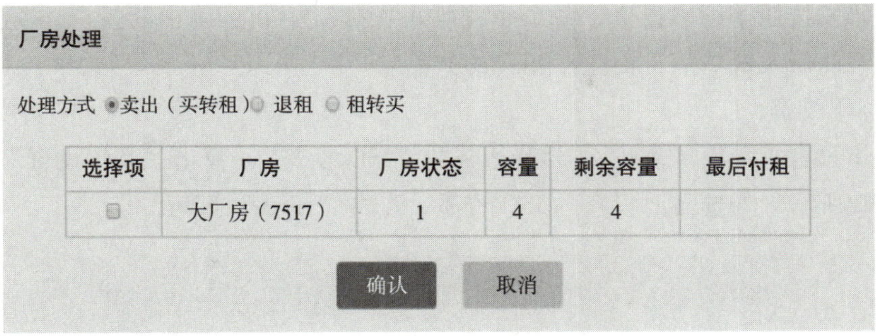

图 7－30　厂房处理

开始算租期未满 1 年的，则无须支付退租当年的租金，反之则需支付退租当年的租金。

租转买操作针对原租入的厂房，该操作实质上包括两个环节：一是退租，二是将该厂房买入。退租当年租金是否需要支付参照“退租操作”说明，购买厂房时需支付相应的购买价款，该操作无须厂房空置。

例如，假定规则规定某大厂房购买价为 30W，租金 4W/年。若企业欲将原购入的大厂房买转租，则会产生期限为 4Q、金额为 30W 的应收款，同时系统会在买转租时自动扣除当期厂房租金 4W。若企业于上年第 2 季度租入一个大厂房，如果在本年度第 2 季度结束前退租，则系统无须支付第 2 个年度的厂房租金；如果在本年度第 2 季度结束后退租，则系统需扣除第 2 个年度的厂房租金 4W。此操作要求该厂房内无生产设备。若企业欲租转买原租入的大厂房，则系统仍会在大厂房租入的对应季度扣除当年的租金，并且在租转买时支付大厂房的购买价款 30W。

（十四）产品研发

单击“产品研发”，弹出“产品研发”对话框，如图 7－31 所示。勾选需要研发的产品，点击确认。

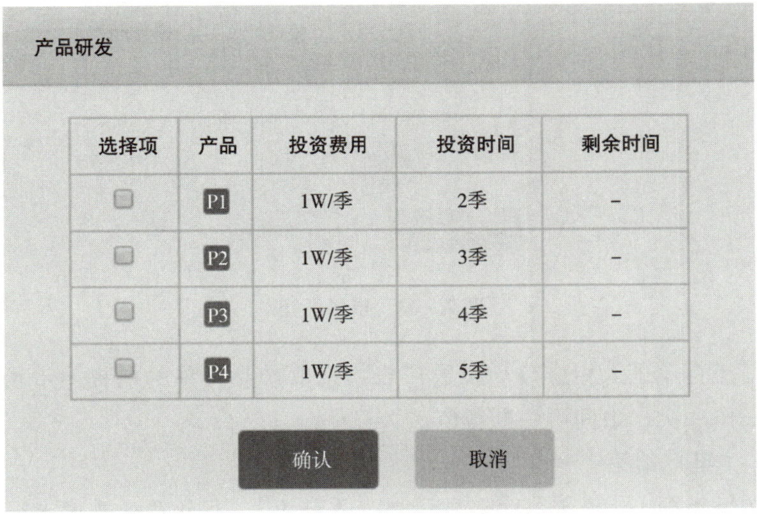

图 7－31　产品研发

产品研发按照季度来投资，每个季度均可操作，中间可以中断投资，直至产品研发完成，产品研发成功后方能生产相应的产品。

（十五）ISO 投资

该操作只有每年第 4 季度才出现。点击“ISO 投资”，弹出“ISO 投资”对话框，如图 7 – 32 所示。勾选需要投资的 ISO 资质，点击“确认”即可。

图 7 – 32 ISO 投资

ISO 投资包括产品质量（ISO9000）认证投资和产品环保（ISO14000）认证投资。企业若想在订货会上选取带有 ISO 认证的订单，必须取得相应的 ISO 认证资格，否则不能选取该订单。ISO 投资每年进行一次，可中断投资，直至 ISO 投资完成。

（十六）市场开拓

该操作只有每年第 4 季度才出现。点击“市场开拓”，弹出“市场开拓”对话框，如图 7 – 33 所示。勾选需要研发的市场，点击“确认”即可。

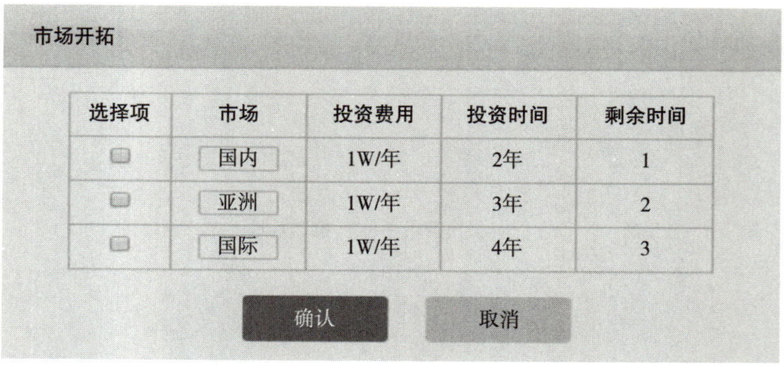

图 7 – 33 市场开拓

市场开拓是企业进入相应市场投放广告、选取产品订单的前提。市场开拓每年第四季度末可操作一次，中间可中断投资。

（十七）当季（年）结束

该操作在每年第 1—第 3 季度末显示“当季结束”，每年第 4 季度末显示“当年结束”。点击“当季结束”或“当年结束”，弹出“当季结束”，如图 7 – 34 所示，或

"当年结束"对话框，如图 7－35 所示。核对当季（年）结束需要支付或更新的事项。确认无误后，点击"确定"即可。

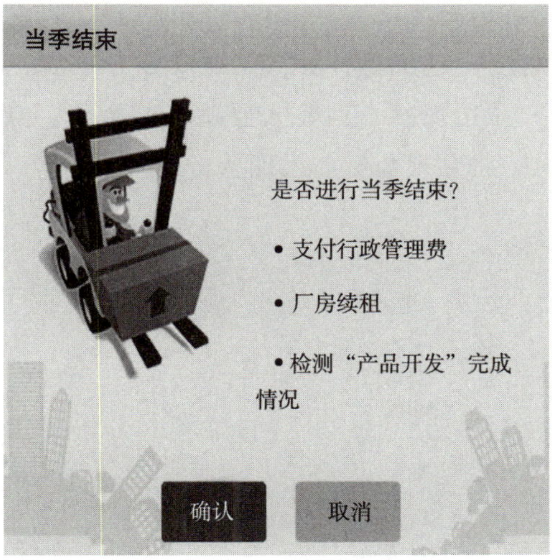

图 7－34　当季结束

图 7－35　当年结束

当季结束时，系统会自动支付行政管理费、厂房续租租金，检查产品开发完成情况。

当年结束时，系统会自动支付行政管理费、厂房续租租金，检测产品开发、ISO 投资、市场开拓情况，自动支付设备维修费、计提当年折旧、扣除产品违约订单的罚款。

五、年末工作

新创业者电子沙盘中，年末工作是填写综合费用表、利润表和资产负债表。

单击"填写报表"，弹出"填写报表"对话框，如图 7－36 所示。依次在综合费用表、利润表、资产负债表的编辑框内输入相应计算数值，三张表填写过程中都可点击保存，暂时保存数据。点击"提交"，即提交结果，系统计算数值是否正确并在教师端公告信息中显示判断结果。

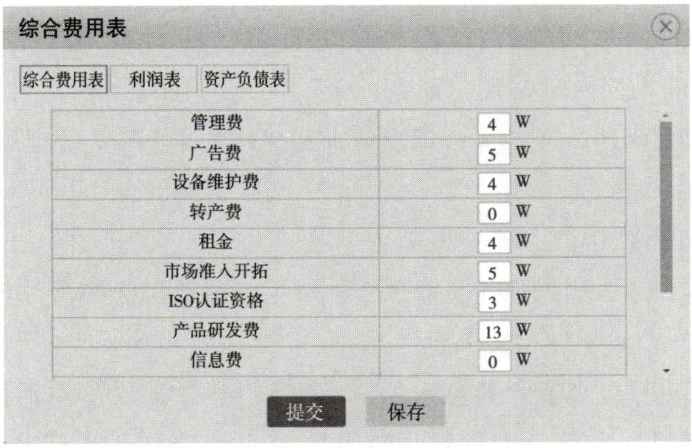

图 7－36　填写报表

六、特殊事项处理

（一）贴现

操作随时可进行，点击“贴现”，弹出“贴现”对话框，如图 7－37 所示。弹出框中显示可以贴现的应收款金额，选好贴现期，在贴现额一列输入要贴现的金额。点击“确定”，系统根据不同贴现期扣除不同贴息，将贴现金额加入现金。

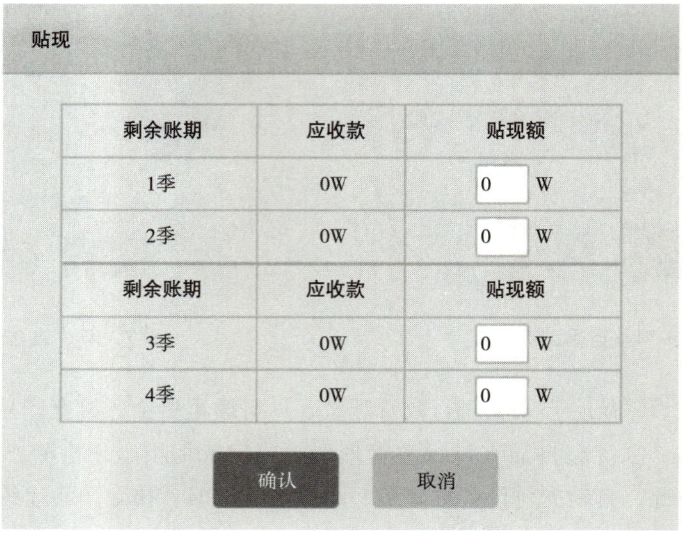

图 7－37　贴现

贴现是指提前收回未到期的应收款时，因为该应收款并非正常到期收回，所以贴现时需支付相应的贴现利息。贴现利息 = 贴现金额 × 贴现率，贴现率由教师/裁判在系统参数中设定，相关规定详见规则说明。这一操作一般在企业短期存在现金短缺，且无法通过成本更低的正常贷款取得现金流时才考虑使用。

例如，假定某企业账期为 1Q 和 2Q 的应收款贴现率为 10%，账期为 3Q 和 4Q 的应收款贴现率为 12.5%，若在该期限将账期为 2Q、金额为 10W 的应收款和账期为 3Q、金额为 20W 应收款同时贴现，则：

贴现利息 = 10W × 10% + 20W × 12.5% = 3.5W 约等于 4W（规则规定贴现利息一律向上取整）。

实收金额 = 10W + 20W − 4W = 26W。

贴现后收到的 26W，当即增加企业现金，产生的贴现利息 4W，作为财务费用入账。

（二）紧急采购

该操作随时可进行，单击“紧急采购”，弹出“紧急采购”对话框（见图 7－38）。显示当前企业的原料、产品的库存数量以及紧急采购价格，在订购量一列输入数值。点击“确定”即可。

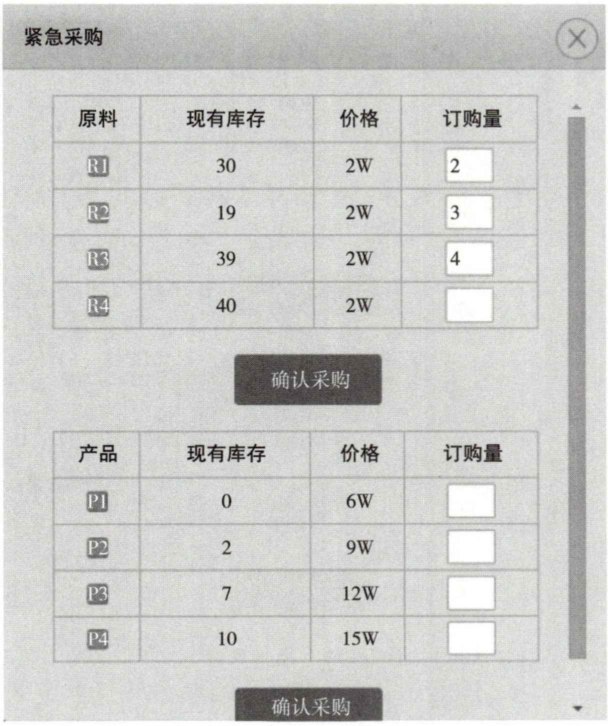
紧急采购

原料	现有库存	价格	订购量
R1	30	2W	2
R2	19	2W	3
R3	39	2W	4
R4	40	2W	

确认采购

产品	现有库存	价格	订购量
P1	0	6W	
P2	2	9W	
P3	7	12W	
P4	10	15W	

确认采购

图 7－38　紧急采购

紧急采购是为了解决材料或产品临时短缺而出现的，企业原材料订购不足或产品未能按时生产出来，均可能造成产品订单不能按时交货，从而导致订单违约，失去该订单收入和支付违约损失。为避免该损失，企业可通过紧急采购少量的短缺原材料或产品，从而满足生产或交货的需要，促使产品订单按时交货，由此取得相应的销售利润。紧急采购价格一般比正常的采购价要高很多，具体由教师/裁判在参数设置中设定。操作时既可以紧急采购原材料，也可以紧急采购库存产品。

（三）出售库存

该操作随时可进行，单击“出售库存”，弹出“出售库存”对话框，如图 7－39 所示。显示当前企业的原料、产品的库存数量以及出售价格，在出售数量一列输入数值。点击“确定”即可。

企业一般只有在资金极度短缺时才会考虑出售库存。库存出售一般会在成本的基础上打折销售，出售价由教师/裁判在参数设置中设定。

（四）厂房贴现

该操作随时可进行，单击“厂房贴现”，弹出“厂房贴现”对话框，如图 7－40 所示。弹出框中显示可以贴现的厂房信息，选择某一个厂房，点击确定贴现。系统根据每类厂房出售价格贴现，如果有生产线则扣除该厂房的租金，保证厂房继续经营。

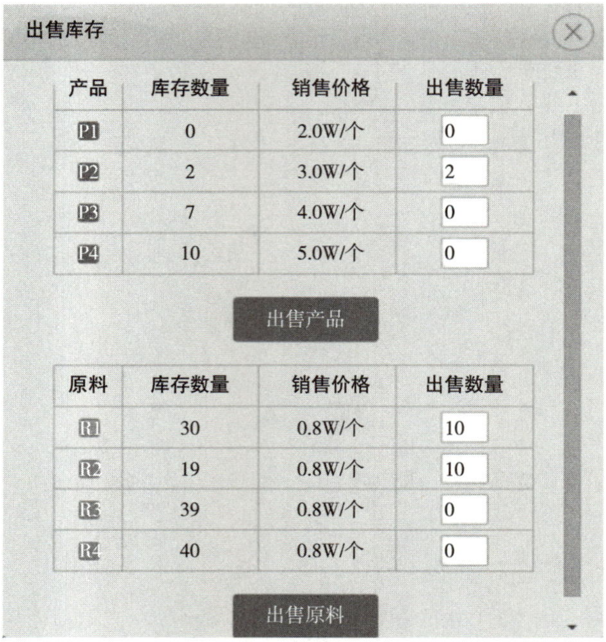

图 7－39 出售库存

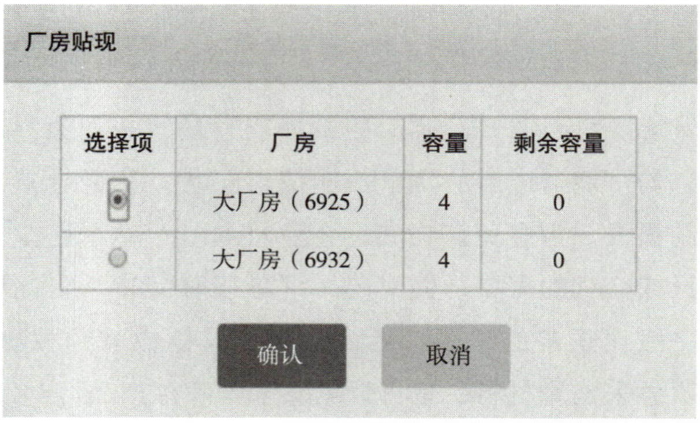

图 7－40 厂房贴现

该操作实质上是将厂房卖出（买转租）产生的应收款直接贴现取得现金。它与厂房处理中的卖出（买转租）的区别就在于，“卖出（买转租）”操作时产生的应收款并未直接贴现，而厂房贴现则直接将卖出（买转租）产生的应收款同时贴现。

（五）订单信息

此操作随时可进行，单击“订单信息”，弹出“订单信息”对话框，如图 7－41 所示。弹出框中显示当前企业所有年份获得的订单，可以查询每条订单的完成时间、状态等信息。

企业随时可点击“订单信息”查阅所取得的订单情况，从而确定生产安排、交货安排等情况。

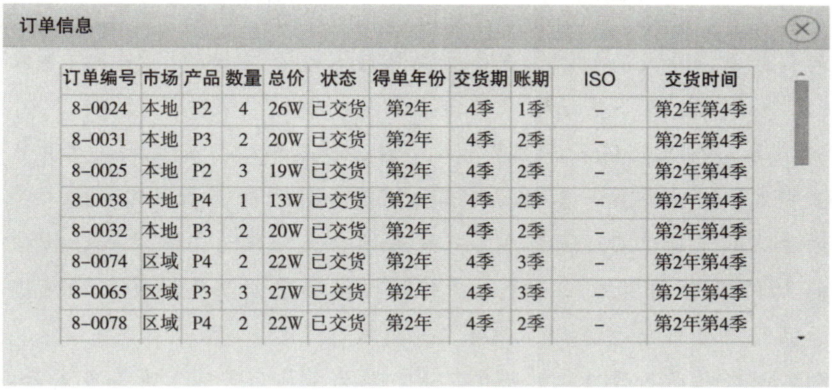

订单信息

订单编号	市场	产品	数量	总价	状态	得单年份	交货期	账期	ISO	交货时间
8-0024	本地	P2	4	26W	已交货	第2年	4季	1季	-	第2年第4季
8-0031	本地	P3	2	20W	已交货	第2年	4季	2季	-	第2年第4季
8-0025	本地	P2	3	19W	已交货	第2年	4季	2季	-	第2年第4季
8-0038	本地	P4	1	13W	已交货	第2年	4季	2季	-	第2年第4季
8-0032	本地	P3	2	20W	已交货	第2年	4季	2季	-	第2年第4季
8-0074	区域	P4	2	22W	已交货	第2年	4季	3季	-	第2年第4季
8-0065	区域	P3	3	27W	已交货	第2年	4季	3季	-	第2年第4季
8-0078	区域	P4	2	22W	已交货	第2年	4季	2季	-	第2年第4季

图 7－41　订单信息

（六）间谍

单击“间谍”，弹出“间谍”对话框，如图 7－42 所示。选择要查看的竞争对手，单击“确认下载”即可。

图 7－42　间谍

间谍中可显示获得自己公司信息和其他组信息两种，可免费获取自己公司信息，以 Excel 形式查阅或保存企业经营数据。若要查看其他公司的信息，则需支付教师/裁判在参数设置中设定的间谍费，才能以 Excel 形式查询其他企业任一组的数据。

思政案例

创新是华为的 DNA

作为全球最大电信设备供应商和第二大手机制造商，2021 年华为实现全年 6368 亿元销售额，净利润达 1137 亿元，同比增长了 75.9%。同时 2021 年，华为是中国获得授权专利最多的公司，在欧洲专利局专利申请量排名第一，在美国新增专利授权量排名第五。华为 PCT 专利申请量连续五年位居全球第一。华为过去 30 年的成功，是基于客户需求的工程、技术、产品和解决方案创新的成功。创新一直都是华为的DNA。

华为的创新是开放式的创新。围绕着全球技术要素及资源，华为在全球建立了超过16个研发中心，60多个基础技术实验室，包括材料、散热、数学、芯片、光技术等。2006年，华为与Vodafone建立了第一个联合创新中心，真正地从客户战略、产品方案、商业模式、产业发展等各方面与客户深度合作创新，牵引客户需求，共同解决行业面临的挑战和难题，实现商业成功。发展到今天，华为与客户和合作伙伴建立了遍及全球的36个联合创新中心。开放合作，共同研究，以及把大家及科研机构的成果，通过产品转化成商业成功。

华为创新的成功离不开持续的研发投入。华为首席财务官孟晚舟曾表示："对华为而言，客户的价值优先于股东的利益，研发的投入不受利润的约束，华为年收入的10%固定投入研发领域这一条是写进了华为公司的基本法的。"2021年华为研发投入高达1427亿元，占全年收入22.4%，2011年至2021年，华为累计研发费用超过8450亿元。从事研究与开发的人员约10.7万名，约占公司总人数的54.8%。华为有60多个基础技术实验室，700多名数学博士，200多名物理学和化学博士，这些都保障了持续的技术领先。据欧盟委员会去年底公布的《2021年欧盟工业研发投入记分牌》(2021 EU Industrial Research and Development Scoreboard）榜单，2020/21年度研发投入前十企业中，华为公司以174.6亿欧元排名第二，仅次于谷歌母公司Alphabet。

华为从小到大、从追赶到领先、从大到强、从国际化走向全球化，一步步的成功都是基于创新得来的。

创新驱动发展战略是党中央提出的需要长期坚持的国家重大战略，也是事关现代化建设高质量发展的关键问题。不管是对于企业还是个人而言，创新都是这个时代的灵魂。作为当代大学生，我们要借助互联网技术，不断培养自身的创新思维和能力，推动数字中国建设。

课后思考

1. 为什么说电子沙盘是物理沙盘的一种创新？
2. 电子沙盘经营企业各岗位需要设置哪些工具表辅助决策？
3. 电子沙盘经营中，各岗位如何有效做好配合？

寓教于练

一、单项选择题

1. 关于企业的说法，下列说法错误的是(　　)。

A. 企业若出现资不抵债，则表示企业破产

B. 企业若现金流断裂，则可以宣告破产

C. 企业现金越充足表示企业经营越好

D. 企业经营的本质是赚取利润

2. 企业如果在第一年第 1 季度同时建造四种生产线，则下述说法正确的是(　　)。

A. 第 1 季度需支付 25W

B. 第 2 季度建好 2 条生产线

C. 第 3 季度支付 10W

D. 企业可在第一年建成所有生产线

3. 假设企业上年所有者权益为 80W，则企业本年贷款额度不可以超过(　　)。

A. 80W　　B. 160W　　C. 240W　　D. 没有限制

二、多项选择题

1. 在创业者沙盘中可以查询的信息有(　　)。

A. 库存采购信息　　B. 研发认证信息　　C. 生产信息　　D. 厂房信息

E. 财务信息　　F. 减少缴税额

2. 假定某企业账期为 1Q 和 2Q 的应收款贴现率为 10%，账期为 3Q 和 4Q 的应收款贴现率为 12.5%，若在该期限现将账期为 2Q、金额为 10W 的应收款和账期为 3Q、金额为 20W 应收款同时贴现，则下列说法正确的是(　　)。

A. 不同账期的应收款不能同时贴现

B. 不同账期的应收款可以同时贴现

C. 两者同时贴现，贴息为 4M

D. 两者同时贴现，可获得现金 26M

3. 若企业第 2 季度需要领用 5R1、4R2，第 3 季度需要领用 3R1、4R2、5R3、4R4，第 4 季度需要领用 4R1、6R2、4R3、5R4，则下列关于原材料订购说法正确的是(　　)。

A. 第 1 季度原材料订单 5R1、4R2

B. 第 1 季度原材料订单 5R1、4R2、5R3、4R4

C. 第 2 季度原材料订单 3R1、4R2、4R3、5R4

D. 第 2 季度原材料订单 3R1、4R2、5R3、4R4

三、判断题

1. 在创业者沙盘中，企业购买厂房，将会增加费用。(　　)

2. 在创业者沙盘中，企业无法了解其他企业的经营状况。(　　)

3. 在创业者沙盘中，企业可以进行紧急采购，但是价格会比较高。(　　)

4. 在创业者沙盘中，进行产品的研发或是市场开拓，都可以中断投资。(　　)

项目八

沙盘实战案例赏析

知识目标

1. 了解熟悉企业经营规则的重要性
2. 掌握利用企业经营数据进行经营策略分析的方法

能力目标

1. 能根据给定的规则和经营数据分析企业的经营策略
2. 能从经营失误的企业中吸取教训
3. 能从成功企业经营案例中提升自己

思政目标

1. 主动学习，具有虚怀若谷的谦卑胸怀
2. 开放包容，具有海纳百川的博大气度

项目描述

“不谋全局者不足谋一隅，不谋万世者不足谋一时”。企业经营，面对的是一个变化的、充满竞争的市场。在这个市场中，提供给每位经营者的资源和规则是相同的，不同的是每位经营者的策略、方法，由此出现了不同的经营结果。通过前面企业经营和新管理层带领团队经营的学习，我们已经积累了一些管理经验，但我们需要开阔视野，学习借鉴好的经验和做法，吸取教训。本项目案例选自某场沙盘模拟企业经营对抗赛，竞赛规程与本教材项目三的规则完全一致，学习者在经过物理沙盘手工推演和新创业者电子沙盘模拟经营后，站在旁观者的角度分析该实战案例，抽丝剥茧，洞悉其他团队的经营策略，构建企业经营大局观，理解企业经营的本质，给予可参考范例与提示。

模块一　实战案例基本情况

一、参赛队伍情况

本次比赛参赛队伍共八支，分别称为 A 组、B 组、C 组、D 组、E 组、F 组、G 组、H 组。

二、初始状态

各小组的初始状态数据如表 8－1 所示。

表 8－1　初始资产负债表　（第 0 年末）单位：M 元

资产	期初数	期末数	负债和所有者权益	期初数	期末数
流动资产：			负债：		
现金		42	长期负债		40
应收款			短期负债		
在制品		8	应付账款		
成品		6	应交税费		1
原料		2	一年内到期的长期负债		
流动资产合计		58	负债合计		41
固定资产：			所有者权益：		
土地和建筑		40	股东资本		50
机器与设备		9	利润留存		14
在建工程			年度净利		2
固定资产合计		49	所有者权益合计		66
资产总计		107	负债和所有者权益总计		107

说明：在制品 8 分别为第一、第二、第三手工线的 2Q、3Q、1Q，半自动生产线的 1Q；成品 6 为 3 个 P1；原料 2 为 2 个 R1；机器及设备 9 为第一、第二、第三手工线各为 2，半自动生产线为 3；长期负债 40 分别为 4Q 和 3Q。

三、市场预测

市场预测如图 8－1 所示。

UFIDA用友

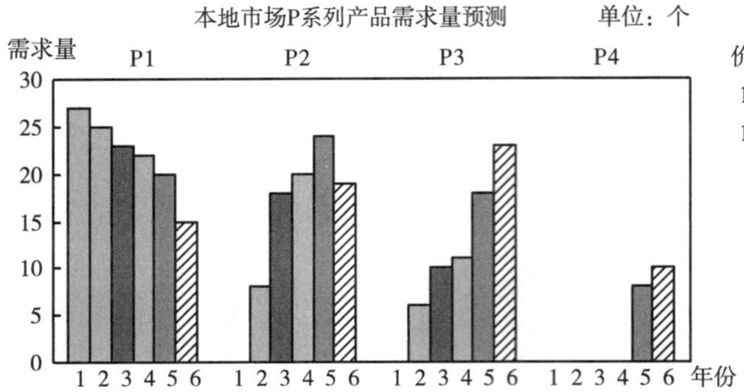

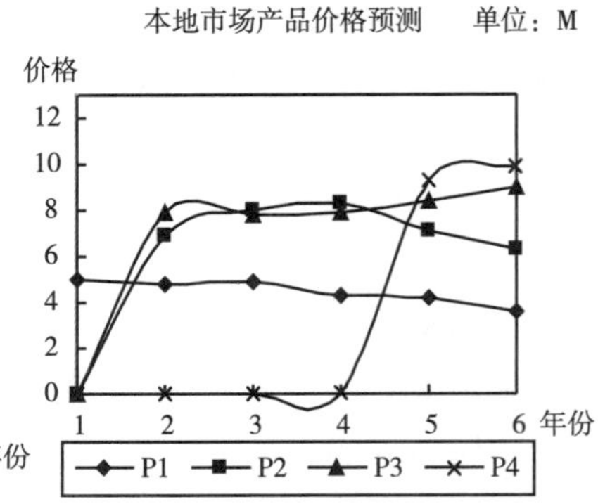

本地市场将会持续发展，对低端产品的需求可能会下滑，伴随着需求的减少，低端产品的价格很有可能走低。后几年，随着高端产品的成熟，市场对P3、P4产品的需求将会逐渐增大。由于客户对质量意识的不断提高，后几年可能对产品的ISO9000和ISO14000认证有更多的需求。

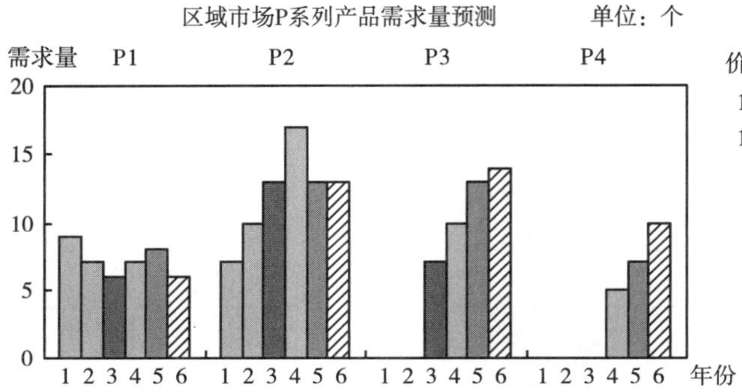

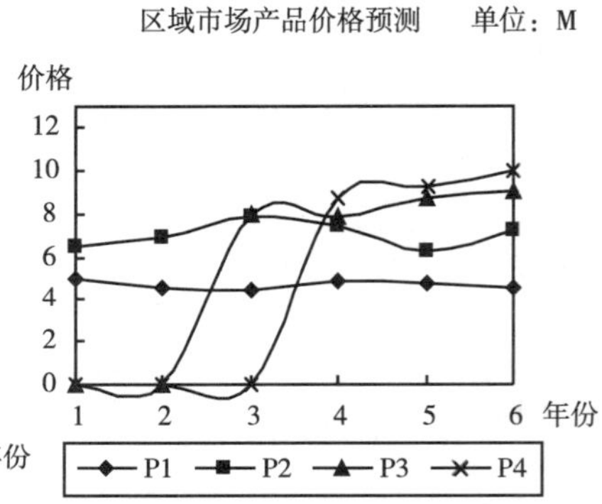

区域市场的客户相对稳定，对P系列产品需求的变化很有可能比较平稳。因紧邻本地市场，所以产品需求量的走势可能与本地市场相似，价格趋势也应大致一样。该市场容量有限，对高端产品的需求也可能相对较小，但客户会对产品的ISO9000和ISO14000认证有较高的要求。

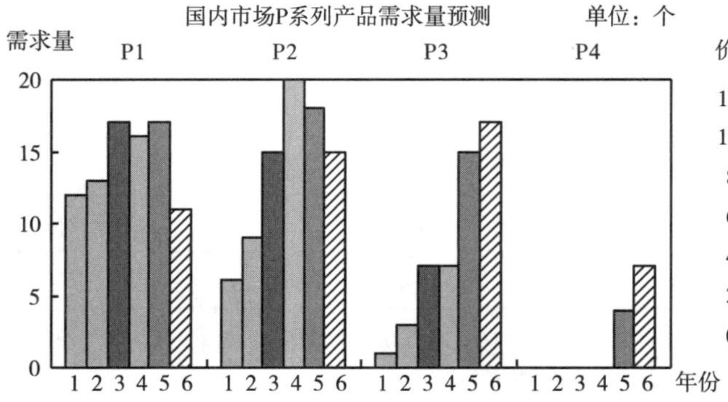

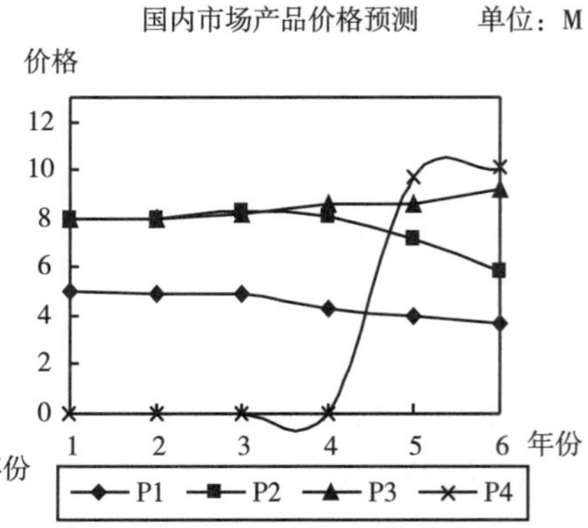

因P1产品带有较浓的地域色彩，预计国内市场对P1产品不会有持久的需求。但P2产品因更适合于国内市场，预计需求一直比较平稳。随着对P系列产品的逐渐认同，预计对P3产品的需求会发展较快。但对P4产品的需求就不一定像P3产品那样旺盛了。当然，对高价值的产品来说，客户一定会更注重产品的质量认证。

图 8－1　市场预测图（1）

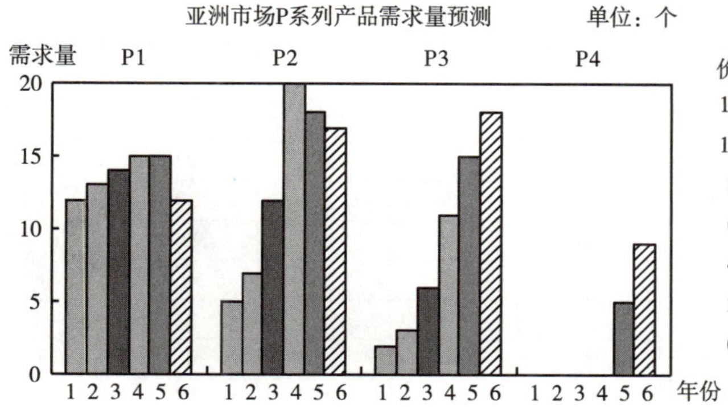

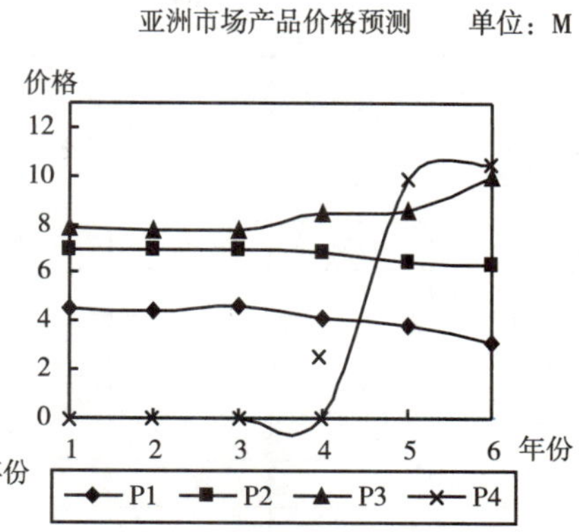

这个市场一向波动较大，所以对P1产品的需求可能起伏较大，预计对P2产品的需求走势与P1相似。但该市场对新产品很敏感，因此预计对P3、P4产品的需求量会发展较快，价格也可能不菲。另外，这个市场的消费者很看中产品的质量，所以没有ISO9000和ISO14000认证的产品可能很难销售。

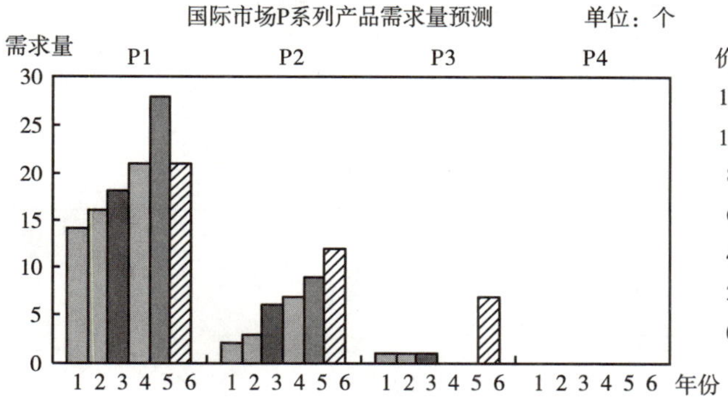

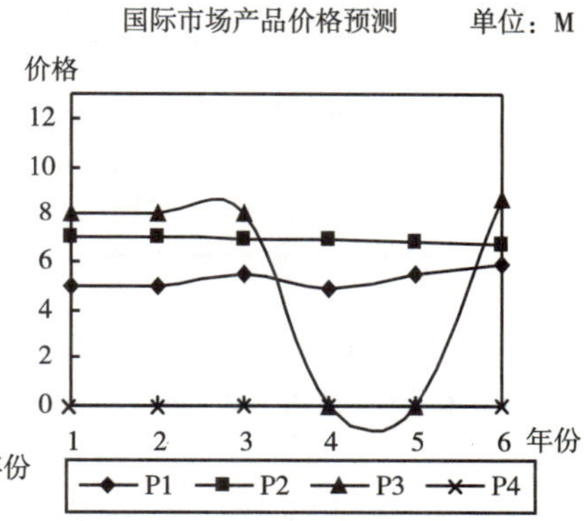

P系列产品进入国际市场可能需要一个较长的时期。有迹象表明，对P1产品已经有所认同，但还需要一段时间才能被市场接受。同样，对P2、P3和P4产品也会很谨慎的接受。当然，国际市场的客户也会关注具有ISO认证的产品。

图 8－1　市场预测图（2）

四、竞赛规则

比赛采用与本教材“项目三”相同的经营规则，经营期为 6 年。

比赛结果以参加比赛各队最后年年末所有者权益数为基数，以生产能力、资源等为加权系数计算综合得分，按综合评分分数高低排序。在企业运行过程中，对于不能按照规则运行或不能按时完成运行的企业，在最终评定的总分中，给予减分的处罚。其中，高息贷款扣减 5 分/10M。

最终得分 = 所有者权益 ×（1 + 企业综合发展潜力/100）－ 扣分

五、比赛结果

八支参赛队伍经过 6 年经营，最终 D 组技压群雄，以权益 118，总得分 438.08 分夺得冠军；A 组以总分 422.65 分夺得亚军，E 组以 389.75 分夺得第三名。各组的最终经营情况和综合得分情况如表 8－2 所示。

表 8－2 各组每年经营情况汇总表

公司＼年份	起始年	1	2	3	4	5	6	总分
A	66	50	33	35	53	77	107	422.65
	2	－16	－17	2	18	24	30	
B	66	39	14	10	20	42	92	309.20
	2	－27	－25	－4	10	22	50	
C	66	35	12	4	0	1	0	0
	2	－31	－23	－8	－4	1	0	
D	66	41	20	31	52	81	118	438.08
	2	－25	－21	11	21	29	37	
E	66	48	31	25	45	70	115	389.75
	2	－18	－17	－6	20	25	45	
F	66	42	19	12	19	19	25	63.75
	2	－24	－23	－7	7	0	6	
G	66	44	17	0	11	8	10	18.00
	2	－22	－27	－17	11	－3	2	
H	66	46	31	34	35	37	54	153.90
	2	－20	－15	3	1	2	17	

说明：

1. 各组上面一行显示的是当年年末的所有者权益，下面一行显示的是当年实现的净利润。

2. C 组在比赛到第六年的时候破产，没有上交报表，总分显示为 0 分。

模块二 比赛运营情况

一、各年广告投放与订单情况

根据统计，各参赛队各年广告投放、当年的订单销售数量和销售额情况如表 8－3 至表 8－7 所示。

表 8－3 第一年广告投放与订单情况表

组别	本地 P1		
	广告费（M）	销售额（M）	销量（个）
A	3	11	2
B	9	23	5
C	5	11	2
D	6	20	4
E	1	5	1
F	8	15	3
G	6	14	3
H	16	32	7

表 8－4　　第二年、第三年广告投放与订单情况

组别	项目	第二年												第三年																	
		本地						区域						本地						区域						国内					
		P1	P2	P3	P4	9K	14	P1	P2	P3	P4	9K	14	P1	P2	P3	P4	9K	14	P1	P2	P3	P4	9K	14	P1	P2	P3	P4	9K	14
A	广告费(M)	5												3	3											3	3				
	销售额(M)	15												11	23											18	25				
	销量(个)	3												2	3											4	3				
B	广告费(M)	3	1	2				1						4	3	1				1	1	1				1	1	1			
	销售额(M)	10	14	15				4						19	25	22		1		9	17	24				15	18				
	销量(个)	2	2	2				1						4	3	3				2	2	3				3	2				
C	广告费(M)	7	2					1	1							1					1						1				
	销售额(M)	18	15					9	8												30						9				
	销量(个)	4	3					2	1												4						1				
D	广告费(M)	8		1				2						1	1	3						3						9			
	销售额(M)	19		25				5						27	27	44						25						24			
	销量(个)	4		3				1						6	3	6						3						3			
E	广告费(M)	3	3											3	3						1					3	3				
	销售额(M)	6	15											15	30						15					16	23				
	销量(个)	1	2											3	4						2					3	3				
F	广告费(M)	4						2						1	1					1	1					1	1				
	销售额(M)	9						15						5						12	16					9	16				
	销量(个)	2						3						1						3	2					2	2				
G	广告费(M)	7	1											6	1											2					
	销售额(M)	13	8											23	26											14					
	销量(个)	3	1											5	3											3					
H	广告费(M)	1												1	3						2					1	4				
	销售额(M)	26												10	14						23					10	31				
	销量(个)	6												2	2						3					2	4				

表 8－5 第四年广告投放与订单情况

组别	项目	本地						区域						国内						亚洲						国际					
		P1	P2	P3	P4	9K	14	P1	P2	P3	P4	9K	14	P1	P2	P3	P4	9K	14	P1	P2	P3	P4	9K	14	P1	P2	P3	P4	9K	14
A	广告费(M)	1	2											1	3	1															
	销售额(M)	12	9											18	53	25															
	销量(个)	3	1											4	7	3															
B	广告费(M)			1				1	1	1					3							3									
	销售额(M)			25				15	36	16					49							24									
	销量(个)			3				3	5	2					6							3									
C	广告费(M)	1	1					1	1					1																	
	销售额(M)	8	17						13					12																	
	销量(个)	2	2						2					3																	
D	广告费(M)	1	1	3					2	1						3						3									
	销售额(M)	22	25	48					8							35						17									
	销量(个)	5	3	6					1							4						2									
E	广告费(M)	1	1					1	3		1			1	2					1	1										
	销售额(M)	8	24					9	22		17			13	31						13										
	销量(个)	2	3					2	3		2			3	4						2										
F	广告费(M)	1	3					3	3					1							1										
	销售额(M)	14	25					10	16												22										
	销量(个)	3	3					2	2												3										
G	广告费(M)	1	5												1						1										
	销售额(M)	18	47												17																
	销量(个)	4	6												2																
H	广告费(M)	1	2						1					1	1						3										
	销售额(M)	9	16			1			30			1		5	9																
	销量(个)	2	2						4					1	1																

表 8－6

第五年广告投放与订单情况

组别	项目	本地						区域						国内						亚洲						国际					
		P1	P2	P3	P4	9K	14	P1	P2	P3	P4	9K	14	P1	P2	P3	P4	9K	14	P1	P2	P3	P4	9K	14	P1	P2	P3	P4	9K	14
A	广告费(M)		1	3										1	3	3															
	销售额(M)		16	35		1								13	43	50		1													
	销量(个)		2	4										3	6	6															
B	广告费(M)		3	3				1	1	3					3						1					1	1				
	销售额(M)		23	26				10	13	26					8						31					6	21			1	
	销量(个)		3	3				2	2	3					1						5					1	3				
C	广告费(M)	1	1	1					1					1																	
	销售额(M)	11	22	17																											
	销量(个)	3	3	2																											
D	广告费(M)		1	3						2						1						1				3					
	销售额(M)		29	34						28		1				17						27		1		34					
	销量(个)		4	4						3						2						3				6					
E	广告费(M)				1				1		1				1		1				1										
	销售额(M)				29				15		29	1	1		25		20				14			1	1						
	销量(个)				3				2		3				4		2				2										
F	广告费(M)		1					1							2						3	4									
	销售额(M)		19					5							15						18	26									
	销量(个)		3					1							2						3	3									
G	广告费(M)		2																							1					
	销售额(M)		13																							15					1
	销量(个)		2																							3					
H	广告费(M)		1	1					1						1	1					1	1									
	销售额(M)			15					12							17					6	17									
	销量(个)			2					2							2					1	2									

表 8－7 第六年广告投放与订单情况

组别	项目	本地						区域						国内						亚洲						国际					
		P1	P2	P3	P4	9K	14	P1	P2	P3	P4	9K	14	P1	P2	P3	P4	9K	14	P1	P2	P3	P4	9K	14	P1	P2	P3	P4	9K	14
A	广告费(M)			4											3	5										3	1	1			
	销售额(M)			54		1									34	63		1								30	13	16		1	1
	销量(个)			6											6	7										5	2	2			
B	广告费(M)							1	3	3											3	3				1					
	销售额(M)							14	37	46		1									33	53		1	1	11					
	销量(个)							3	5	5											5	5				2					
C	广告费(M)		1							1						1															
	销售额(M)		19																												
	销量(个)		3																												
D	广告费(M)		1	3				1						1		1					1	3				3	1	1			
	销售额(M)		20	64		1								8		18					20	29		1	1	30	15	17		1	1
	销量(个)		3	7										2		2					3	3				5	2	2			
E	广告费(M)		1		1			1	1						1		1				1		3			1	1				
	销售额(M)		13		41			5	22								32				19		64	1	1	18					1
	销量(个)		2		4			1	3								3				3		6			3					
F	广告费(M)		1							1						1					1	1									
	销售额(M)		12																		27	40		1							
	销量(个)		2																		4	4									
G	广告费(M)		1																							5					
	销售额(M)																									36				1	
	销量(个)																									6					
H	广告费(M)		1	2					1						1	2					1	2									
	销售额(M)		22	18					15							28						28									
	销量(个)		4	2					2							3						3									

二、各组经营报表

各组经营报表如表 8－8 至表 8－17 所示。

表 8－8　　**A 组经营情况表**

年份	管理费（M）	广告费（M）	设备维护（M）	厂房租金（M）	转产费（M）	市场开拓（M）	ISO认证（M）	产品研发（M）	其他（M）	总计（M）	P1			P2			P3			P4		
											收入（M）	数量（个）	成本（M）	收入（M）	数量（个）	成本（M）	收入（M）	数量（个）	成本（M）	收入（M）	数量（个）	成本（M）
1 年	4	3	3			3		2	1	16	11	2	4									
2 年	4	5	2			2	1	8		22	15	3	6									
3 年	4	12	3			2	2	8		31	29	6	12	48	6	18						
4 年	4	8	4				2			18	30	7	14	62	8	24	25	3	12			
5 年	4	13	6	3		1				27	13	3	6	59	8	24	85	10	40			
6 年	4	21	10			2				37	30	5	10	47	8	24	133	15	60			

利润表　　单位：M

项目	1	2	3	4	5	6
销售收入	11	15	77	117	157	210
直接成本	4	6	30	50	70	94
毛利	7	9	47	67	87	116
综合费用	16	22	31	18	27	37
折旧前利润	－9	－13	16	49	60	79
折旧	3			10	11	17
息前利润	－12	－13	16	39	49	62
财务收支	4	4	14	21	20	18
额外收支						
税前利润	－16	－17	2	18	29	44
所得税					5	14
净利润	－16	－17	2	18	24	30

资产负债表　　单位：M

资产							负债＋所有者权益						
流动资产	1	2	3	4	5	6	负债	1	2	3	4	5	6
现金	15	61	11	13	24	8	长期负债	40	80	60	60	60	60
应收	11	15	52	32	54	135	短期负债		40	60	60	100	140
在制品	6	4	8	12	20		应付款						
产成品	14	18	14	4	2		应交税					5	14
原材料					1		1 年期长贷		20	20			
流动合计	46	98	85	61	101	143	负债合计	40	140	140	120	165	214
固定资产							所有者权益						
土地和建筑	40	40	40	40	40	70	股东资本	50	50	50	50	50	50
机器设备	4	3	34	40	61	108	利润留存	16		－17	－15	3	27
在建工程		32	16	32	40		年度利润	－16	－17	2	18	24	30
固定资产合计	44	75	90	112	141	178	所有者权益合计	50	33	35	53	77	107
资产总计	90	173	175	173	242	321	权益总计	90	173	175	173	242	321

表 8－9

B 组经营情况表

年份	管理费（M）	广告费（M）	设备维护（M）	厂房租金（M）	转产费（M）	市场开拓（M）	ISO认证（M）	产品研发（M）	其他（M）	总计（M）	P1			P2			P3			P4		
											收入（M）	数量（个）	成本（M）	收入（M）	数量（个）	成本（M）	收入（M）	数量（个）	成本（M）	收入（M）	数量（个）	成本（M）
1 年	4	9	2			4	1	12	2	34	23	5	10									
2 年	4	7	6	3		3	1	6		30	14	3	6	14	2	6	15	2	8			
3 年	4	15	7	3		2	1			32	43	9	18	60	7	21	46	6	24			
4 年	4	10	7	3		1	1			26	15	3	6	85	11	33	65	8	32			
5 年	4	18	8	3			1			34	16	3	6	96	14	42	52	6	24			
6 年	4	17	10							31	25	5	10	70	10	30	99	10	40			
7 年																						
8 年																						

利润表　　单位：M

项目	1	2	3	4	5	6
销售收入	23	43	149	165	164	194
直接成本	10	20	63	71	72	80
毛利	13	23	86	94	92	114
综合费用	34	30	32	26	34	31
折旧前利润	－21	－7	54	68	58	83
折旧	2		23	19	12	6
息前利润	－23	－7	31	49	46	77
财务收/支	4	18	35	39	24	15
额外收/支						
税前利润	－27	－25	－4	10	22	62
所得税						12
净利润	－27	－25	－4	10	22	50

资产负债表　　单位：M

资产							负债＋所有者权益						
流动资产	1	2	3	4	5	6	负债	1	2	3	4	5	6
现金	95	17	21	30	2	5	长期负债	120	100	80	60		
应收	23	18		15	37	52	短期负债	60	60	60	60	60	100
在制品	4	18	21	21	25	4	应付款						
产成品	6	10	20	5	5	18	应交税						12
原材料						4	1 年期长贷		20	20	20	60	
流动合计	128	63	62	71	69	83	负债合计	180	180	160	140	120	112
固定资产							所有者权益						
土地和建筑	40	40	40	40	40	70	股东资本	50	50	50	50	50	50
机器设备	3	75	68	49	53	51	利润留存	16	－11	－36	－40	－30	－8
在建工程	48	16					年度利润	－27	－25	－4	10	22	50
固定资产合计	91	131	108	89	93	121	所有者权益小计	39	14	10	20	42	92
资产总计	219	194	170	160	162	204	权益总计	219	194	170	160	162	204

表 8 – 10　　　　**C 组经营情况表**

年份	管理费（M）	广告费（M）	设备维护（M）	厂房租金（M）	转产费（M）	市场开拓（M）	ISO认证（M）	产品研发（M）	其他（M）	总计（M）	P1			P2			P3			P4		
											收入（M）	数量（个）	成本（M）	收入（M）	数量（个）	成本（M）	收入（M）	数量（个）	成本（M）	收入（M）	数量（个）	成本（M）
1 年	4	5	4			3	2	12		30	11	2	4									
2 年	4	11	4			2	2	6		29	27	6	12	8	1	3						
3 年	4	3	4		1					12				39	3	9						
4 年	4	5	5							14	20	5	10	30	4	12						
5 年	4	5	2	5						16	11	3	6	22	3	9	17	2	8			
6 年	4	3								7				19	3	9						
7 年																						
8 年																						

利润表　　单位：M

项目	1	2	3	4	5	6
销售收入	11	35	39	50	50	
直接成本	4	15	9	22	23	
毛利	7	20	30	28	27	
综合费用	30	29	12	14	16	
折旧前利润	−23	−9	18	14	11	
折旧	4		10	11	2	
息前利润	−27	−9	8	3	9	
财务收/支	4	10	11	7	8	
额外收/支		−4	−5			
税前利润	−31	−23	−8	−4	1	
所得税						
净利润	−31	−23	−8	−4	1	

资产负债表　　单位：M

资产							负债 + 所有者权益						
流动资产	1	2	3	4	5	6	负债	1	2	3	4	5	6
现金	66	17	30	27	18		长期负债	80	60	60	20	40	
应收		8		8	17		短期负债	40	60	60	40	40	
在制品	8	11	4	3			应付款						
产成品	14	17	16	13	3		应交税						
原材料	6	3	9	2	2		1 年期长贷		20	20	40		
流动合计	94	56	59	53	40		负债合计	120	140	140	100	80	
固定资产							所有者权益						
土地和建筑	40	40	40				股东资本	50	50	50	50	50	
机器设备	5	36	33	22	10		利润留存	16	−15	−38	−46	−50	
在建工程	16	20	12	25	31		年度利润	−31	−23	−8	−4	1	
固定资产合计	61	96	85	47	41		所有者权益合计	35	12	4		1	
资产总计	155	152	144	100	81		权益总计	155	152	144	100	81	

表 8－11 **D 组经营情况表**

年份	管理费（M）	广告费（M）	设备维护（M）	厂房租金（M）	转产费（M）	市场开拓（M）	ISO认证（M）	产品研发（M）	其他（M）	总计（M）	P1			P2			P3			P4		
											收入（M）	数量（个）	成本（M）	收入（M）	数量（个）	成本（M）	收入（M）	数量（个）	成本（M）	收入（M）	数量（个）	成本（M）
1 年	4	6	3			4		12	1	30	20	4	8									
2 年	4	11	5	5		3	1	6		35	24	5	10				25	3	12			
3 年	4	17	6	5		2	2			36	27	6	12	27	3	9	93	12	48			
4 年	4	14	6	3		1	2			30	22	5	10	33	4	12	100	12	48			
5 年	4	13	6	8						31	34	6	12	29	4	12	106	12	48			
6 年	4	21	10							35	38	7	14	55	8	24	128	14	56			
7 年																						
8 年																						

利润表　　单位：M

项目	1	2	3	4	5	6
销售收入	20	49	147	155	169	221
直接成本	8	22	69	70	72	94
毛利	12	27	78	85	97	127
综合费用	30	35	36	30	31	35
折旧前利润	－18	－8	42	55	66	92
折旧	3		15	14	9	14
息前利润	－21	－8	27	41	57	78
财务收/支	4	13	16	20	21	23
额外收/支						
税前利润	－25	－21	11	21	36	55
所得税					7	18
净利润	－25	－21	11	21	29	37

资产负债表　　单位：M

资产							负债＋所有者权益						
流动资产	1	2	3	4	5	6	负债	1	2	3	4	5	6
现金	97	24	20	27	28	2	长期负债	120	100	80	80		
应收		65	98	72	140	125	短期负债	20	40	60	80	120	160
在制品	6	16	19	19	19		应付款						
产成品	10	8	2			4	应交税					7	18
原材料							1 年期长贷		20	20		80	
流动合计	113	113	139	118	187	131	负债合计	140	160	160	160	207	178
固定资产							所有者权益						
土地和建筑	40			40		70	股东资本	50	50	50	50	50	50
机器设备	4	51	52	38	45	95	利润留存	16	－9	－30	－19	2	31
在建工程	24	16		16	56		年度利润	－25	－21	11	21	29	37
固定资产合计	68	67	52	94	101	165	所有者权益合计	41	20	31	52	81	118
资产总计	181	180	191	212	288	296	权益总计	181	180	191	212	288	296

表 8－12　　**E 组经营情况表**

年份	管理费（M）	广告费（M）	设备维护（M）	厂房租金（M）	转产费（M）	市场开拓（M）	ISO认证（M）	产品研发（M）	其他（M）	总计（M）	P1			P2			P3			P4		
											收入（M）	数量（个）	成本（M）	收入（M）	数量（个）	成本（M）	收入（M）	数量（个）	成本（M）	收入（M）	数量（个）	成本（M）
1 年	4	1	2			2		4	2	15	5	1	2									
2 年	4	6	3			4	1	5		23	6	1	2	15	2	6						
3 年	4	13	4			2	2	12		37	31	6	12	68	9	27						
4 年	4	12	4		1	1	2	3		27	30	7	14	90	12	36				17	2	10
5 年	4	10	5			1				20				54	8	24				78	8	40
6 年	4	15	6							25	23	4	8	54	8	24				137	13	65

利润表　　单位：M

项目	1	2	3	4	5	6
销售收入	5	21	99	137	132	214
直接成本	2	8	39	60	64	97
毛利	3	13	60	77	68	117
综合费用	15	23	37	27	20	25
折旧前利润	－12	－10	23	50	48	92
折旧	2		13	13	8	11
息前利润	－14	－10	10	37	40	81
财务收支	4	7	16	17	13	18
额外收支						
税前利润	－18	－17	－6	20	27	63
所得税					2	18
净利润	－18	－17	－6	20	25	45

资产负债表　　单位：M

资产							负债＋所有者权益						
流动资产	1	2	3	4	5	6	负债	1	2	3	4	5	6
现金	53	44	22	15	11	14	长期负债	40	60	60	40	40	40
应收		15	3	20	78	157	短期负债	60	80	60	60	100	140
在制品	4	8	11	16	16		应付款						
产成品	16	26	24	6	8		应交税					2	18
原材料					3		1 年期长贷		20				
流动合计	73	93	60	57	116	171	负债合计	100	160	120	100	142	198
固定资产							所有者权益						
土地和建筑	40	40	40	40	40	70	股东资本	50	50	50	50	50	50
机器设备	3	42	45	32	40	72	利润留存	16	－2	－19	－25	－5	20
在建工程	32	16		16	16		年度利润	－18	－17	－6	20	25	45
固定资产合计	75	98	85	88	96	142	所有者权益合计	48	31	25	45	70	115
资产总计	148	191	145	145	212	313	权益总计	148	191	145	145	212	313

表 8－13　　**F 组经营情况表**

年份	管理费（M）	广告费（M）	设备维护（M）	厂房租金（M）	转产费（M）	市场开拓（M）	ISO认证（M）	产品研发（M）	其他（M）	总计（M）	P1			P2			P3			P4		
											收入（M）	数量（个）	成本（M）	收入（M）	数量（个）	成本（M）	收入（M）	数量（个）	成本（M）	收入（M）	数量（个）	成本（M）
1 年	4	8	4			3	2	4		25	15	3	6									
2 年	4	6	5			2		10		27	24	5	10									
3 年	4	6	5	5		2				22	26	6	12	32	4	12						
4 年	4	12	6	5	1	1		4		33	24	5	10	63	8	24						
5 年	4	11	6	5		1	2			29	5	1	2	52	8	24	26	3	12			
6 年	4	6	6	5		1	1			23				39	6	18	40	4	16			

利润表　　单位：M

项目	1	2	3	4	5	6
销售收入	15	24	58	87	83	79
直接成本	6	10	24	34	38	34
毛利	9	14	34	53	45	45
综合费用	25	27	22	33	29	23
折旧前利润	－16	－13	12	20	16	22
折旧	4		5	3	4	4
息前利润	－20	－13	7	17	12	18
财务收支	4	10	14	10	12	12
额外收支						
税前利润	－24	－23	－7	7		6
所得税						
净利润	－24	－23	－7	7		6

资产负债表　　单位：M

资产							负债＋所有者权益						
流动资产	1	2	3	4	5	6	负债	1	2	3	4	5	6
现金	47	7	48	36	26		长期负债	80	60	40	40		
应收		1		1	11	18	短期负债			20	20	20	20
在制品	8	12	11	16	22		应付款						
产成品	12	17	16	5	3		应交税						
原材料	2	1	1			7	1 年期长贷		20	20		40	
流动合计	69	38	76	58	62	25	负债合计	80	80	80	60	60	20
固定资产							所有者权益						
土地和建筑	40	40					股东资本	50	50	50	50	50	50
机器设备	5	21	16	21	17	20	利润留存	16	－8	－31	－38	－31	－31
在建工程	8						年度利润	－24	－23	－7	7		6
固定资产合计	53	61	16	21	17	20	所有者权益合计	42	19	12	19	19	25
资产总计	122	99	92	79	79	45	权益总计	122	99	92	79	79	45

表 8－14　　**G 组经营情况表**

年份	管理费（M）	广告费（M）	设备维护（M）	厂房租金（M）	转产费（M）	市场开拓（M）	ISO认证（M）	产品研发（M）	其他（M）	总计（M）	P1			P2			P3			P4		
											收入（M）	数量（个）	成本（M）	收入（M）	数量（个）	成本（M）	收入（M）	数量（个）	成本（M）	收入（M）	数量（个）	成本（M）
1 年	4	6	4			3	1	4		22	14	3	6									
2 年	4	8	5			3	2	2		24	13	3	6	8	1	3						
3 年	4	9	6	5		2	2			28	37	8	16	26	3	9						
4 年	4	8	2	5		1				20	18	4	8	64	8	24						
5 年	4	4	2	5						15	15	3	6	13	2	6						
6 年	4	7	2	5						18	36	6	12									

利润表　　单位：M

项目	1	2	3	4	5	6
销售收入	14	21	63	82	28	36
直接成本	6	9	25	32	12	12
毛利	8	12	38	50	16	24
综合费用	22	24	28	20	15	18
折旧前利润	－14	－12	10	30	1	6
折旧	4	8	9	4		
息前利润	－18	－20	1	26	1	6
财务收/支	4	7	8	8	4	3
额外收/支			－10	－7		－1
税前利润	－22	－27	－17	11	－3	2
所得税						
净利润	－22	－27	－17	11	－3	2

资产负债表　　单位：M

资产							负债＋所有者权益						
流动资产	1	2	3	4	5	6	负债	1	2	3	4	5	6
现金	33	18	8	23	21	5	长期负债	60	80	40	40	20	20
应收		8	20	16	13	17	短期负债	20	40	20		20	
在制品	8	17	6	4	4		应付款						
产成品	12	22	26		2		应交税						
原材料	2	3					1 年期长贷			20			
流动合计	55	68	60	43	40	22	负债合计	80	120	80	40	40	20
固定资产							所有者权益						
土地和建筑	40	40					股东资本	50	50	50	50	50	50
机器设备	29	29	20	8	8	8	利润留存	16	－6	－33	－50	－39	－42
在建工程							年度利润	－22	－27	－17	11	－3	2
固定资产合计	69	69	20	8	8	8	所有者权益小计	44	17		11	8	10
资产总计	124	137	80	51	48	30	权益总计	124	137	80	51	48	30

表 8－15

H 组经营情况表

年份	管理费（M）	广告费（M）	设备维护（M）	厂房租金（M）	转产费（M）	市场开拓（M）	ISO认证（M）	产品研发（M）	其他（M）	总计（M）	P1			P2			P3			P4		
											收入（M）	数量（个）	成本（M）	收入（M）	数量（个）	成本（M）	收入（M）	数量（个）	成本（M）	收入（M）	数量（个）	成本（M）
1 年	4	16	4			2		4		30	32	7	14									
2 年	4	1	6			3	1	2		17	26	6	12									
3 年	4	11	6			1	1	8		31	20	4	8	68	9	27						
4 年	4	11	6					4		25	14	3	6	55	7	21						
5 年	4	7	6		2					19				18	3	9	49	6	24			
6 年	4	10	6	3					7	30				37	6	18	74	8	32			

利润表　　单位：M

项目	1	2	3	4	5	6
销售收入	32	26	88	69	67	111
直接成本	14	12	35	27	33	50
毛利	18	14	53	42	34	61
综合费用	30	17	31	25	19	30
折旧前利润	－12	－3	22	17	15	31
折旧	4		8	6	6	4
息前利润	－16	－3	14	11	9	27
财务收/支	4	11	11	10	7	10
额外收/支		－1				
税前利润	－20	－15	3	1	2	17
所得税						
净利润	－20	－15	3	1	2	17

资产负债表　　单位：M

资产							负债＋所有者权益						
流动资产	1	2	3	4	5	6	负债	1	2	3	4	5	6
现金	69	42	36	11	17	26	长期负债	100	100	60	60	60	
应收	32	19	41	44	49	1	短期负债	20	20	40	40	60	60
在制品	8	16	16	15	23		应付款						
产成品	4	5		3	6		应交税						
原材料					6	3	1 年期长贷			20			
流动合计	113	82	93	73	101	30	负债合计	120	120	120	100	120	60
固定资产							所有者权益						
土地和建筑	40	40	40	40	40	40	股东资本	50	50	50	50	50	50
机器设备	5	29	21	22	16	44	利润留存	16	－4	－19	－16	－15	－13
在建工程	8						年度利润	－20	－15	3	1	2	17
固定资产合计	53	69	61	62	56	84	所有者权益合计	46	31	34	35	37	54
资产总计	166	151	154	135	157	114	权益总计	166	151	154	135	157	114

三、各组市场地位统计表

表 8－16　市场地位统计表

市场 年份	本地	区域	国内	亚洲	国际
1	H				
2	D	C			
3	D	B	A		
4	D	B	A	B	
5	D	B	A	F	D
6	D	B	A	B	D

表 8－17　第六年末各组经营现状

组别 项目	A	B	C	D	E	F	G	H
大厂房	1	1		1	1			1
小厂房	1	1		1	1			
手工生产线		1				2		2
半自动生产线	1	4		1	5	3	1	7
全自动/柔性线	9	5		9	5	1	1	1
区域市场开发	1	1		1	1	1		1
国内市场开发	1	1		1	1	1		1
亚洲市场开发	1	1		1	1	1		1
国际市场开发	1	1		1	1	1	1	
ISO9000	1	1		1	1	1	1	1
ISO14000	1	1		1	1	1	1	
P2 产品开发	1	1		1	1	1	1	1
P3 产品开发	1	1		1		1		1
P4 产品开发					1			
本地市场地位				1				
区域市场地位		1						
国内市场地位	1							
亚洲市场地位		1						
国际市场地位				1				
高息贷款次数		3		3	2			

四、第六年末各组得分计算表

综合得分计算如表 8－18 所示。

表 8－18　　综合得分计算表

项目	系数	A		B		D		E		F		G		H	
		数量（个）	得分	数量（个）	得分	数量（个）	得分	数量（个）	得分	数量（个）	得分	数量（个）	得分	数量（个）	得分
大厂房	15	1	15	1	15	1	15	1	15					1	15
小厂房	10	1	10	1	10	1	10	1	10						
手工生产线	5			1	5					2				2	10
半自动生产线	10	1	10	4	40	1	10	5	50	3	30	1	10	7	70
全自动/柔性线	15	9	135	5	75	9	135	5	75	1	15	1	15	1	15
区域市场开发	10	1	10	1	10	1	10	1	10	1	10			1	10
国内市场开发	15	1	15	1	15	1	15	1	15	1	15			1	15
亚洲市场开发	20	1	20	1	20	1	20	1	20	1	20			1	20
国际市场开发	25	1	25	1	25	1	25	1	25	1	25	1	25		
ISO9000	10	1	10	1	10	1	10	1	10	1	10	1	10	1	10
ISO14000	10	1	10	1	10	1	10	1	10	1	10	1	10		
P2 产品开发	10	1	10	1	10	1	10	1	10	1	10	1	10	1	10
P3 产品开发	10	1	10	1	10	1	10			1	10			1	10
P4 产品开发	15							1	15						
本地市场地位	15					1	15								
区域市场地位	15			1	15										
国内市场地位	15	1	15												
亚洲市场地位	15			1	15										
国际市场地位	15					1	15								
系数得分			295		285		310		265		155		80		185
综合系数		3.95		3.85		4.10		3.65		2.55		1.80		2.85	
所有者权益		107		92		118		115		25		10		54	
实际得分		422.65		354.20		483.80		419.75		63.75		18		153.90	
高息贷款扣分	15			3	45	3	45	2	30						
其他扣分															
总成绩		422.65		307.20		438.80		389.75		63.75		18		153.90	

说明：由于 C 组在第六年破产，这里没有计算该组的得分。

模块三　经营策略分析

A 组：幸运的亚军

A 组最后夺得亚军，应当说非常幸运。从策略上看，该组前期经营趋于保守，度过困难的前两年后，规模发展，最后赢得胜利。

一、销售、毛利和净利润的变化情况分析

根据前面利润表提供的数据，分析该组的销售、毛利和净利润的变化情况如图 8－2 所示。

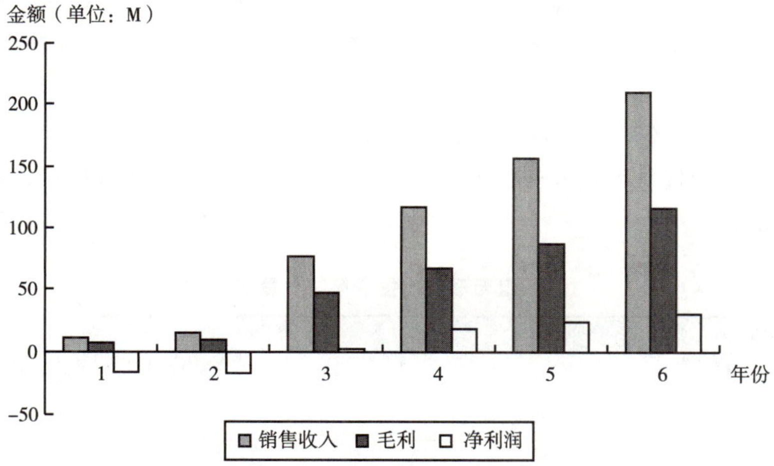

图 8－2　A 组各年度销售收入、毛利、净利润变化图

从图 8－2 中可以看出，该组在第一、第二年销售收入和毛利都很少，净利润为负。第三年开始，销售收入、毛利和净利润同步稳定增加，呈现良性发展的态势，说明从第三年开始，企业逐步进入稳步发展的时期。

二、经营策略分析

（一）筹资策略

企业要进行各种开发和投资，必须要有资金作保证。该案例中，前两年由于市场单一，产品单一，各组销售产品取得的收入相对比较少，在这种情况下，企业要进行无形资产和固定资产投资，扩大产能，必须想办法筹集资金。经营过程中，A 组采用的筹资方式主要有三种，长期贷款、短期贷款和贴现。从资产负债表中，我们可以看出该组的举债筹资情况（见表 8－19）。

表 8-19　　A 组各年举债筹资一览表　　单位：M

项目＼年份		第一年	第二年	第三年	第四年	第五年	第六年
长期贷款	借入		60				
短期贷款	借入		40	60	60	100	140

从表 8-19 中，我们可以看出，该组在第一年没有进行任何贷款，第二年最大限度贷入长期贷款，借入了 40M 的短期借款。从第三年开始，企业通过循环借入短期借款，较好地解决了资金的困难。那么，该组的筹资策略是否科学合理呢？

企业经营，起步阶段是最困难的，面临着资金紧张，市场狭窄，产品单一，生产线落后等问题。要解决市场、产品、生产线等投资问题，需要资金。但该组在第一年没有进行任何贷款，迫于资金的压力不得不暂停开发和投资，这样，企业就丧失了提前发展的机会。所以，从筹资的时机上来看，该组错过了最好的时机。但是，从筹集资金的结构上来看，比较合理。在第二年，最大限度地贷入长期贷款，之后，利用短期贷款解决流动资金不足的问题，基本保证了资金的需要。但由于有较多长期贷款，导致后期承担较多的利息费用。

（二）产品研发、市场开拓和 ISO 认证投资策略

从前面提供的资料可以分析，本企业产品研发、市场开拓和 ISO 认证投资策略如表 8-20 所示。

表 8-20　　A 组无形资产投资策略一览表　　单位：M

项目＼年份		第一年	第二年	第三年	第四年	第五年	第六年
产品开发	P2	2	4				
	P3		4	8			
市场开发	区域						√
	国内	√	√				
	亚洲	√		√			√
	国际	√	√	√		√	
ISO 认证	9K			√	√		
	14K		√	√	√		

（1）产品研发：产品研发有的放矢、逐步推进，但研发时间拖后，错过了及时增强竞争实力的时机。第一、第二年分别投入 2M、4M 开发 P2 产品，在第二年末开发完成，第三年投入生产。P3 产品在第二年第三季度开始研发，第三年末完成，第四年投入生产。从产品上来看，该组在第一、第二年只能生产 P1 产品，无法有效扩大销售，占领市场，抢占先机。

（2）市场开发：从该组的市场开发投资可以看出，本组的目标市场主要定位在本地和国内市场，目标市场明确。但投资出现了一些失误，导致市场单一，产品销售不畅。该组开发出了所有的市场，但企业真正发挥作用的只有本地、国内和国际市场，其余市场虽然开发完成，并没有销售产品，没有达到开发市场的最终目的。市场开发完成时间比较晚，严重影响了产品的销售，造成了产品的积压，占用了资金。而且，企业在第一年开发了国内、亚洲和国际市场，但亚洲和国际市场中途暂停了投资，说明投资的时机出现失误。从资产负债表上可以看出，企业在前三年的产品积压非常多，这与企业市场开发失误是分不开的。

（3）ISO 认证：该组在第三年末将 ISO9000 和 ISO14000 开发出来了，从第四年开始就可以销售相应的产品，比较合理。

（三）固定资产投资策略

（1）厂房。企业在经营期间，如果资金不足，可以通过出售厂房融资，待资金宽裕的时候，再将厂房购回。该组在整个经营期间，没有利用大厂房来筹集资金，导致不能在前三年扩大投资和购买生产线，在一定程度上错失了发展的时机。第六年，企业资金充裕，购买了小厂房。

（2）生产线。从资产负债表中固定资产和在建工程的变化情况，我们可以分析出该组生产线的购置情况，如表 8 – 21 所示：

表 8 – 21　　A 组生产线投资情况一览表　　单位：M

年份 项目	第二年				第三年				第四年				第五年				第六年			
	1	2	3	4	1	2	3	4	1	2	3	4	1	2	3	4	1	2	3	4
全自动生产线	8	8	8	8	4	4	4	4	8	8	8	8	8	8	16	8	8	8		

从 A 组生产线的投资情况来看，在第一年没有购买生产线，从第二年开始，陆续在大厂房新建、改建全自动生产线。到第四年结束，大厂房的生产线改建完成，第五年开始在小厂房投资建造全自动生产线。到第六年结束，该组共有 9 条全自动生产线，1 条半自动生产线。生产线的建设没有盲目地一哄而上，较好地缓解了资金的压力。也正因为生产线建设稳步推进，企业的销售收入、毛利和净利润出现了同步增长的局面。

生产线的投资时间与产品开发同步，防止出现停工待产的情况。比如，第二年建造了两条全自动生产线，第三年第一季度就可以生产 P2 产品，而 P2 产品也在第二年研发完成，第三年第一季度投入生产，这样，产品研发完成的时间与生产线的完工时间步调一致，防止两者脱节出现停工待产的情况。

A 组生产线的建造结果应该是不错的，但建造时间相对靠后，没有抓住提前改善生产线的有利时机，产能不能有效扩大，延缓了企业的发展。

（四）产品销售策略

从前面提供的利润表，我们可以分析出A组产品销售变化情况（见图8－3）。从图中可以看出，企业在不同时期，产品销售策略是不相同的。第一、第二年，由于企业的其他产品尚未开发出来，企业主要生产、销售P1产品，第三、第四年，企业产品的重点开始转向P1和P2产品，第五、第六年企业产品的重点是P2和P3产品。

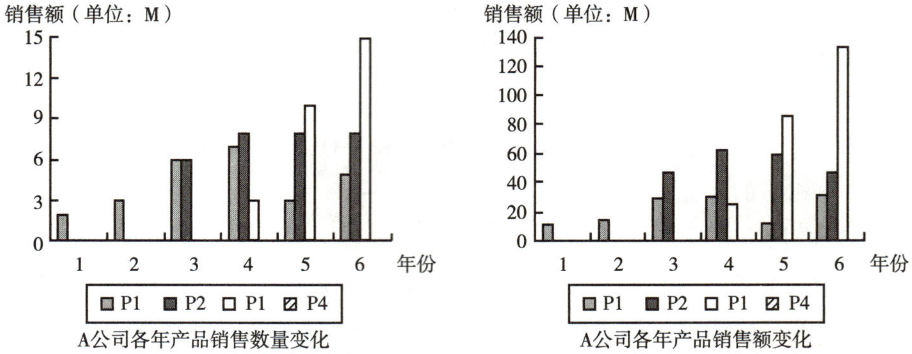

图8－3 A组销售数量和销售额变化情况

（五）产品广告投放策略

企业产品要实现销售，必须借助一定的营销策略。沙盘企业中，企业的营销策略主要是围绕广告策略进行的。成功的广告策略，应当是以较少的广告投入实现较多的产品销售。A组广告投入与销售收入的情况如表8－22所示。

表8－22 A组广告投入与销售收入统计表

项目	第一年	第二年	第三年	第四年	第五年	第六年
广告投入（M）	3	5	12	8	13	21
销售收入（M）	11	15	77	117	157	210
投入产出比	3.67	3.00	6.42	14.63	12.08	10.00

从表8－22可以看出，该组在前三年广告投入产出比是比较低的，说明企业间产品销售竞争激烈。后三年，企业的投入产出比相对比较高，说明企业采取了合理的市场和产品策略，取得了比较好的销售效果。下面，我们分析该组的广告策略。

第一年，只有本地市场，竞争非常激烈。该组投放了3M的广告费，取得了2个P1产品11M的销售收入，应该说在第一年这个销售业绩还是可以接受的。由于市场很单一，产品销售渠道少，所以，第一年产品积压严重。

第二年，企业为了减少库存，增加收入，不得不投放较多的广告费。由于企业没有开发区域市场，产品只能在本地一个市场销售，企业虽然投入了高达5M的广告费，但仍只得到3个产品的销售订单，广告投入产出比很低。

第三年，该企业抓住了各个组资金相对紧张的有利时机，在本地市场和国内市场取得了相对满意的订单，并“意外”地取得了国内市场的市场老大地位，这为企业以后产品的顺利销售奠定了良好的基础。同时，企业由于资金控制得比较好，没有出现资金问题，这也为企业后三年的顺利发展创造了条件。但是，由于前两年市场开发的失误，导致企业市场单一，产品仍然积压比较严重。

第四年，每个企业都面临归还长期贷款的压力，加之第三年各个组所有者权益都不高，所以每个企业的资金压力非常大。正因为如此，各个组在广告费上的投放都比较“小气”，出现了有市场老大的坚守老大的市场，没有老大的就四处打游击战的局面。同样，A 组在这一年的策略也是全力固守国内市场，将主要的产品都放在这个市场销售，应该说销售是比较成功的。但是，该组在第四年中断了亚洲市场的开发，导致在第五年、第六年企业没有进入亚洲市场，失去了一些市场机会。

第五年、第六年，各组的实力出现两极分化，经营好的企业开始奋力前进，经营差的企业还在为生存而努力。正是在这样的情况下，A 组的营销策略非常成功，最后将所有的产品全部销售出去，没有出现库存。同时，在第六年，利用充裕的现金，将小厂房购回。应该说，后两年，该组的经营基本上是正常的，没有出现大的失误。

三、综述

A 组采取稳步推进的经营策略，但在前两年过分保守，在资金的筹集、生产线的购买和市场的开发上面都非常缓慢，错失了快速发展、提前发展的机会。该组最后的所有者权益为 107M，在整个小组中处于第三位，但由于该组资金控制比较好，没有借高息贷款，没有任何扣分，经过综合计算，综合总得分 422.65 分，处于第二位，“意外”地获得亚军。

B 组：理想≠现实

B 组的经营风格与 A 组完全相反，采取的是激进式的经营策略，大力借款，大力开发产品和市场，集中精力购建全自动生产线，但由于产能扩张过快，导致资金需求过多，出现了资金困难，后期主要靠高息贷款和贴现勉力维持经营。应该说，这是一种比较典型的理想主义经营模式，这种经营模式在前期过度开发和产能扩张，如果资金控制不好，容易出现资金断流的风险，所以采用这种模式关键在于控制好资金，并做到产品、市场的协调发展。

一、销售、毛利和净利润的变化情况分析

我们根据前面利润表提供的数据，分析该组的销售、毛利和净利润的变化情况如图 8－4 所示。

从图 8－4 可以看出，从第三年开始，该组每年的销售额达到了 150M 以上，毛利基本也在 90M 以上，但是净利润却很少，而且增长缓慢。那么，是什么原因导致该组

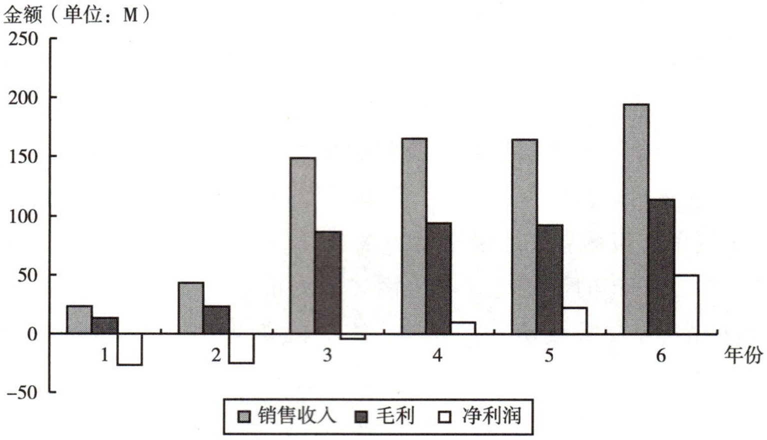

图 8－4　B 组各年度销售额、毛利、净利润变化图

的销售收入、毛利和净利润没有同步增长呢？要弄清楚这个问题，我们必须结合该组的投资策略进行分析。

二、经营策略分析

（一）筹资策略

通过资产负债表可以分析出该组的筹资情况如表 8－23 所示。

表 8－23　B 组各年举债筹资一览表　　单位：M

项目＼年份	第一年	第二年	第三年	第四年	第五年	第六年
长期贷款	80					
短期贷款		60	60	20	40	80
高息贷款			40	40	20	20

从表 8－23 可以看出，该组在第一年最大限度地贷入了长期贷款，没有进行短期贷款。从第二年开始，最大限度地进行了短期贷款，但是，资金困难仍然从第三年开始体现。为此，企业不得不通过高息贷款来维持正常的经营。大量举债，虽然解决了资金的困难，但同时增大了企业的财务费用，严重吞噬了企业的利润。通过计算我们发现，仅仅是由于借入高息贷款，比正常的长期贷款多发生的财务费用就达 12M，而且还面临扣分的惩罚。该组的利润表显示：第三至第六年，其财务费用分别为 35M、39M、24M、15M。巨大的财务费用支出，不仅导致企业的所有者权益上升很慢，而且还牵制了企业的后期发展。那么，是什么导致该组大量举债，甚至大量借入高息贷款呢？这就涉及企业的投资问题了。

（二）产品研发、市场开拓和 ISO 认证投资策略

从前面提供的资料可以分析，本企业产品研发、市场开拓和 ISO 认证投资策略如表 8－24 所示。

表 8－24　**B 组无形资产投资策略一览表**　单位：M

项目＼年份		第一年	第二年	第三年	第四年	第五年	第六年
产品开发	P2	4	2				
	P3	8	4				
市场开发	区域	√					
	国内	√	√				
	亚洲	√	√	√			
	国际	√	√	√	√		
ISO 认证	9K		√	√			
	14K		√	√	√		

从企业的投资策略可以看出，企业在第一年一举开发了 P2 和 P3 两种产品，开拓了所有的市场，仅这两项投资就投入资金 16M，而在第一年，企业的收入非常少，为此，不得不通过贷款维持经营。由于开发费用和贷款利息直接作为当期的费用，计入当期利润，企业的所有者权益迅速减少，影响了企业的贷款额度。而且，该组可能忽略了一个问题，企业将两种产品开发出来以后，要生产就需要购买材料，买材料需要占用较多的资金，这对企业的资金也是一个非常大的影响。

从企业的产品研发、市场开拓和 ISO 认证投资我们可以看出，该组希望提前利用扩大的生产能力，生产多种产品，进入多个市场，先声夺人，提前提高企业的实力。但是，百密一疏，企业忽略了资金，没有预算到资金的不足以及解决的办法，这是企业失败的最根本原因。

（三）固定资产投资

（1）厂房：该组没有利用出售厂房来筹集资金，在资金极度紧张的情况下，利用厂房筹集资金比高息贷款对企业更有利。

（2）生产线：该组的生产线建设与企业产品的开发出现了一定失误。下面，我们来看一下该组生产线投资情况（见表 8－25）。

表 8－25　**B 组生产线投资一览表**　单位：M

项目＼年份		第一年				第二年				第三年				第四年			
		1	2	3	4	1	2	3	4	1	2	3	4	1	2	3	4
生产线	全自动	12	12	12	12	4	4	4	4								

从表 8－25 可以看出，第一年，购买了三条全自动生产线，出售了两条手工生产线。为了进一步扩大产能，该组第二年在小厂房扩建了一条全自动生产线，并力图通过产能的扩大来增加收入，弥补费用的增加。但从生产线投资的数量来说，应当是比较匹配的。那么，企业的问题出现在什么地方呢？通过仔细分析发现。

第一，生产线购建速度过快，没有预计可能出现的资金困难。在第一年，企业进行了各种开发，改造了大厂房的三条生产线，已经占用了很多的资金，而企业真正扩大产能，将产能转化为收入是在第三年，也就是说，企业要在第三年才能逐步实现收入的增加。但是，企业由于借入了高额的贷款，导致财务费用急剧增加，要生产 P2 和 P3 产品，还需要垫支较多的材料资金。

第二，生产线投资建设的时间与产品开发出现了一定的失误。由于企业的产品开发在第二年的第三季度才完成，但第一年企业的生产线就投资完成，在第二年空置了两个季度，形成了资金的占用，不是很合理。

第三，在资金压力比较大的情况下，盲目扩充生产线是企业失败的根本。第二年，该组还仍然没有意识到巨大资金需求，仍然很乐观地按照既定策略进行。年初，盲目地在小厂房扩建了一条全自动生产线，这为企业的发展埋下了祸根。因为使用小厂房，意味着企业就必须在年末支付租金。支付租金，一方面减少了现金；另一方面，也直接增加了当期的综合费用，减少了当期的所有者权益。其实，即使该组企业在第二年不扩建小厂房的生产线，企业在第三年年初也已经面临资金短缺的问题了。我们从企业的资产负债表中可以看出，企业在第二年年末的现金为 17M，如果不扩建生产线，可以减少当期支出 19M（生产线安装费 16M + 小厂房租金 3M），就是说现金增加 19M，两项相加，企业在下年年初的现金只有 35M，而投入广告费为 15M，假设广告费减少为 10M，企业在年初支付广告费后的现金为 25M，而企业年初需要还短期借款 60M，由于企业第二年的所有者权益为 17M（14M + 3M），企业能续贷的短期借款只能是 20M，这样，企业还短缺 15M，而且还没有考虑马上要购买材料的材料款支出和加工费支出。所以，企业在第二年扩大产能的决策是失误的，这是该组陷入困境的最直接原因。企业如果在第二年年初意识到资金面临的困境，唯一的方法就是将大厂房在第一季度出售，这样，在第三年第一季度，企业可以收回 40M 的现金，暂时渡过难关。

三、综述

B 组最初的雄心壮志，由于资金的问题导致了企业最终的失败。该组的销售收入和毛利从第三年开始每年都比较多，但巨大的费用支出，吞噬了企业的利润，导致净利润增长缓慢。所以，企业在进行决策时，应当综合全面分析，通盘考虑，一方面扩大收入；另一方面，努力控制和降低企业的费用，使企业的利润与收入同步增长。

C 组：痛，并不快乐

C 组破产了。从报表来看，该组是在第六年破产的，但分析报表，我们发现该组应该在第四年破产，因为该组在第四年已经没有厂房，但却没有交纳租金，如果将租金费用计算在内，该组在第四年的所有者权益为 -5M。连年经营，连年亏损。应该说，过程没有享受到成功的快乐，结果也令人痛苦。

一、销售、毛利和净利润的变化情况分析

我们根据前面利润表提供的数据，分析该组的销售、毛利和净利润的变化情况如图 8－5 所示。

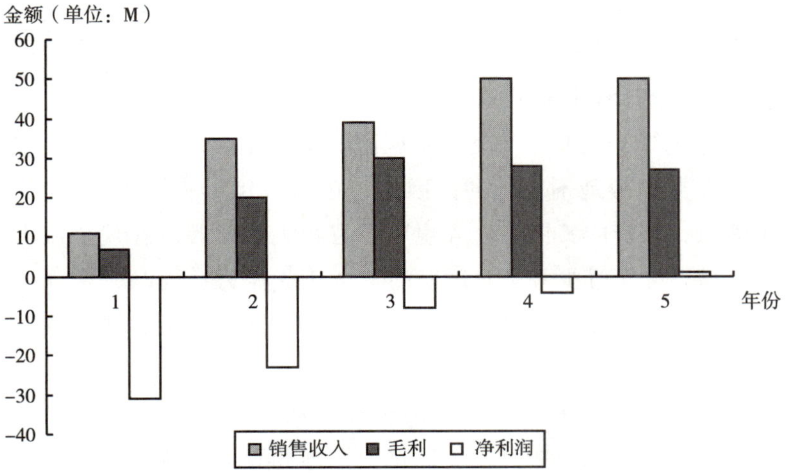

图 8－5　C 组各年度销售额、毛利、净利润变化图

从图 8－5 可以看出，该组的销售收入比较少，而且增长缓慢。产品毛利在第三年以后逐步下降，说明企业产品的销售价格在逐年降低，销售策略上出现了问题。从净利润来看，虽然每年亏损的金额在减少，但是由于销售收入没有增加，毛利逐年降低，虽然控制了一些费用的发生，但仍然入不敷出，最终导致所有者权益为负，破产倒闭。

二、经营策略失误分析

（一）产品的研发与生产线的购建不协调、不匹配

（1）产品研发与生产线购建的数量不匹配。第一年，该组将 P2 和 P3 产品一起研发（见表 8－26），如果产品研发完成，投入生产，至少需要两条以上的生产线。但是，企业只购建了一条全自动生产线，也就是说，产品研发出来后，面临生产线短缺的困难。如果生产线不能满足生产需要，就意味着产品研发的时机不恰当。

（2）产品研发与生产线购建的时间不匹配。企业产品研发是从第一年的第一季度开始的，完成的时间是第二年第三季度。也就是说，企业的 P2 和 P3 产品，必须在第二年第三季度才能生产。但是，企业生产线的购建时间是从第一年第一季度开始的，完成时间为第二年第一季度。这样，产品研发完工的时间与生产线完工的时间不一致，造成生产线闲置两个季度。在资金紧张的情况下，造成了资金的占用，降低了资金的使用效率。所以，企业在生产线建设时，可以推迟两个季度。

该企业产品开发与生产线投资情况如表 8－26 所示。

表 8-26 C组产品开发与生产线投资情况 单位：M

项目＼年份		第一年	第二年	第三年	第四年	第五年	第六年
产品开发	P2	4	2				
	P3	8	4				
生产线	全自动	4					

（二）资金筹集和资金预算出现了失误

（1）企业筹集的资金与其研发支出不匹配。企业在第一年借入长期借款40M，借款的金额与其研发支出等是不匹配的。因为，在前三年，从企业的生产线情况来看，产能情况并不理想，相应的其销售收入也不会有很大的改观。在现金流出远多于现金流入的情况下，借款金额过少势必对后期的资金造成压力。同时，企业在第三年开始借入高息贷款，应该说是完全可以避免的。如果企业能合理预计现金收支，企业应该在第二年出售大厂房，可以化解第三年的资金缺口。

（2）资金预算不准确，造成了资金的被动。从该组开发投资与筹资情况表（见表8-27）可以看出，企业市场开发了区域、国内和亚洲市场，但是，亚洲市场在第三年停止了开发，同样，企业进行了ISO认证投资，但是，ISO14000在第三年也停止了投资，都是半途而废。为什么？原因只有一个，就是企业没有作出准确的资金预算，导致最后资金短缺不得不停止投资，既造成了资金的浪费，也影响了企业的利润。

表 8-27 C组开发投资与筹资情况 单位：M

项目＼年份		第一年	第二年	第三年	第四年	第五年	第六年
市场开发	区域	√					
	国内	√	√				
	亚洲	√	√				
ISO认证	9K	√	√				
	14K	√	√				
长期贷款	借入	40					
短期贷款	借入	40	60				
高息贷款	借入			40	40	40	

（三）营销策略发生了失误

第二年，该组的营销策略在区域市场大获全胜。由于只有B组、C组、D组和F组进入区域市场，但区域市场P2产品竞争非常小，使得该组以2M的广告费取得了该市场的市场老大。但是，该组在第三年却没有发挥区域市场老大的优势，出现了重大的营销失误，导致产品积压，销售收入没有相应增加。

该组在第三年的广告投放情况如表8-28所示。

表 8－28　C 组产品广告投放情况　单位：M

产品	本地	区域	国内	合计
P1				
P2		1	1	2
P3	1			1
合计	1	1	1	3

从表 8－28 可以看出，该组的广告费投放非常分散，没有牢牢抓住区域市场老大优先选单的机会扩大销售，这是营销上最大的失误，这种失误对于企业来说是非常致命的。从表 8－28 我们无法看出该组的产能情况，不知道该组目前到底有没有 P1 产品。但单纯根据常理分析，该组应该还在生产 P1 产品，但该组没有投放 P1 的广告，不知道这是为什么。但从资产负债表中看出，该组在第三年年末还有 16M 的产成品，至少可以说明，该组在产品生产的安排与营销策略的配合上是失误的。

（四）原材料采购计算不准确，造成了原材料的积压

从资产负债表上可以看出，该组每年年末都有原材料库存，特别是在资金压力比较大的第三年，年末还有 9M 的原材料库存。这从一个侧面反映了该组的原材料采购计划编制不准确，导致原材料库存，造成了资金的积压。

三、综述

该组的经营策略比较混乱，思路不清晰。在资金上没有做出准确的预算，产品的研发与生产线的购建不匹配。同时，经营过程中没有把握市场老大的机会，失去了扩大销售、挽回败局的时机。

D 组：成功的冠军

D 组作为本次比赛的冠军，采取的是激进但不冒进的经营策略，合理预算资金，大胆开发产品和市场，及时扩大产能，通过科学的营销策略，及时销售产品，增加收入，增加利润，取得了比较好的市场效果。经营过程中，虽然资金出现了一点困难，但通过借入高息贷款解决了资金的问题，最后取得了成功。

一、销售、毛利和净利润的变化情况分析

我们根据前面利润表提供的数据，分析该组的销售、毛利和净利润的变化情况如图 8－6 所示。

从图 8－6 可以看出，企业在前两年销售收入较少，毛利少，净利润为负数。第三年，企业的销售收入和毛利迅速增加并开始盈利。从第三年开始，企业的销售收入、毛利、净利润平稳增长，说明企业基本步入正轨。

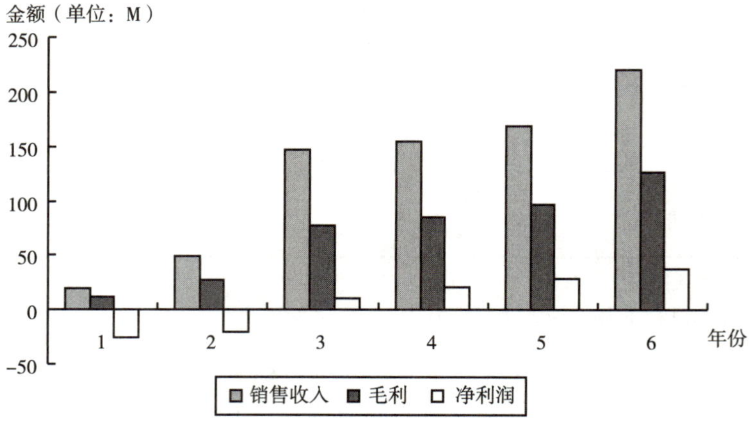

图 8-6 销售收入、毛利和净利润变化情况

二、经营策略分析

（一）在准确预算资金需求的前提下，尽早实现产能和市场的最大化

从该组的产品开发与生产线投资情况（见表 8-29）可以看出，本组第一年全力开发 P2、P3 产品，对所有的市场进行了开发。为了使产品开发完成后迅速投入生产，第一年第三季度在大厂房新建了两条、改建了一条全自动生产线（出售一条手工生产线），产品开发完工的时间与生产线完工的时间完全一致，尽早实现产能、市场的最大化，为后期抢夺市场，提升企业综合竞争力创造了有利条件。

表 8-29 D 组产品开发与生产线投资情况 单位：M

项目＼年份		第一年	第二年	第三年	第四年	第五年	第六年
产品开发	P2	4	2				
	P3	8	4				
生产线	全自动	24	40		16	48	
	半自动					8	

其他组也有这种投资策略，基本上是都以失败而告终，但该组采用这种策略却能取得成功，为什么呢？这是因为本组把握了以下几个关键。

（1）通过科学的资金预算和严格的资金控制，有效解决了资金短缺的问题。本组通过预算，提早采取了应对资金短缺的措施。除了采用借款筹集资金外，还出售了大厂房，缓解了资金的压力。

（2）企业采取了错位竞争的营销策略，把握住市场机会，及时将产品销售出去，及时收回垫支的成本。

（3）产品开发、市场开发、生产线的建设同步协调进行。本组没有在第一年第一季度投资新生产线，而是在第三季度投资建设，做到产品开发完成的时间与生产线完工的时间相一致，既保证了产品的生产，也不会由于生产线的空置而积压资金。

（二）准确把握不同阶段的重点产品和重点市场，避免了各组之间的恶性竞争，为控制费用支出，实现产品销售创造了条件，为取得市场老大提供了机会。

本组对于自己的重点产品和重点市场非常明确，在第二、第三年，该组的重点产品是P3，重点市场是本地市场。从“第二年广告投放与订单统计表”分析，该组在第二年产品开发完成后，在新建的三条全自动生产线上同时生产P3产品，放弃了P2产品的生产。P2产品停产了两个季度，在第三年第一季度才在改建的全自动生产线上生产。该组采取的这种策略一是产品错位，防止过度竞争，二是为第二年抢占市场埋下伏笔。

在第二年，该组通过巨额广告和没有竞争对手的P3全力进攻本地市场，并最终从H组手中抢得市场老大，为后期产品的顺利销售铺平了道路。应该说，该组的成功，与第二年战略和战术的成功是密不可分的。

（三）充分发挥本地市场老大的优势，牢牢把握本地市场，扩大产品的销售

本组在第二年成功取得本地市场老大地位后，利用优先选单的机会，积极扩大产品在本地市场的销售，一方面保证了产品销售；另一方面，节约了广告费用。从“第二年广告投放与订单统计表”可以看出，企业从第三年到第五年，产品主要在本地市场销售，这也从一个侧面反映本地市场对该组销售的相关程度。

（四）科学合理筹资，有效解决了资金短缺的问题

从该组的筹资情况（见表8-30）可以看出，本组由于在第一年大力开发产品、市场，大力购建生产线，并在第二年全力生产P3产品，这对资金的需求非常大，稍有疏忽，就容易导致资金短缺。该组在第一年就最大限度地借入了80M的长期借款，为了解决流动资金的问题，借入了20M的短期借款。在第二年，出售了大厂房，取得了40M的应收款，极大地缓解了第三年的资金压力。但是，由于过多的资金支出，该组还是在第三年至第五年出现了资金短缺的问题，不得不通过借入高息贷款来度过难关，这也在一定程度上为企业最后的总成绩带来了负面的影响。另外，该组借入的长期借款期限为4年，这样不得不在第五年归还，在一定程度上带来了第五年还贷的资金压力。

表8-30　D组筹资情况　单位：M

项目 \ 年份		第一年	第二年	第三年	第四年	第五年	第六年
长期贷款	借入	80					
短期贷款	借入	20	40	20	60	100	160
高息贷款	借入			20	20	20	

（五）稳扎稳打，稳中求胜

本组的经营一直比较稳健，第二年改建了生产线后，第三年没有改建生产线。第

四年，该组为了扩大产能，在小厂房新建了一条全自动生产线，当企业度过资金比较紧张的第四年后，第五年全面扩建、改建生产线。当然，该组在第四年是否应当在小厂房建这一条全自动生产线，可能值得仔细推敲。

三、综述

D组能取得最后的胜利，首先在于决策的正确，其次在于科学地控制资金，最后在于准确地把握市场，控制企业的发展节奏。

E组：委屈的季军

E组经过六年的经营，所有者权益在整个比赛队伍中处于第二名，比亚军的A组还多，但由于借入了高息贷款被扣分，最后因为总分低于A组而成为该次比赛的季军。本组的经营风格与A组相似，属于稳健经营型，但是在经营策略上又有自己的特点。

一、销售、毛利和净利润的变化情况分析

我们根据前面利润表提供的数据，分析该组的销售、毛利和净利润的变化情况如图8－7所示。

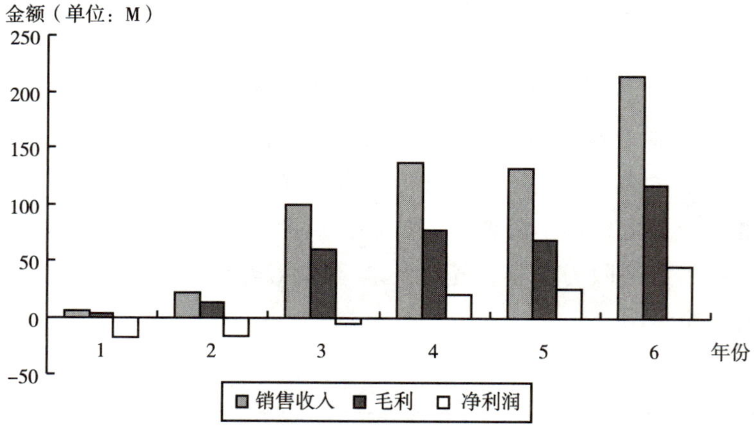

图8－7　E组销售收入、毛利和净利润情况

从图8－7可以看出，该组第一、第二年的销售收入、毛利都很少，净利润为负数，第三年销售收入和毛利增长很快，但仍然亏损，说明费用支出很多；第四、第五年销售收入和毛利增长缓慢，第五年甚至还在下降，说明销售出现了一定的问题。第六年销售收入、毛利、净利润大幅增加。总的来看，该组经营不稳定，没有及时将生产力转化为盈利能力。

二、经营策略分析

（一）采用稳健经营策略。具体表现在以下几个方面。

1. 面对激烈竞争的本地市场，该组第一年只投放了1M的广告费，非常低调，充分显示了该组志在高远的决心。

2. 产品、市场开发稳步推进。第一年，该组只开发了P2产品、国内和国际市场，在资金压力逐步缓解的情况下，逐步开发其他的产品、市场和认证。该组这样做的目的主要有两个，控制资金和费用支出，从而为以后的融资和全面扩大产能奠定基础。

3. 产品错位生产。本组瞄准P4产品没有企业开发的机会，开发了P4产品，这样，从第四年开始，在每个市场投入较少的广告费就可以保证产品的销售。

企业正是采用这种稳健的策略，该组在第六年的所有者权益为115M，仅仅比冠军D组少3M。

（二）经营决策失误分析

1. 筹资策略不够科学。从表8－31可以看出，该组在第四年和第五年分别借入了20M的高息贷款，正是因为高息贷款的扣分，使本组最后的得分少于A组屈居第三名。如果该组能控制好资金，把筹资问题解决好，那么应该能取得更好的成绩。应该说，企业如果采用这种投资策略，长期借款和短期借款的借款额度已经用完，还有什么办法可以解决资金的问题呢？其实，可以借鉴D组的做法，第三年将大厂房出售，第四年应收款到期，企业就可以不借高息贷款，而且使第三年的所有者权益为20M，对第四年借入短期借款不会产生任何影响。当然，在经营过程中，是否要出售厂房，什么时候出售厂房取决于企业的经营决策和资金的状况。

表8－31　　E组举债筹集资金情况　　单位：M

项目＼年份		第一年	第二年	第三年	第四年	第五年	第六年
长期贷款	借入		20	20			
短期贷款	借入	60	80	60	40	80	140
高息贷款	借入				20	20	

2. 第一年投资建造柔性生产线不够科学。从表8－32可以看出，第一年资金比较紧张的情况下，该组首先投资建造柔性生产线，既占用了资金，又暂时不能发挥应有的作用。由于企业开发P2产品要在第二年第三季度才能完工，企业投资柔性生产线就只有先生产P1，当P2开发出来后马上转产P2。这种思路应该说是正确的，但是，这里忽略了一个问题，在前三年，由于市场少，P1产品本身就积压严重，再生产P1只会造成更多的库存，对企业是不利的。如果企业能在第一年第三季度建设三条全自动生产线，既解决了产能的问题，同时对当期的所有者权益也没有影响，如果再配合市场开发，那么企业的产品销售会好一些，资金回收快一些，企业的资金压力也相应小一些。

表 8－32 **E 组市场开发投资情况** 单位：M

项目 \ 年份		第一年	第二年	第三年	第四年	第五年	第六年
生产线	全自动	8	24		16	16	
	柔性	24					
	半自动						32

3. 市场开发过晚，导致前三年产品积压过多，严重影响了资金的回笼以及销售收入的增加。从资产负债表中可以看出，该组在前三年产品库存分别为 16M、26M 和 24M，产品积压相当严重。导致出现这种情况的根本原因在于市场单一，产品销售渠道不多。从表 8－33 可以看出，由于企业在第一年没有开发区域市场，导致第二年只有本地市场可供销售产品，势必增加竞争的激烈程度。企业如果在第一年多开发两个市场，对资金不会构成太大的压力，而且由于第二年市场的扩大，销售收入的增加，可以弥补市场开发支出的资金和费用。当然，由于产品、市场开发和生产线购建三者都与资金息息相关，所以，企业要重点解决好资金的问题。

表 8－33 **E 组市场开发投资情况**

项目 \ 年份		第一年	第二年	第三年	第四年	第五年	第六年
市场开发	区域		√				
	国内	√	√				
	亚洲	√	√	√			
	国际		√	√	√	√	

4. 企业没有完全发挥 P4 产品销售单价高、没有竞争对手的优势抢夺市场老大，对企业造成了潜在的影响。企业生产 P4 产品，占用的资金多，其单价一般高于 P3 产品。从市场预测图上我们可以看出，P4 的单价只略高于 P3，有的市场 P4 毛利可能还不及 P3，那么在这种情况之下选择 P4 产品生产，就应当发挥 P4 的作用，积极抢占市场老大，为下年节约广告费，增加销售收入。通过对企业广告投放情况的分析，我们可以看出，企业对 P4 广告的投放应当说比较均衡，主要目的是以销售为主，而不是抢夺市场老大。

三、综述

在企业竞争过程中，由于市场和对手策略的不确定性，企业要做好决策应当多方面分析，增加随机应变能力，这样方能处于不败之地。

F 组：步履蹒跚

F 组的生产线很少，相应生产能力很有限，销售收入一直上不去，到经营结束，企业仅仅在第四年和第六年有盈利，应该说，企业的经营总是处于很艰难的境地。

一、销售、毛利和净利润的变化情况分析

我们根据前面利润表提供的数据，分析该组的销售、毛利和净利润的变化情况如图 8－8 所示。

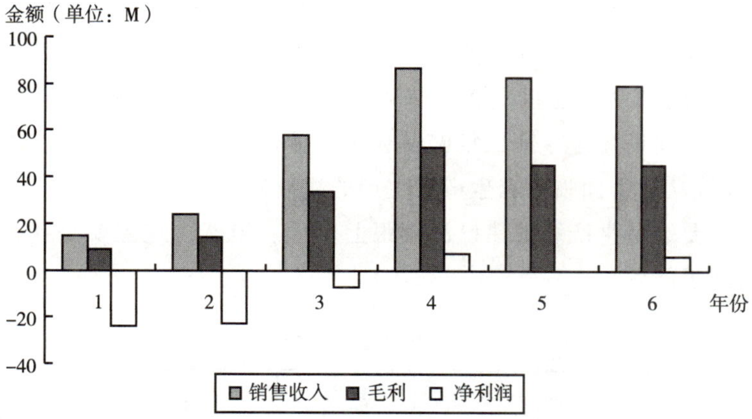

图 8－8　F 组销售收入、毛利和净利润情况

从图 8－8 可以看出，该组的经营情况分为两个阶段，第一阶段是第一至第三年，销售收入、毛利稳步增长，连年亏损；第二阶段为后三年，销售收入、毛利逐年下降，净利润很少。但总体来看，销售收入都很少。第四年企业销售收入最多，但也没有突破 100M，这不得不分析其中的原因。

二、经营决策失误分析

1. 第一年的广告费投入没有达到预期的效果，对该组决策产生了消极的影响。在第一年，该组投入了 8M 的广告费，拿到了 3 个 P1 产品的销售订单，销售收入 15M。如果单纯从广告投入产出比来看的话，这个结果肯定是不满意的。但是，因为销售收入与广告投入不成比例，对该组成员的心理上产生了一定的消极影响，导致决策上出现了失误。

2. 没有合理利用筹资规则筹集资金，导致因为资金影响了产能的扩大，错失了企业发展的机遇。该企业在经营过程中 P3 产品、ISO 认证开发中断过，说明该组资金出现了问题。企业也非常希望扩大产能，但可能是资金的原因，也仅仅分别在第三年和第六年各购买了一条半自动生产线，显得非常无奈。从表 8－34 可以看出，企业在第一年仅仅借入了 40M 的长期借款，在前两年都没有借入短期借款，而在第三年，企业在发现资金紧张后，及时出售了大厂房，解决了资金紧张的难题。如果企业能在第一年借入 40M 的短期借款，利用这些借款扩建全自动生产线，及时扩大产能，在第二年年初出售大厂房，解决第三年的资金问题。由于市场的扩大，销售的增加，第三年产品的销售收入会明显好转，这种情况下，企业就可能步入良性发展的轨道。

表 8－34　　F 组资金筹集情况　　单位：M

年份 项目		第一年	第二年	第三年	第四年	第五年	第六年
长期贷款	借入	40					
短期贷款	借入			20	20	20	20

3. 产品的开发与生产线的建设没有协调发展，出现了“跛脚现象”。企业在第一年投资了 P2 产品的研发，之后，第二年又开始研发 P3 产品。从表 8－35 可以看出，企业生产数量少，建设缓慢。第二年仅仅有一条全自动生产线完工投入产品生产。如果 P3 产品研发成功，将面临没有生产线生产的尴尬局面。那至少说明，要么是产品的开发过于仓促，要么是生产线的建设没有跟上步伐。当然，这主要是在投资决策和资金的控制上出现了问题。

表 8－35　　F 组市场开发投资情况　　单位：M

年份 项目		第一年	第二年	第三年	第四年	第五年	第六年
生产线	全自动	8	8				
	半自动				8		8

三、综述

F 组由于没有合理筹集资金，导致产能没有有效扩大，销售收入增长缓慢。如果企业能把以上问题解决好的话，最后结果还很难预料。

G 组：痛，还是痛

G 组从经营之初到经营期结束，经营得都非常困难。六年经营，四年亏损，另外两年也只是微利。那么该组的问题出在什么地方呢？

一、销售、毛利和净利润的变化情况分析

我们根据前面利润表提供的数据，分析该组的销售、毛利和净利润的变化情况如图 8－9 所示。

从图 8－9 可以看出，该组六年经营四年亏损，除第三、第四年销售收入和毛利稍好，其余年份销售收入和毛利都很少。六年经营，每年的销售收入均未超过 100M。结合报表，我们发现，该组只开发了 P2 产品，在第一年投资建设了一条柔性生产线，开发了除区域市场外的所有市场，进行了 ISO9000 和 ISO14000 的认证开发，因为资金困难，在第三年不得不出售大厂房，第四年不得不通过出售手工生产线降低设备维护费来增加企业的权益。第六年经营结束时，只剩一条半自动生产线和一条全自动生产线。可以说，经营得非常痛苦。

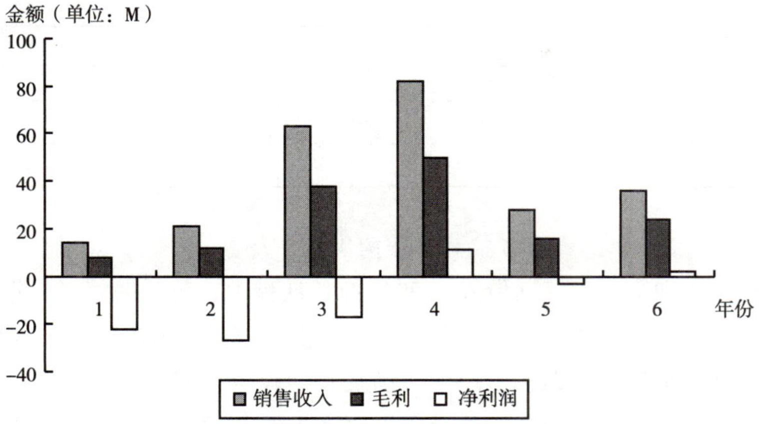

图 8－9　G 组销售收入、毛利和净利润情况

二、经营决策失误分析

（一）生产线建设失误

企业如果要抢占市场，必须要有丰富的产品，包括产品的品种和数量，而要有丰富的产品，必须要有配套的生产线作为支撑。从表 8－36 可以看出，企业只在第一年投资建设了一条柔性生产线，在第三年扩建了一条半自动生产线。这种结构和数量的生产线，显然不能满足企业扩大产品销售实现利润的需要。

表 8－36　　G 组生产线投资情况　　单位：M

项目	年份	第一年	第二年	第三年	第四年	第五年	第六年
生产线	全自动	24					
	半自动			8			

（二）生产线与企业市场开发不协调

从表 8－37 可以看出，企业的生产线虽然很少，产能比较低，但是，企业却开发了国内、亚洲和国际市场，进行了所有的 ISO 认证。由于企业的生产能力没有跟上，开发了较多市场，可能会面临有市场但没有产品销售的情况。所以，企业市场开发与生产线的建设是不匹配的。

表 8－37　　G 组市场开发与 ISO 认证投资情况

项目	年份	第一年	第二年	第三年	第四年	第五年	第六年
市场开发	国内	√	√				
	亚洲	√	√	√			
	国际	√	√	√	√		

续表

项目＼年份		第一年	第二年	第三年	第四年	第五年	第六年
ISO 认证	9000		√	√			
	14000	√	√	√			

（三）融资策略不够科学，影响了扩大产能的决策

企业在第一年和第二年分别借入了20M的长期借款，第一、第二、第三年分别借入短期借款20M、40M和20M，第四年由于没有借款额度，无法借款。这种融资策略，对于解决资金日常周转有帮助，但却无法满足长期投资的资金需要。企业应当在前期通过长期借款与短期借款相配合，进行产品和市场的开发，同时扩建生产线，通过扩大销售来增加企业的收入。所谓开源节流，关键还在于开源。如果企业不增强自身实力，面对残酷的市场就只能处于任人宰割的境地。

三、综述

G组经营艰难，关键在于没有科学地筹集资金，没有解决好长期资金、短期资金与企业投资相配合问题；从生产线建设来看，生产线单一，数量少，与开发的市场不匹配，出现有市场没有产品的尴尬局面，从而导致企业销售收入不能稳步增长和利润无法实现。

H组：曾经辉煌

H组在第一年投入了16M的广告费用拿到了本地市场的老大，这样的开局应当说还是比较理想的。但是，第二年，却拱手将市场老大让给了B组，失去了很好的发展机会。该组虽然拥有P2和P3两种产品的生产资格，但是他们的生产线落后，产能低下，最后只能眼看其他小组遥遥领先。

一、销售、毛利和净利润的变化情况分析

我们根据前面利润表提供的数据，分析该组的销售、毛利和净利润的变化情况如图8-10所示。

从图8-10可以看出，该组销售波动比较大，特别是第四、第五年，销售收入和毛利不仅没有增长，反而呈下降的趋势。纵观六年，销售收入没有大的突破，即使是销售收入最多的第六年，销售收入也不到120M。

二、经营决策失误分析

（一）第一年广告费支出过多，对后期资金造成了压力

通过前面的分析，我们已经明确，广告费用不仅直接导致现金流出，而且直接计

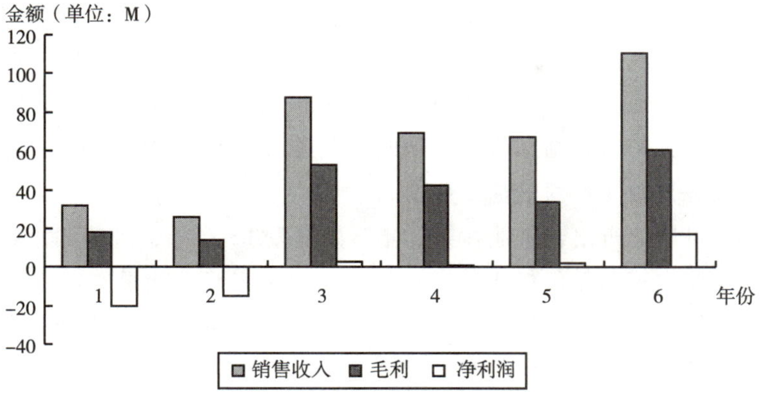

图 8-10　H 组销售收入、毛利和净利润情况

入当期的销售费用，减少当期利润，影响所有者权益。该组第一年虽然取得了本地市场的市场老大，但却付出了 16M 的高额代价，对后期的发展造成了一定的资金压力。

（二）没有巩固市场老大地位，使市场老大没有发挥应有的作用

市场老大的优势在于下一年可以优先选单，减少广告投入。第一年，该组通过高额代价取得本地市场老大，第二年，由于产品单一（只有 P1 产品），不得不将老大地位拱手相让，失去了乘胜发展的机会，应该说这是本组最大的失误。其实，本组在第一年已经开发了 P2 产品，也新建了一条全自动生产线，从资产负债表的期末库存分析，企业已经生产了 1 个 P2 产品，但却没有投入 P2 的广告费，说明企业根本就没有考虑巩固市场老大的地位，这与企业第一年投巨资争取市场老大的策略完全不吻合。

（三）生产线建设速度缓慢，没有及时扩大产能，贻误了商机

从表 8-38 可以看出，企业在第一年取得市场老大后，在第一年第三季度，只建设了一条全自动生产线，在第二年建设了一条半自动生产线，生产线数量少，而且比较落后，对于要巩固和发挥市场老大地位的企业来说，显得过于保守。当然，企业之所以出现这种情况，这与企业保守的筹资策略是分不开的。

表 8-38　H 组生产线与市场开发投资情况　单位：M

项目 \ 年份		第一年	第二年	第三年	第四年	第五年	第六年
生产线	全自动	8	8				
	半自动		8		8		32

（四）没有及时利用融资规则筹集资金，贻误了产能扩大的有利时机

企业在第一年投入了巨额广告费，现金支出很多。第一年虽然取得了不错的收入，但因为是应收款，下年才能到期，导致企业现金相对比较紧张。于是，企业在生产线的建设上采取了保守的策略。其实，企业完全可以通过借入短期借款，出售大厂房等方式来解决资金的问题。从资产负债表上我们可以看出，该组在第一年仅仅借入了

20M 的短期借款，另外还有 80M 的借款额度没有利用，影响了产能的及时扩大。如果企业担心第二年的还款压力，还可以考虑在第一年出售大厂房，这样，资金的问题应该不存在了。企业产能扩大后，利用本地市场老大的优势，优先选单，将产品全部出售，降低库存，扩大销售，增加收入，从此企业进入一个良性发展的轨道。

（五）P3 产品的开发与生产线的建设脱节

从表 8－15 可以分析出，企业在第三年开始开发 P3 产品，到第四年第二季度开发完成，但是，企业在第四年仅仅增加了一条半自动生产线。如果企业用一条半自动生产线生产 P3 产品，对企业是没有利润的，开发的产品不能真正给企业带来效益。

三、综述

企业在取得市场老大地位后，应当各方面协调配合，尽早扩大产能，充分发挥市场老大的优势，用丰富的产品巩固市场，实现销售，从而使企业步入良性发展的轨道。

课后思考

1. 沙盘模拟经营中，你认为企业经营各阶段应采用怎样的策略？
2. 假如你组队参加沙盘模拟经营比赛，你应当做哪些准备？
3. 假如在沙盘模拟经营比赛中，你担任的是 CEO，你怎样带领你的团队备赛？

附录 1
市场预测表

市场预测（6 组）

这是由一家权威的市场调研机构对未来六年里各个市场的需求量的预测，应该说这一预测有着很高的可信度。但根据这一预测进行企业的经营运作，其后果将由各企业自行承担。

P1 产品是目前市场上的主流技术，P2 作为对 P1 的技术改良产品，也比较容易获得大众的认同。

P3 和 P4 产品作为 P 系列产品里的高端技术，各个市场上对他们的认同度不尽相同，需求量与价格也会有较大的差异。

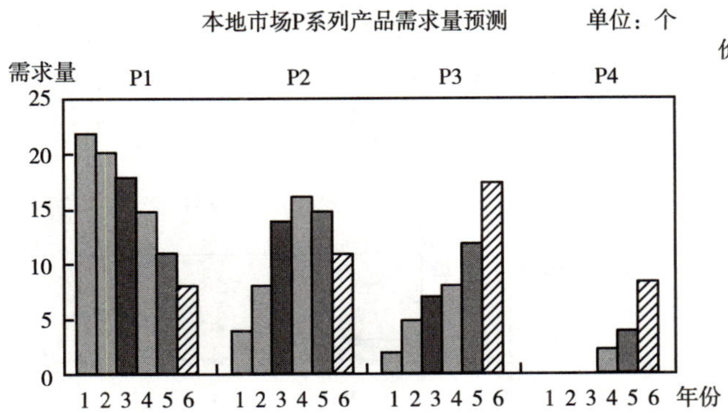

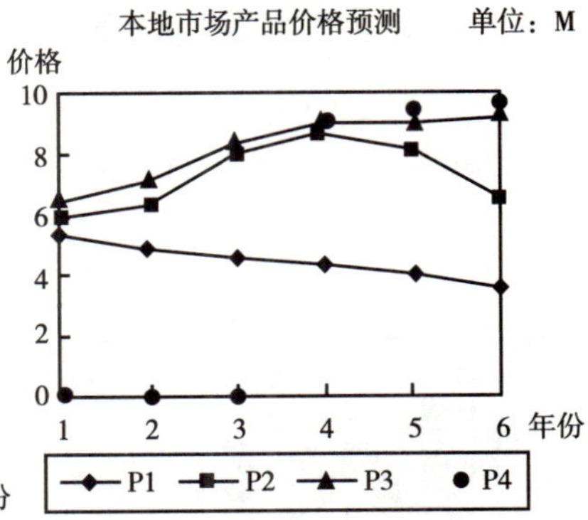

本地市场将会持续发展，客户对低端产品的需求可能要下滑。伴随着需求的减少，低端产品的价格很有可能会逐步走低。后几年，随着高端产品的成熟，市场对 P3、P4 产品的需求将会逐渐增大。同时随着时间的推移，客户的质量意识将不断提高，后几年可能会对厂商是否通过了 ISO9000 认证和 ISO14000 认证有更多的要求。

区域市场的客户对 P 系列产品的喜好相对稳定，因此市场需求量的波动也很有可能会比较平稳。因其紧邻本地市场，所以产品需求量的走势可能与本地市场相似，价格趋势也应大致一样。该市场的客户比较乐于接受新的事物，因此对于高端产品也会

区域市场P系列产品需求量预测　　单位：个

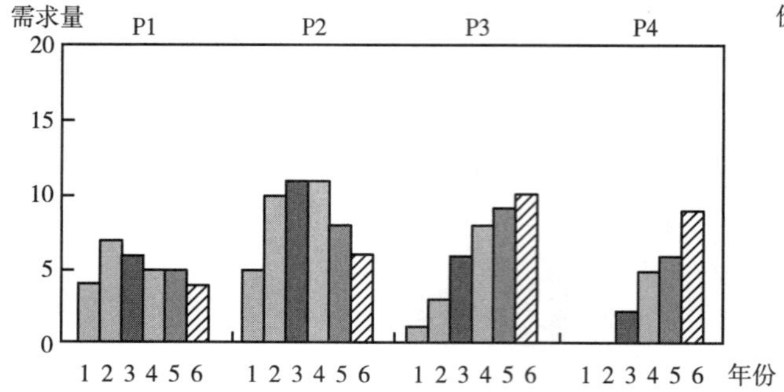

区域市场产品价格预测　　单位：M

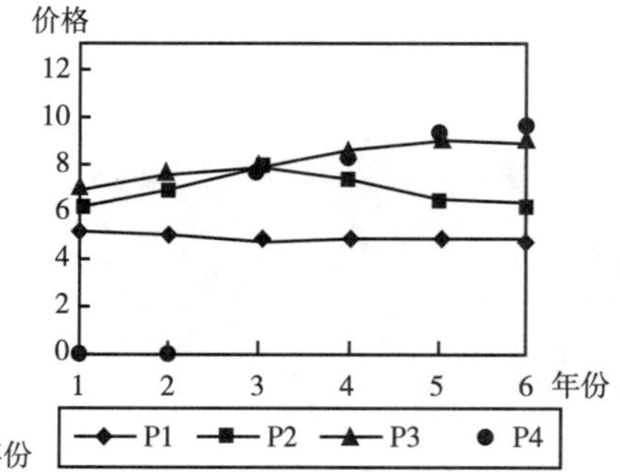

比较有兴趣，但由于受到地域的限制，该市场的需求总量非常有限。并且这个市场上的客户相对比较挑剔，因此在后几年客户会对厂商是否通过了 ISO9000 认证和 ISO14000 认证有较高的要求。

国内市场P系列产品需求量预测　　单位：个

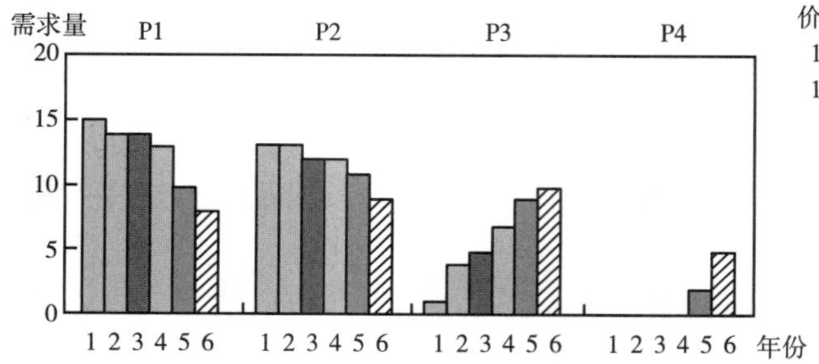

国内市场产品价格预测　　单位：M

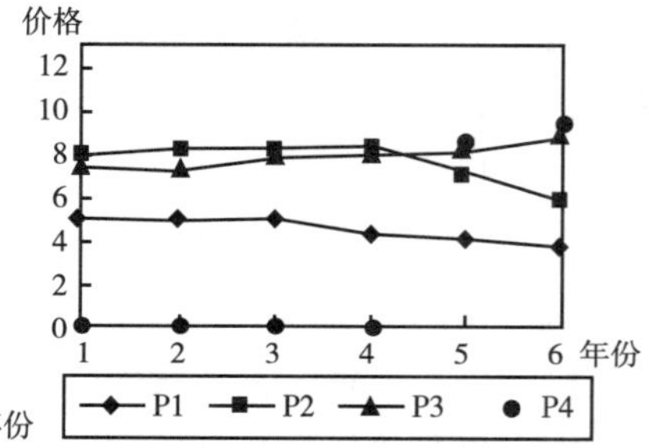

因 P1 产品带有较浓的地域色彩，预计国内市场对 P1 产品不会有持久的需求。但 P2 产品因为更适合于国内市场，所以预计需求会一直比较平稳。随着对 P 系列产品新技术的逐渐认同，预计对 P3 产品的需求会发展较快，但这个市场上的客户对 P4 产品却并不是那么认同。当然，对于高端产品来说，客户一定会更注重产品的质量保证。

亚洲市场P系列产品需求量预测　　单位：个

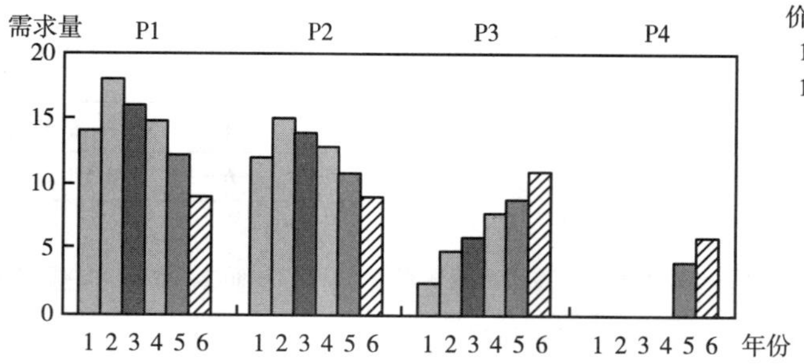

亚洲市场产品价格预测　　单位：M

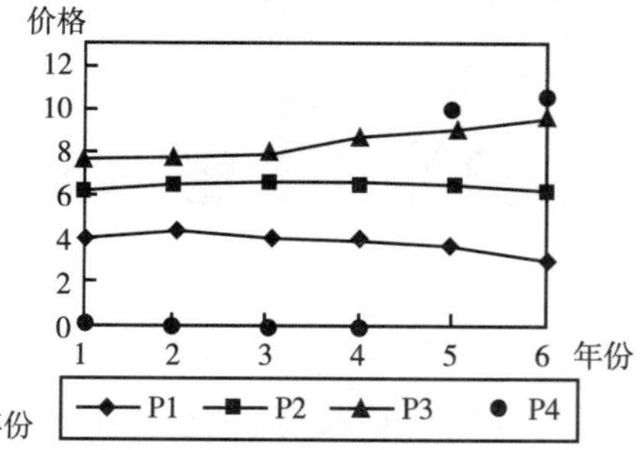

这个市场上的客户喜好一向波动较大，不易把握，所以对 P1 产品的需求可能起伏较大，预计 P2 产品的需求走势也会与 P1 相似。但该市场对新产品很敏感，因此预计对 P3、P4 产品的需求会发展较快，价格也可能不菲。另外，这个市场的消费者很看重产品的质量，所以在后几年里，如果厂商没有通过 ISO9000 和 ISO14000 的认证，其产品可能很难销售。

国际市场P系列产品需求量预测　　单位：个

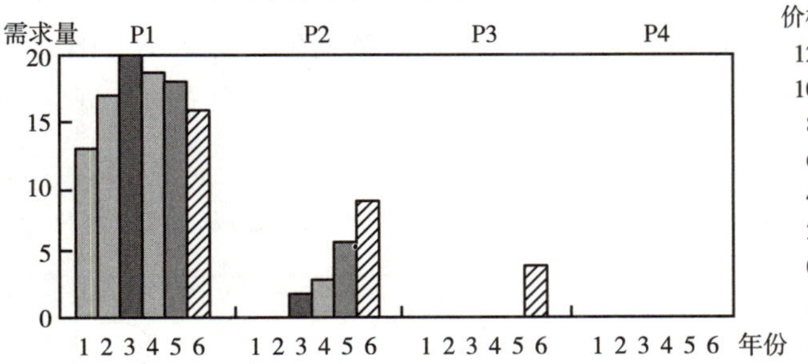

国际市场产品价格预测　　单位：M

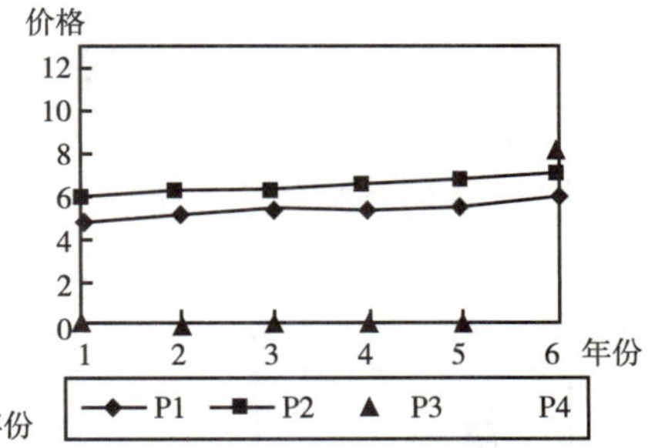

进入国际市场可能需要一个较长的时期。有迹象表明，目前这一市场上的客户对 P1 产品已经有所认同，需求也会比较旺盛。对于 P2 产品，客户将会谨慎地接受，但仍需要一段时间才能被市场所接受。对于新兴的技术，这一市场上的客户将会以观望为主，因此对于 P3 和 P4 产品的需求将会发展极慢。因为产品需求主要集中在低端产品，所以客户对于 ISO 的要求并不如其他几个市场那么高，但也不排除在后期会有这方面的需求。

市场预测（8 组）

本地市场P系列产品需求量预测　　单位：个

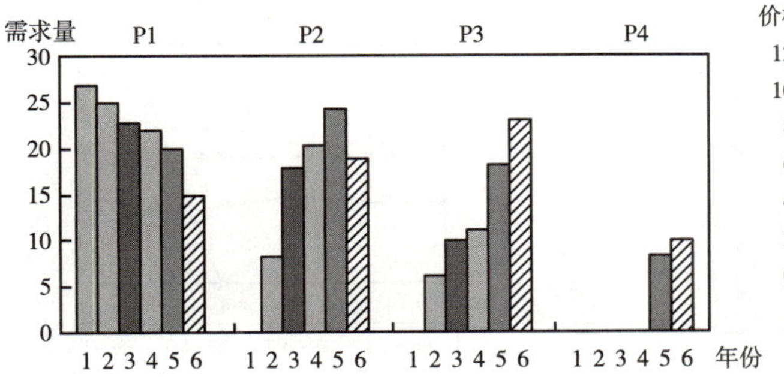

本地市场产品价格预测　　单位：M

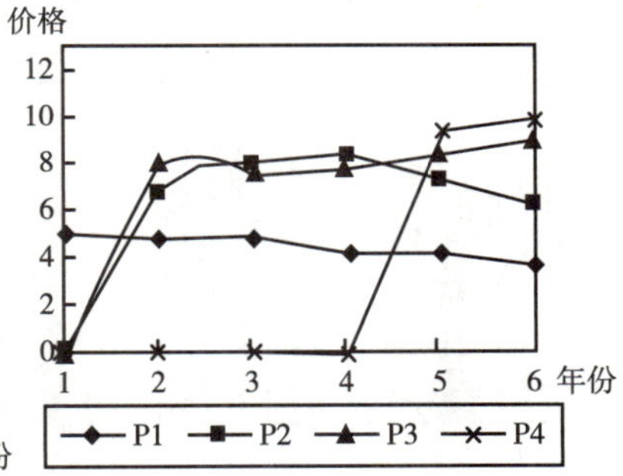

本地市场将会持续发展，对低端产品的需求可能要下滑，伴随着需求的减少，低端产品的价格很有可能走低。后几年，随着高端产品的成熟，市场对 P3、P4 产品的需求将会逐渐增大。由于客户对质量意识的不断提高，后几年可能对产品的 ISO9000 和 ISO14000 认证有更多的需求。

区域市场P系列产品需求量预测　　单位：个

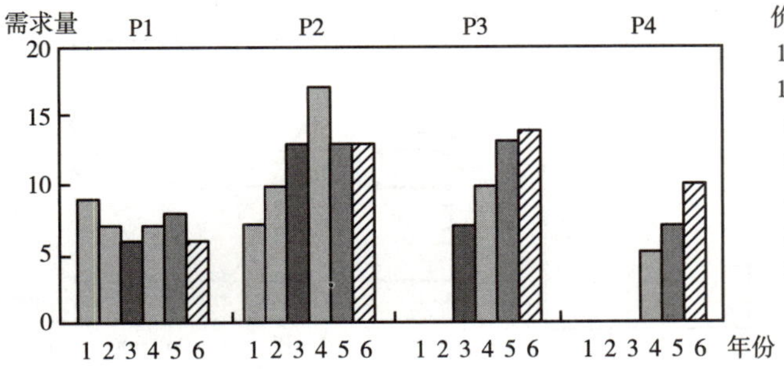

区域市场产品价格预测　　单位：M

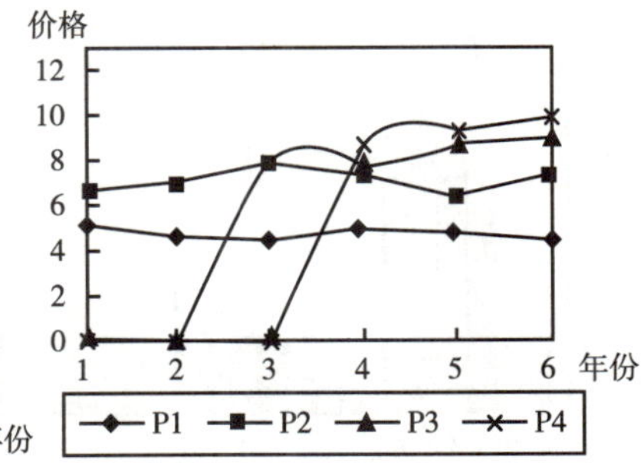

区域市场的客户相对稳定，对 P 系列产品需求的变化很有可能比较平稳。因紧邻本地市场，所以产品需求量的走势可能与本地市场相似，价格趋势也应大致一样。该市场容量有限，对高端产品的需求也可能相对较小，但客户会对产品的 ISO9000 和 ISO14000 认证有较高的要求。

国内市场P系列产品需求量预测　　单位：个

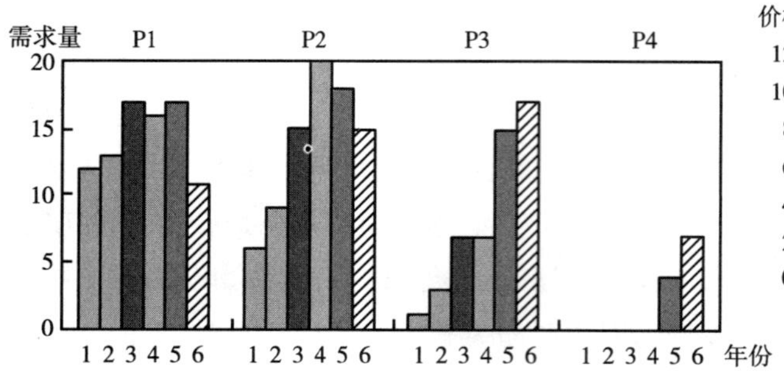

国内市场产品价格预测　　单位：M

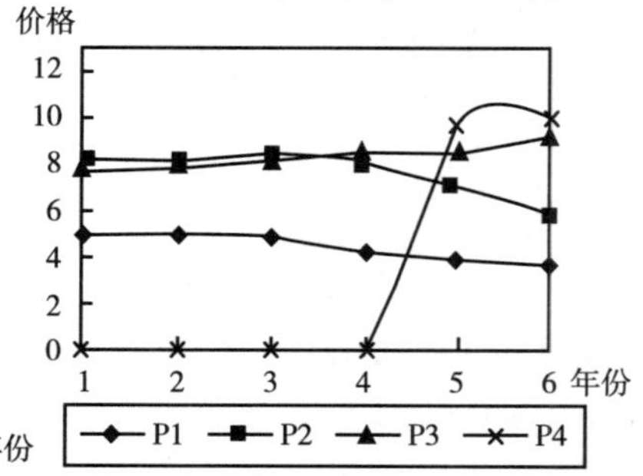

因 P1 产品带有较浓的地域色彩，估计国内市场对 P1 产品不会有持久的需求。但 P2 产品因更适合于国内市场，预计需求一直比较平稳。随着对 P 系列产品的逐渐认同，预计对 P3 产品的需求会发展较快。但对 P4 产品的需求就不一定像 P3 产品那样旺盛了。当然，对高价值的产品来说，客户一定会更注重产品的质量认证。

亚洲市场P系列产品需求量预测　　单位：个

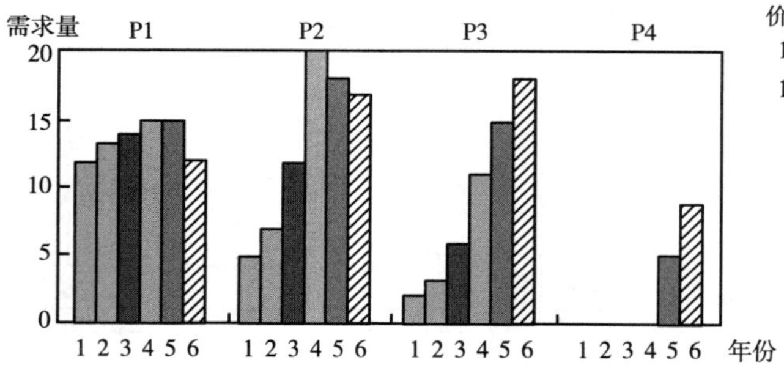

亚洲市场产品价格预测　　单位：M

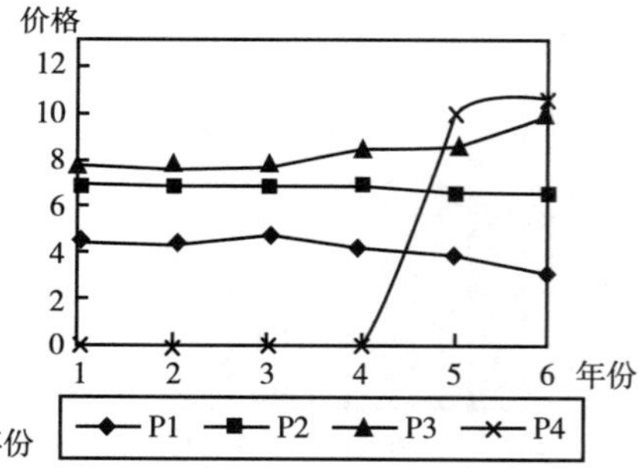

这个市场一向波动较大，所以对 P1 产品的需求可能起伏较大，估计对 P2 产品的需求走势与 P1 相似。但该市场对新产品很敏感，因此估计对 P3、P4 产品的需求量会发展较快，价格也可能不菲。另外，这个市场的消费者很看重产品的质量，所以没有 ISO9000 和 ISO14000 认证的产品可能很难销售。

国际市场P系列产品需求量预测　　单位：个

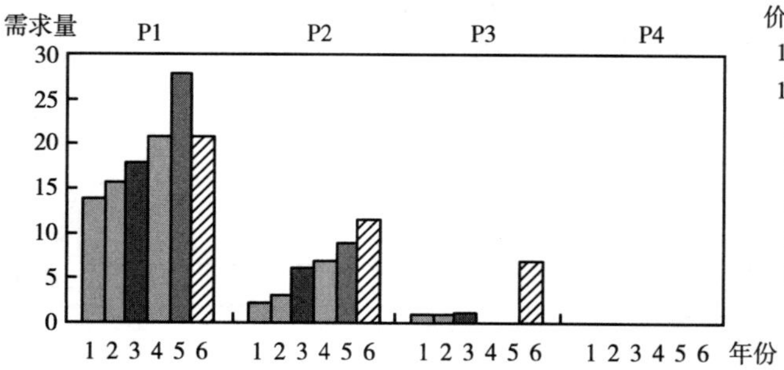

国际市场产品价格预测　　单位：M

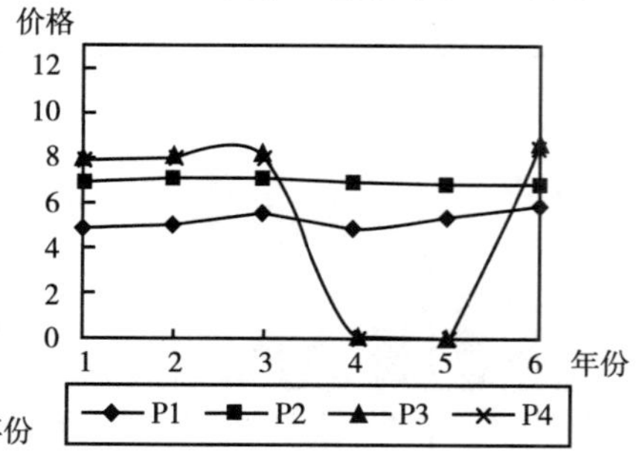

P系列产品进入国际市场可能需要一个较长的时期。有迹象表明，对P1产品已经有所认同，但还需要一段时间才能被市场接受。同样，对P2、P3和P4产品也会很谨慎地接受。需求发展较慢。当然，国际市场的客户也会关注具有ISO认证的产品。

附录 2 企业经营记录表

起始年

任务清单 请按顺序执行下列各项操作		第一季度				第二季度				第三季度				第四季度			
		P1/R1	P2/R2	P3/R3	P4/R4	P1/R1	P2/R2	P3/R3	P4/R4	P1/R1	P2/R2	P3/R3	P4/R4	P1/R1	P2/R2	P3/R3	P4/R4
新年度规划会议																	
支付广告费/参加订货会																	
登记销售订单																	
调整年度计划																	
支付应付税																	
季初盘点	现金余额（财务总监填写）																
	原材料库存（采购总监填写）																
	在产品（生产总监填写）																
	产成品库存（营销总监填写）																
更新短期贷款/还本付息/申请短期贷款（高利贷）	更新账期																
	付本息																
	借入																
更新应付款/归还应付款																	
原材料入库/更新原料订单	材料																
	付材料款																
下原料订单																	
更新生产/完工入库																	
投资新生产线/变卖生产线/生产线转产																	
向其他企业购买原材料/出售原材料																	
开始下一批生产	投入材料																
	产品投产																
	付加工费																
更新应收款/应收款收现																	
出售厂房																	

续表

任务清单 请按顺序执行下列各项操作		第一季度				第二季度				第三季度				第四季度			
		P1/R1	P2/R2	P3/R3	P4/R4	P1/R1	P2/R2	P3/R3	P4/R4	P1/R1	P2/R2	P3/R3	P4/R4	P1/R1	P2/R2	P3/R3	P4/R4
向其他企业购买成品/出售成品	产品																
	现金																
按订单交货	产品																
	现金																
产品研发投资																	
支付行政管理费																	
其他现金收支情况登记																	
支付利息/更新长期贷款/申请长期贷款	更新账期																
	付本息																
	借入																
支付设备维护费																	
支付租金/购买厂房																	
计提折旧														(　　)			
新市场开拓/ISO 资格认证投资																	
结账																	
期末盘点	期末现金对账（请填余额）																
	原材料库存（采购总监填写）																
	在产品（生产总监填写）																
	产成品库存（营销总监填写）																

现金预算表

单位：百万元

项目	第一季度	第二季度	第三季度	第四季度
期初库存现金				
支付上年应交税				
市场广告投入				
支付短期贷款利息				
支付到期短期贷款本金				
支付到期的应付款				
支付原料采购现金				
支付生产线投资				
支付转产费用				
支付产品加工费				
收到现金前的所有支出				
应收款到期收到现金				
支付产品研发投资				

续表

项目	第一季度	第二季度	第三季度	第四季度
支付管理费用				
支付长期贷款利息				
支付到期长期贷款				
支付设备维护费用				
支付租金				
支付购买厂房款				
支付市场开拓投资				
支付 ISO 认证投资				
其他				
现金收入合计				
现金支出合计				
现金多余或不足（—）				
向银行借款				
贴现收到现金				
期末现金余额				

要点记录

第一季度：______________________________

第二季度：______________________________

第三季度：______________________________

第四季度：______________________________

订单登记表

订单号											合计
市场											
产品											
数量（个）											
账期（Q）											
销售额（M）											
成本（M）											
毛利（M）											
未售（M）											

产品核算统计表

	P1	P2	P3	P4	合计
数量（个）					
销售额（M）					
成本（M）					
毛利（M）					

综合管理费用明细表

单位：百万元

项目	金额	备注
管理费		
广告费		
保养费		
租金		
转产费		
市场准入开拓		□区域　□国内　□亚洲　□国际
ISO 资格认证		□ISO9000　□ISO14000
产品研发		P2（　）P3（　）P4（　）
其他		
合计		

利润表

单位：百万元

项目	上年数	本年数
销售收入		
直接成本		
毛利		
综合费用		
折旧前利润		
折旧		
支付利息前利润		
财务收入/支出		
其他收入/支出		
税前利润		
所得税		
净利润		

资产负债表

单位：百万元

资产	期初数	期末数	负债和所有者权益	期初数	期末数
流动资产：			负债：		
现金			长期负债		
应收款			短期负债		
在制品			应付账款		
成品			应交税金		
原料			一年内到期的长期负债		
流动资产合计			负债合计		

续表

资产	期初数	期末数	负债和所有者权益	期初数	期末数
固定资产：			所有者权益：		
土地和建筑			股东资本		
机器与设备			利润留存		
在建工程			年度净利		
固定资产合计			所有者权益合计		
资产总计			负债和所有者权益总计		

第一年

任务清单 请按顺序执行下列各项操作		第一季度				第二季度				第三季度				第四季度			
		P1/R1	P2/R2	P3/R3	P4/R4	P1/R1	P2/R2	P3/R3	P4/R4	P1/R1	P2/R2	P3/R3	P4/R4	P1/R1	P2/R2	P3/R3	P4/R4
新年度规划会议																	
支付广告费/参加订货会																	
登记销售订单																	
调整年度计划																	
支付应付税																	
季初盘点	现金余额（财务总监填写）																
	原材料库存（采购总监填写）																
	在产品（生产总监填写）																
	产成品库存（营销总监填写）																
更新短期贷款/还本付息/申请短期贷款（高利贷）	更新账期																
	付本息																
	借入																
更新应付款/归还应付款																	
原材料入库/更新原料订单	材料																
	付材料款																
下原料订单																	
更新生产/完工入库																	
投资新生产线/变卖生产线/生产线转产																	
向其他企业购买原材料/出售原材料																	
开始下一批生产	投入材料																
	产品投产																
	付加工费																
更新应收款/应收款收现																	
出售厂房																	

续表

任务清单 请按顺序执行下列各项操作		第一季度				第二季度				第三季度				第四季度			
		P1/R1	P2/R2	P3/R3	P4/R4	P1/R1	P2/R2	P3/R3	P4/R4	P1/R1	P2/R2	P3/R3	P4/R4	P1/R1	P2/R2	P3/R3	P4/R4
向其他企业购买成品/出售成品	产品																
	现金																
按订单交货	产品																
	现金																
产品研发投资																	
支付行政管理费																	
其他现金收支情况登记																	
支付利息/更新长期贷款/申请长期贷款	更新账期																
	付本息																
	借入																
支付设备维护费																	
支付租金/购买厂房																	
计提折旧														(　　)			
新市场开拓/ISO 资格认证投资																	
结账																	
期末盘点	期末现金对账（请填余额）																
	原材料库存（采购总监填写）																
	在产品（生产总监填写）																
	产成品库存（营销总监填写）																

现金预算表

单位：百万元

项目	第一季度	第二季度	第三季度	第四季度
期初库存现金				
支付上年应交税				
市场广告投入				
支付短期贷款利息				
支付到期短期贷款本金				
支付到期的应付款				
支付原料采购现金				
支付生产线投资				
支付转产费用				
支付产品加工费				
收到现金前的所有支出				
应收款到期收到现金				
支付产品研发投资				

续表

项目	第一季度	第二季度	第三季度	第四季度
支付管理费用				
支付长期贷款利息				
支付到期长期贷款				
支付设备维护费用				
支付租金				
支付购买厂房款				
支付市场开拓投资				
支付 ISO 认证投资				
其他				
现金收入合计				
现金支出合计				
现金多余或不足（—）				
向银行借款				
贴现收到现金				
期末现金余额				

要点记录

第一季度：________________

第二季度：________________

第三季度：________________

第四季度：________________

订单登记表

订单号											合计
市场											
产品											
数量（个）											
账期（Q）											
销售额（M）											
成本（M）											
毛利（M）											
未售（M）											

产品核算统计表

	P1	P2	P3	P4	合计
数量（个）					
销售额（M）					
成本（M）					
毛利（M）					

综合管理费用明细表　单位：百万元

项目	金额	备注
管理费		
广告费		
保养费		
租金		
转产费		
市场准入开拓		□区域　□国内　□亚洲　□国际
ISO 资格认证		□ISO9000　□ISO14000
产品研发		P2（　）P3（　）P4（　）
其他		
合计		

利润表　单位：百万元

项目	上年数	本年数
销售收入		
直接成本		
毛利		
综合费用		
折旧前利润		
折旧		
支付利息前利润		
财务收入/支出		
其他收入/支出		
税前利润		
所得税		
净利润		

资产负债表　单位：百万元

资产	期初数	期末数	负债和所有者权益	期初数	期末数
流动资产：			负债：		
现金			长期负债		
应收款			短期负债		
在制品			应付账款		
成品			应交税金		
原料			一年内到期的长期负债		
流动资产合计			负债合计		

续表

资产	期初数	期末数	负债和所有者权益	期初数	期末数
固定资产：			所有者权益：		
土地和建筑			股东资本		
机器与设备			利润留存		
在建工程			年度净利		
固定资产合计			所有者权益合计		
资产总计			负债和所有者权益总计		

总结与计划

成功之处：

不足之处：

下年工作计划：

第二年

任务清单 请按顺序执行下列各项操作		第一季度				第二季度				第三季度				第四季度			
		P1/R1	P2/R2	P3/R3	P4/R4	P1/R1	P2/R2	P3/R3	P4/R4	P1/R1	P2/R2	P3/R3	P4/R4	P1/R1	P2/R2	P3/R3	P4/R4
新年度规划会议																	
支付广告费/参加订货会																	
登记销售订单																	
调整年度计划																	
支付应付税																	
季初盘点	现金余额（财务总监填写）																
	原材料库存（采购总监填写）																
	在产品（生产总监填写）																
	产成品库存（营销总监填写）																
更新短期贷款/还本付息/申请短期贷款（高利贷）	更新账期																
	付本息																
	借入																
更新应付款/归还应付款																	
原材料入库/更新原料订单	材料																
	付材料款																
下原料订单																	
更新生产/完工入库																	
投资新生产线/变卖生产线/生产线转产																	
向其他企业购买原材料/出售原材料																	
开始下一批生产	投入材料																
	产品投产																
	付加工费																
更新应收款/应收款收现																	
出售厂房																	
向其他企业购买成品/出售成品	产品																
	现金																
按订单交货	产品																
	现金																
产品研发投资																	
支付行政管理费																	
其他现金收支情况登记																	

续表

任务清单 请按顺序执行下列各项操作		第一季度				第二季度				第三季度				第四季度			
		P1/R1	P2/R2	P3/R3	P4/R4	P1/R1	P2/R2	P3/R3	P4/R4	P1/R1	P2/R2	P3/R3	P4/R4	P1/R1	P2/R2	P3/R3	P4/R4
支付利息/更新长期贷款/申请长期贷款	更新账期																
	付本息																
	借入																
支付设备维护费																	
支付租金/购买厂房																	
计提折旧														(　　)			
新市场开拓/ISO资格认证投资																	
结账																	
期末盘点	期末现金对账（请填余额）																
	原材料库存（采购总监填写）																
	在产品（生产总监填写）																
	产成品库存（营销总监填写）																

现金预算表

单位：百万元

项目	第一季度	第二季度	第三季度	第四季度
期初库存现金				
支付上年应交税				
市场广告投入				
支付短期贷款利息				
支付到期短期贷款本金				
支付到期的应付款				
支付原料采购现金				
支付生产线投资				
支付转产费用				
支付产品加工费				
收到现金前的所有支出				
应收款到期收到现金				
支付产品研发投资				
支付管理费用				
支付长期贷款利息				
支付到期长期贷款				
支付设备维护费用				

续表

项目	第一季度	第二季度	第三季度	第四季度
支付租金				
支付购买厂房款				
支付市场开拓投资				
支付 ISO 认证投资				
其他				
现金收入合计				
现金支出合计				
现金多余或不足（—）				
向银行借款				
贴现收到现金				
期末现金余额				

要点记录

第一季度：________________

第二季度：________________

第三季度：________________

第四季度：________________

订单登记表

订单号											合计
市场											
产品											
数量（个）											
账期（Q）											
销售额（M）											
成本（M）											
毛利（M）											
未售（M）											

产品核算统计表

	P1	P2	P3	P4	合计
数量（个）					
销售额（M）					
成本（M）					
毛利（M）					

综合管理费用明细表

单位：百万元

项目	金额	备注
管理费		
广告费		
保养费		
租金		
转产费		
市场准入开拓		□区域 □国内 □亚洲 □国际
ISO 资格认证		□ISO9000 □ISO14000
产品研发		P2（ ） P3（ ） P4（ ）
其他		
合计		

利润表

单位：百万元

项目	上年数	本年数
销售收入		
直接成本		
毛利		
综合费用		
折旧前利润		
折旧		
支付利息前利润		
财务收入/支出		
其他收入/支出		
税前利润		
所得税		
净利润		

资产负债表

单位：百万元

资产	期初数	期末数	负债和所有者权益	期初数	期末数
流动资产：			负债：		
现金			长期负债		
应收款			短期负债		
在制品			应付账款		
成品			应交税金		
原料			一年内到期的长期负债		
流动资产合计			负债合计		

续表

资产	期初数	期末数	负债和所有者权益	期初数	期末数
固定资产：			所有者权益：		
土地和建筑			股东资本		
机器与设备			利润留存		
在建工程			年度净利		
固定资产合计			所有者权益合计		
资产总计			负债和所有者权益总计		

总结与计划

成功之处：

不足之处：

下年工作计划：

第三年

任务清单 请按顺序执行下列各项操作		第一季度				第二季度				第三季度				第四季度			
		P1/R1	P2/R2	P3/R3	P4/R4	P1/R1	P2/R2	P3/R3	P4/R4	P1/R1	P2/R2	P3/R3	P4/R4	P1/R1	P2/R2	P3/R3	P4/R4
新年度规划会议																	
支付广告费/参加订货会																	
登记销售订单																	
调整年度计划																	
支付应付税																	
季初盘点	现金余额（财务总监填写）																
	原材料库存（采购总监填写）																
	在产品（生产总监填写）																
	产成品库存（营销总监填写）																
更新短期贷款/还本付息/申请短期贷款（高利贷）	更新账期																
	付本息																
	借入																
更新应付款/归还应付款																	
原材料入库/更新原料订单	材料																
	付材料款																
下原料订单																	
更新生产/完工入库																	
投资新生产线/变卖生产线/生产线转产																	
向其他企业购买原材料/出售原材料																	
开始下一批生产	投入材料																
	产品投产																
	付加工费																
更新应收款/应收款收现																	
出售厂房																	
向其他企业购买成品/出售成品	产品																
	现金																
按订单交货	产品																
	现金																
产品研发投资																	
支付行政管理费																	
其他现金收支情况登记																	

续表

任务清单 请按顺序执行下列各项操作		第一季度				第二季度				第三季度				第四季度			
		P1/R1	P2/R2	P3/R3	P4/R4	P1/R1	P2/R2	P3/R3	P4/R4	P1/R1	P2/R2	P3/R3	P4/R4	P1/R1	P2/R2	P3/R3	P4/R4
支付利息/更新长期贷款/申请长期贷款	更新账期																
	付本息																
	借入																
支付设备维护费																	
支付租金/购买厂房																	
计提折旧														（　）			
新市场开拓/ISO资格认证投资																	
结账																	
期末盘点	期末现金对账（请填余额）																
	原材料库存（采购总监填写）																
	在产品（生产总监填写）																
	产成品库存（营销总监填写）																

现金预算表

单位：百万元

项目	第一季度	第二季度	第三季度	第四季度
期初库存现金				
支付上年应交税				
市场广告投入				
支付短期贷款利息				
支付到期短期贷款本金				
支付到期的应付款				
支付原料采购现金				
支付生产线投资				
支付转产费用				
支付产品加工费				
收到现金前的所有支出				
应收款到期收到现金				
支付产品研发投资				
支付管理费用				
支付长期贷款利息				
支付到期长期贷款				
支付设备维护费用				

续表

项目	第一季度	第二季度	第三季度	第四季度
支付租金				
支付购买厂房款				
支付市场开拓投资				
支付 ISO 认证投资				
其他				
现金收入合计				
现金支出合计				
现金多余或不足（—）				
向银行借款				
贴现收到现金				
期末现金余额				

要点记录

第一季度：______________________________

第二季度：______________________________

第三季度：______________________________

第四季度：______________________________

订单登记表

订单号											合计
市场											
产品											
数量（个）											
账期（Q）											
销售额（M）											
成本（M）											
毛利（M）											
未售（M）											

产品核算统计表

	P1	P2	P3	P4	合计
数量（个）					
销售额（M）					
成本（M）					
毛利（M）					

综合管理费用明细表　　单位：百万元

项目	金额	备注
管理费		
广告费		
保养费		
租金		
转产费		
市场准入开拓		□区域　□国内　□亚洲　□国际
ISO 资格认证		□ISO9000　□ISO14000
产品研发		P2（　）P3（　）P4（　）
其他		
合计		

利润表　　单位：百万元

项目	上年数	本年数
销售收入		
直接成本		
毛利		
综合费用		
折旧前利润		
折旧		
支付利息前利润		
财务收入/支出		
其他收入/支出		
税前利润		
所得税		
净利润		

资产负债表　　单位：百万元

资产	期初数	期末数	负债和所有者权益	期初数	期末数
流动资产：			负债：		
现金			长期负债		
应收款			短期负债		
在制品			应付账款		
成品			应交税金		
原料			一年内到期的长期负债		
流动资产合计			负债合计		

续表

资产	期初数	期末数	负债和所有者权益	期初数	期末数
固定资产：			所有者权益：		
土地和建筑			股东资本		
机器与设备			利润留存		
在建工程			年度净利		
固定资产合计			所有者权益合计		
资产总计			负债和所有者权益总计		

总结与计划

成功之处：

不足之处：

下年工作计划：

第四年

任务清单 请按顺序执行下列各项操作		第一季度				第二季度				第三季度				第四季度			
		P1/R1	P2/R2	P3/R3	P4/R4	P1/R1	P2/R2	P3/R3	P4/R4	P1/R1	P2/R2	P3/R3	P4/R4	P1/R1	P2/R2	P3/R3	P4/R4
新年度规划会议																	
支付广告费/参加订货会																	
登记销售订单																	
调整年度计划																	
支付应付税																	
季初盘点	现金余额（财务总监填写）																
	原材料库存（采购总监填写）																
	在产品（生产总监填写）																
	产成品库存（营销总监填写）																
更新短期贷款/还本付息/申请短期贷款（高利贷）	更新账期																
	付本息																
	借入																
更新应付款/归还应付款																	
原材料入库/更新原料订单	材料																
	付材料款																
下原料订单																	
更新生产/完工入库																	
投资新生产线/变卖生产线/生产线转产																	
向其他企业购买原材料/出售原材料																	
开始下一批生产	投入材料																
	产品投产																
	付加工费																
更新应收款/应收款收现																	
出售厂房																	
向其他企业购买成品/出售成品	产品																
	现金																
按订单交货	产品																
	现金																
产品研发投资																	
支付行政管理费																	
其他现金收支情况登记																	

续表

任务清单 请按顺序执行下列各项操作		第一季度				第二季度				第三季度				第四季度			
		P1/R1	P2/R2	P3/R3	P4/R4	P1/R1	P2/R2	P3/R3	P4/R4	P1/R1	P2/R2	P3/R3	P4/R4	P1/R1	P2/R2	P3/R3	P4/R4
支付利息/更新长期贷款/申请长期贷款	更新账期																
	付本息																
	借入																
支付设备维护费																	
支付租金/购买厂房																	
计提折旧														（ ）			
新市场开拓/ISO资格认证投资																	
结账																	
期末盘点	期末现金对账（请填余额）																
	原材料库存（采购总监填写）																
	在产品（生产总监填写）																
	产成品库存（营销总监填写）																

现金预算表

单位：百万元

项目	第一季度	第二季度	第三季度	第四季度
期初库存现金				
支付上年应交税				
市场广告投入				
支付短期贷款利息				
支付到期短期贷款本金				
支付到期的应付款				
支付原料采购现金				
支付生产线投资				
支付转产费用				
支付产品加工费				
收到现金前的所有支出				
应收款到期收到现金				
支付产品研发投资				
支付管理费用				
支付长期贷款利息				
支付到期长期贷款				
支付设备维护费用				

续表

项目	第一季度	第二季度	第三季度	第四季度
支付租金				
支付购买厂房款				
支付市场开拓投资				
支付 ISO 认证投资				
其他				
现金收入合计				
现金支出合计				
现金多余或不足（—）				
向银行借款				
贴现收到现金				
期末现金余额				

要点记录

第一季度：________________

第二季度：________________

第三季度：________________

第四季度：________________

订单登记表

订单号											合计
市场											
产品											
数量（个）											
账期（Q）											
销售额（M）											
成本（M）											
毛利（M）											
未售（M）											

产品核算统计表

	P1	P2	P3	P4	合计
数量（个）					
销售额（M）					
成本（M）					
毛利（M）					

综合管理费用明细表 单位：百万元

项目	金额	备注
管理费		
广告费		
保养费		
租金		
转产费		
市场准入开拓		□区域 □国内 □亚洲 □国际
ISO 资格认证		□ISO9000 □ISO14000
产品研发		P2（ ） P3（ ） P4（ ）
其他		
合计		

利润表 单位：百万元

项目	上年数	本年数
销售收入		
直接成本		
毛利		
综合费用		
折旧前利润		
折旧		
支付利息前利润		
财务收入/支出		
其他收入/支出		
税前利润		
所得税		
净利润		

资产负债表 单位：百万元

资产	期初数	期末数	负债和所有者权益	期初数	期末数
流动资产：			负债：		
现金			长期负债		
应收款			短期负债		
在制品			应付账款		
成品			应交税金		
原料			一年内到期的长期负债		
流动资产合计			负债合计		

续表

资产	期初数	期末数	负债和所有者权益	期初数	期末数
固定资产：			所有者权益：		
土地和建筑			股东资本		
机器与设备			利润留存		
在建工程			年度净利		
固定资产合计			所有者权益合计		
资产总计			负债和所有者权益总计		

总结与计划

成功之处：

不足之处：

下年工作计划：

第五年

任务清单 请按顺序执行下列各项操作		第一季度				第二季度				第三季度				第四季度			
		P1/R1	P2/R2	P3/R3	P4/R4	P1/R1	P2/R2	P3/R3	P4/R4	P1/R1	P2/R2	P3/R3	P4/R4	P1/R1	P2/R2	P3/R3	P4/R4
新年度规划会议																	
支付广告费/参加订货会																	
登记销售订单																	
调整年度计划																	
支付应付税																	
季初盘点	现金余额（财务总监填写）																
	原材料库存（采购总监填写）																
	在产品（生产总监填写）																
	产成品库存（营销总监填写）																
更新短期贷款/还本付息/申请短期贷款（高利贷）	更新账期																
	付本息																
	借入																
更新应付款/归还应付款																	
原材料入库/更新原料订单	材料																
	付材料款																
下原料订单																	
更新生产/完工入库																	
投资新生产线/变卖生产线/生产线转产																	
向其他企业购买原材料/出售原材料																	
开始下一批生产	投入材料																
	产品投产																
	付加工费																
更新应收款/应收款收现																	
出售厂房																	
向其他企业购买成品/出售成品	产品																
	现金																
按订单交货	产品																
	现金																
产品研发投资																	
支付行政管理费																	
其他现金收支情况登记																	

续表

任务清单 请按顺序执行下列各项操作		第一季度				第二季度				第三季度				第四季度			
		P1/R1	P2/R2	P3/R3	P4/R4	P1/R1	P2/R2	P3/R3	P4/R4	P1/R1	P2/R2	P3/R3	P4/R4	P1/R1	P2/R2	P3/R3	P4/R4
支付利息/更新长期贷款/申请长期贷款	更新账期																
	付本息																
	借入																
支付设备维护费																	
支付租金/购买厂房																	
计提折旧														(　　)			
新市场开拓/ISO 资格认证投资																	
结账																	
期末盘点	期末现金对账（请填余额）																
	原材料库存（采购总监填写）																
	在产品（生产总监填写）																
	产成品库存（营销总监填写）																

现金预算表

单位：百万元

项目	第一季度	第二季度	第三季度	第四季度
期初库存现金				
支付上年应交税				
市场广告投入				
支付短期贷款利息				
支付到期短期贷款本金				
支付到期的应付款				
支付原料采购现金				
支付生产线投资				
支付转产费用				
支付产品加工费				
收到现金前的所有支出				
应收款到期收到现金				
支付产品研发投资				
支付管理费用				
支付长期贷款利息				
支付到期长期贷款				
支付设备维护费用				

续表

项目	第一季度	第二季度	第三季度	第四季度
支付租金				
支付购买厂房款				
支付市场开拓投资				
支付 ISO 认证投资				
其他				
现金收入合计				
现金支出合计				
现金多余或不足（—）				
向银行借款				
贴现收到现金				
期末现金余额				

要点记录

第一季度：______

第二季度：______

第三季度：______

第四季度：______

订单登记表

订单号											合计
市场											
产品											
数量（个）											
账期（Q）											
销售额（M）											
成本（M）											
毛利（M）											
未售（M）											

产品核算统计表

	P1	P2	P3	P4	合计
数量（个）					
销售额（M）					
成本（M）					
毛利（M）					

综合管理费用明细表　　单位：百万元

项目	金额	备注
管理费		
广告费		
保养费		
租金		
转产费		
市场准入开拓		□区域　□国内　□亚洲　□国际
ISO 资格认证		□ISO9000　□ISO14000
产品研发		P2（　）　P3（　）　P4（　）
其他		
合计		

利润表　　单位：百万元

项目	上年数	本年数
销售收入		
直接成本		
毛利		
综合费用		
折旧前利润		
折旧		
支付利息前利润		
财务收入/支出		
其他收入/支出		
税前利润		
所得税		
净利润		

资产负债表　　单位：百万元

资产	期初数	期末数	负债和所有者权益	期初数	期末数
流动资产：			负债：		
现金			长期负债		
应收款			短期负债		
在制品			应付账款		
成品			应交税金		
原料			一年内到期的长期负债		
流动资产合计			负债合计		

续表

资产	期初数	期末数	负债和所有者权益	期初数	期末数
固定资产：			所有者权益：		
土地和建筑			股东资本		
机器与设备			利润留存		
在建工程			年度净利		
固定资产合计			所有者权益合计		
资产总计			负债和所有者权益总计		

总结与计划

成功之处：

不足之处：

下年工作计划：

第六年

任务清单 请按顺序执行下列各项操作		第一季度				第二季度				第三季度				第四季度			
		P1/R1	P2/R2	P3/R3	P4/R4	P1/R1	P2/R2	P3/R3	P4/R4	P1/R1	P2/R2	P3/R3	P4/R4	P1/R1	P2/R2	P3/R3	P4/R4
新年度规划会议																	
支付广告费/参加订货会																	
登记销售订单																	
调整年度计划																	
支付应付税																	
季初盘点	现金余额（财务总监填写）																
	原材料库存（采购总监填写）																
	在产品（生产总监填写）																
	产成品库存（营销总监填写）																
更新短期贷款/还本付息/申请短期贷款（高利贷）	更新账期																
	付本息																
	借入																
更新应付款/归还应付款																	
原材料入库/更新原料订单	材料																
	付材料款																
下原料订单																	
更新生产/完工入库																	
投资新生产线/变卖生产线/生产线转产																	
向其他企业购买原材料/出售原材料																	
开始下一批生产	投入材料																
	产品投产																
	付加工费																
更新应收款/应收款收现																	
出售厂房																	
向其他企业购买成品/出售成品	产品																
	现金																
按订单交货	产品																
	现金																
产品研发投资																	
支付行政管理费																	
其他现金收支情况登记																	

续表

任务清单 请按顺序执行下列各项操作		第一季度				第二季度				第三季度				第四季度			
		P1/R1	P2/R2	P3/R3	P4/R4	P1/R1	P2/R2	P3/R3	P4/R4	P1/R1	P2/R2	P3/R3	P4/R4	P1/R1	P2/R2	P3/R3	P4/R4
支付利息/更新长期贷款/申请长期贷款	更新账期																
	付本息																
	借入																
支付设备维护费																	
支付租金/购买厂房																	
计提折旧														（ ）			
新市场开拓/ISO 资格认证投资																	
结账																	
期末盘点	期末现金对账（请填余额）																
	原材料库存（采购总监填写）																
	在产品（生产总监填写）																
	产成品库存（营销总监填写）																

现金预算表

单位：百万元

项目	第一季度	第二季度	第三季度	第四季度
期初库存现金				
支付上年应交税				
市场广告投入				
支付短期贷款利息				
支付到期短期贷款本金				
支付到期的应付款				
支付原料采购现金				
支付生产线投资				
支付转产费用				
支付产品加工费				
收到现金前的所有支出				
应收款到期收到现金				
支付产品研发投资				
支付管理费用				
支付长期贷款利息				
支付到期长期贷款				
支付设备维护费用				

续表

项目	第一季度	第二季度	第三季度	第四季度
支付租金				
支付购买厂房款				
支付市场开拓投资				
支付 ISO 认证投资				
其他				
现金收入合计				
现金支出合计				
现金多余或不足（—）				
向银行借款				
贴现收到现金				
期末现金余额				

要点记录

第一季度：________________

第二季度：________________

第三季度：________________

第四季度：________________

订单登记表

订单号											合计
市场											
产品											
数量（个）											
账期（Q）											
销售额（M）											
成本（M）											
毛利（M）											
未售（M）											

产品核算统计表

	P1	P2	P3	P4	合计
数量（个）					
销售额（M）					
成本（M）					
毛利（M）					

综合管理费用明细表

单位：百万元

项目	金额	备注
管理费		
广告费		
保养费		
租金		
转产费		
市场准入开拓		□区域 □国内 □亚洲 □国际
ISO 资格认证		□ISO9000 □ISO14000
产品研发		P2（ ） P3（ ） P4（ ）
其他		
合计		

利润表

单位：百万元

项目	上年数	本年数
销售收入		
直接成本		
毛利		
综合费用		
折旧前利润		
折旧		
支付利息前利润		
财务收入/支出		
其他收入/支出		
税前利润		
所得税		
净利润		

资产负债表

单位：百万元

资产	期初数	期末数	负债和所有者权益	期初数	期末数
流动资产：			负债：		
现金			长期负债		
应收款			短期负债		
在制品			应付账款		
成品			应交税金		
原料			一年内到期的长期负债		
流动资产合计			负债合计		

续表

资产	期初数	期末数	负债和所有者权益	期初数	期末数
固定资产：			所有者权益：		
土地和建筑			股东资本		
机器与设备			利润留存		
在建工程			年度净利		
固定资产合计			所有者权益合计		
资产总计			负债和所有者权益总计		

总结与计划

成功之处：

不足之处：

下年工作计划：

附录 3 产品生产及材料需求计划

产品生产及材料需求计划（第 1—3 年）

生产线			第一年				第二年				第三年			
			1 季度	2 季度	3 季度	4 季度	1 季度	2 季度	3 季度	4 季度	1 季度	2 季度	3 季度	4 季度
1	产品													
	材料													
2	产品													
	材料													
3	产品													
	材料													
4	产品													
	材料													
5	产品													
	材料													
6	产品													
	材料													
7	产品													
	材料													
8	产品													
	材料													
合计	完工产品	P1												
		P2												
		P3												
		P4												
	投入材料	R1												
		R2												
		R3												
		R4												

产品生产及材料材料需求计划（第4—6年）

生产线			第四年				第五年				第六年			
			1季度	2季度	3季度	4季度	1季度	2季度	3季度	4季度	1季度	2季度	3季度	4季度
1	产品													
	材料													
2	产品													
	材料													
3	产品													
	材料													
4	产品													
	材料													
5	产品													
	材料													
6	产品													
	材料													
7	产品													
	材料													
8	产品													
	材料													
9	产品													
	材料													
合计	完工产品	P1												
		P2												
		P3												
		P4												
	投入材料	R1												
		R2												
		R3												
		R4												

附录 4 开工计划

开工计划

产品	第一年					第二年					第三年			
	1 季度	2 季度	3 季度	4 季度		1 季度	2 季度	3 季度	4 季度		1 季度	2 季度	3 季度	4 季度
P1														
P2														
P3														
P4														
加工费（M）														

产品	第四年					第五年					第六年			
	1 季度	2 季度	3 季度	4 季度		1 季度	2 季度	3 季度	4 季度		1 季度	2 季度	3 季度	4 季度
P1														
P2														
P3														
P4														
加工费（M）														

附录 5
材料订购及付款计划

材料订购及付款计划

材料	第一年									第二年									第三年							
	1 季度		2 季度		3 季度		4 季度			1 季度		2 季度		3 季度		4 季度			1 季度		2 季度		3 季度		4 季度	
	订购	入库	订购	入库	订购	入库	订购	入库		订购	入库	订购	入库	订购	入库	订购	入库		订购	入库	订购	入库	订购	入库	订购	入库
R1																										
R2																										
R3																										
R4																										
支付材料款（M）	—		—		—	—		—		—		—		—		—			—		—		—		—	

材料	第四年									第五年									第六年							
	1 季度		2 季度		3 季度		4 季度			1 季度		2 季度		3 季度		4 季度			1 季度		2 季度		3 季度		4 季度	
	订购	入库	订购	入库	订购	入库	订购	入库		订购	入库	订购	入库	订购	入库	订购	入库		订购	入库	订购	入库	订购	入库	订购	入库
R1																										
R2																										
R3																										
R4																										
支付材料款（M）	—		—		—	—		—		—		—		—		—			—		—		—		—	

附录 6 贷款申请表

公司贷款申请表

单位：百万元

贷款类		一年				二年				三年				四年				五年				六年			
		1	2	3	4	1	2	3	4	1	2	3	4	1	2	3	4	1	2	3	4	1	2	3	4
短贷	借																								
	还																								
	利息																								
高息贷款	借																								
	还																								
	利息																								
短贷余额																									
长贷	借																								
	还																								
	利息																								
长贷余额																									
上年所有者权益																									

附录 7
应收账款登记表

应收账款登记表　　单位：百万元

款类		一年				二年				三年			
		1	2	3	4	1	2	3	4	1	2	3	4
应收期	1												
	2												
	3												
	4												
到款													
贴现													
贴现费													

款类		四年				五年				六年			
		1	2	3	4	1	2	3	4	1	2	3	4
应收期	1												
	2												
	3												
	4												
到款													
贴现													
贴现费													

附录 8
材料采购登记表

公司材料采购登记表

单位：个

一年	1 季度				2 季度				3 季度				4 季度			
原材料	R1	R2	R3	R4	R1	R2	R3	R4	R1	R2	R3	R4	R1	R2	R3	R4
订购数量																
采购入库																

二年	1 季度				2 季度				3 季度				4 季度			
原材料	R1	R2	R3	R4	R1	R2	R3	R4	R1	R2	R3	R4	R1	R2	R3	R4
订购数量																
采购入库																

三年	1 季度				2 季度				3 季度				4 季度			
原材料	R1	R2	R3	R4	R1	R2	R3	R4	R1	R2	R3	R4	R1	R2	R3	R4
订购数量																
采购入库																

四年	1 季度				2 季度				3 季度				4 季度			
原材料	R1	R2	R3	R4	R1	R2	R3	R4	R1	R2	R3	R4	R1	R2	R3	R4
订购数量																
采购入库																

五年	1 季度				2 季度				3 季度				4 季度			
原材料	R1	R2	R3	R4	R1	R2	R3	R4	R1	R2	R3	R4	R1	R2	R3	R4
订购数量																
采购入库																

六年	1 季度				2 季度				3 季度				4 季度			
原材料	R1	R2	R3	R4	R1	R2	R3	R4	R1	R2	R3	R4	R1	R2	R3	R4
订购数量																
采购入库																

附录 9
广告费用登记表

广告费用登记表　　单位：百万元

第 1 年本地				第 2 年本地				第 3 年本地				第 4 年本地				第 5 年本地				第 6 年本地			
产品	广告	9K	14K	产品	广告	9K	14K	产品	广告	9K	14K	产品	广告	9K	14K	产品	广告	9K	14K	产品	广告	9K	14K
P1				P1				P1				P1				P1				P1			
P2				P2				P2				P2				P2				P2			
P3				P3				P3				P3				P3				P3			
P4				P4				P4				P4				P4				P4			

第 1 年区域				第 2 年区域				第 3 年区域				第 4 年区域				第 5 年区域				第 6 年区域			
产品	广告	9K	14K	产品	广告	9K	14K	产品	广告	9K	14K	产品	广告	9K	14K	产品	广告	9K	14K	产品	广告	9K	14K
P1				P1				P1				P1				P1				P1			
P2				P2				P2				P2				P2				P2			
P3				P3				P3				P3				P3				P3			
P4				P4				P4				P4				P4				P4			

第 1 年国内				第 2 年国内				第 3 年国内				第 4 年国内				第 5 年国内				第 6 年国内			
产品	广告	9K	14K	产品	广告	9K	14K	产品	广告	9K	14K	产品	广告	9K	14K	产品	广告	9K	14K	产品	广告	9K	14K
P1				P1				P1				P1				P1				P1			
P2				P2				P2				P2				P2				P2			
P3				P3				P3				P3				P3				P3			
P4				P4				P4				P4				P4				P4			

第 1 年亚洲				第 2 年亚洲				第 3 年亚洲				第 4 年亚洲				第 5 年亚洲				第 6 年亚洲			
产品	广告	9K	14K	产品	广告	9K	14K	产品	广告	9K	14K	产品	广告	9K	14K	产品	广告	9K	14K	产品	广告	9K	14K
P1				P1				P1				P1				P1				P1			
P2				P2				P2				P2				P2				P2			
P3				P3				P3				P3				P3				P3			
P4				P4				P4				P4				P4				P4			

第 1 年国际				第 2 年国际				第 3 年国际				第 4 年国际				第 5 年国际				第 6 年国际			
产品	广告	9K	14K	产品	广告	9K	14K	产品	广告	9K	14K	产品	广告	9K	14K	产品	广告	9K	14K	产品	广告	9K	14K
P1				P1				P1				P1				P1				P1			
P2				P2				P2				P2				P2				P2			
P3				P3				P3				P3				P3				P3			
P4				P4				P4				P4				P4				P4			